MATRIMONIO BLINDADO

RENATO Y CRISTIANE CARDOSO

Presentadores del programa *The Love School – La escuela del amor*

MATRIMONIO BLINDADO

SU MATRIMONIO A PRUEBA DE DIVORCIO

PREFACIO POR
OSCAR SCHMIDT

GRUPO NELSON
Una división de Thomas Nelson Publishers
Desde 1798

NASHVILLE   MÉXICO DF.   RÍO DE JANEIRO

© 2014 por Grupo Nelson
Publicado en Nashville, Tennessee, Estados Unidos de América.
Grupo Nelson, Inc. es una subsidiaria que pertenece completamente a Thomas Nelson, Inc.
Grupo Nelson es una marca registrada de Thomas Nelson, Inc.
www.gruponelson.com

Título en portugués: *Casamento blindado*
© Thomas Nelson Brasil,Vida Melhor Editora SA, 2012
Rua Nova Jeresalém, 345, Bonsucesso
Rio de Janeiro, RJ, 21402-325
www.thomasnelson.com.br
© Textos: Renato Cardoso, Cristiane Cardoso

Edición en español previamente publicada por:
© Editorial Planeta, S.A., 2013
© Traducción: Ágatha Parras, Jorge Olveira Paz (por el prefacio y las notas), 2013

Impreso en Estados Unidos de América

ISBN: 978-0-71802-595-3

14 15 16 17 18 RRD 8 7 6 5 4 3 2 1

A todas las parejas que valoran su matrimonio lo suficiente como para blindarlo. Y a los solteros inteligentes que saben que más vale prevenir que curar.

SUMARIO

PREFACIO 13
INTRODUCCIÓN 16
LOS AUTORES 20

PARTE I
ENTENDIENDO EL MATRIMONIO

CAPÍTULO 1 | Por qué blindar su matrimonio 27
             La metamorfosis del matrimonio 29
             El matrimonio en la era de Facebook 30
             Hombre vs. mujer: la Batalla Final 31
             Tarea 34
CAPÍTULO 2 | Está más abajo 35
             Una sola carne, dos conjuntos de problemas 37
CAPÍTULO 3 | La mochila en la espalda 40
             5,6 segundos de libertad 41
             Exceso de equipaje 45
             Los opuestos se repelen 46
             Atención al sexo opuesto 47
             El matrimonio feliz da trabajo 49
             Tarea 51
CAPÍTULO 4 | El arte de resolver los problemas 52
             Espejo, espejito 54
             ¡Alto el fuego! 56
             Tarea 58

PARTE II
EMOCIÓN VS. RAZÓN

CAPÍTULO 5 | El matrimonio como una empresa 61
               Los objetivos de una empresa 63
               ¿Cómo resuelven los problemas las empresas? . . 66
               El descubrimiento en el Laboratorio 68
               Supervivencia de un negocio: dos reglas 70
CAPÍTULO 6 | Los diez pasos para resolver los problemas 72
               La prueba del teléfono 86
               Tarea 88
CAPÍTULO 7 | Instalando un pararrayos en su matrimonio 89
               Antes de los pararrayos 90
               Generando ansiedad 94
               Tarea 95
CAPÍTULO 8 | «El matrimonio no salió bien» 96
               Me casé con la persona equivocada 97
               El mito del alma gemela 98
               Persona correcta vs. actitudes correctas 102
CAPÍTULO 9 | La llamada que salvó nuestro matrimonio 104
               La lista 107
               Tarea 110
CAPÍTULO 10 | El sol de mi planeta 111
               Presentando: Cristiane 2.0 113
               Luz propia 115
               Hombre pegajoso 117
               Tarea 119

PARTE III
DESMONTANDO Y REMONTANDO EL AMOR

CAPÍTULO 11 | La maldición del hombre y de la mujer 123
               Esclavo del trabajo 125
               Atención del marido 128
               Dos por el precio de una 130
CAPÍTULO 12 | La liberación 132
               La estrategia para el hombre 132

La estrategia para la mujer 137

Compensando 141

Tarea 142

CAPÍTULO 13 | La raíz de todos los divorcios y matrimonios
infelices 143

Impotente para impedir el divorcio 144

Corazón de piedra 146

No voy a cambiar 150

Librándose de las piedras 154

Tarea 155

CAPÍTULO 14 | El orden de las relaciones 157

Este juez no es ladrón 157

Y la medalla de plata es para... 160

¿Qué hacer con los curiosos? 164

Tarea 167

CAPÍTULO 15 | Cómo funcionan los hombres y las mujeres . . . 168

Una cajita para cada cosa 171

Una bola de cables pelados 173

¿Será que es sordo? 174

CAPÍTULO 16 | Naturalmente programados 176

Los papeles se confunden 177

¿Quién soy? ¿Dónde estoy? 179

Las necesidades básicas naturalmente determinadas . .
182

Caprichos y comparaciones 184

PARTE IV
HACIENDO EL BLINDAJE

CAPÍTULO 17 | Necesidades básicas de la mujer 189

Valorarla y amarla, pero ¿cómo? 190

Tarea 198

CAPÍTULO 18 | Necesidades básicas del hombre 199

El envenenamiento de una palabra 200

El verdadero líder 203

El hombre quiere su pan de cada día 204

Nadie merece 210

Cuando las necesidades básicas de él
son las de ella y viceversa 211
Tarea 213
CAPÍTULO 19 | Sexo 214
Dónde comienza y termina 215
No me gusta el sexo 218
Cinco ingredientes para una óptima
vida sexual 219
Espere, ¡todavía no terminó! 222
La suegra que le pedí a Dios 223
Fases y épocas 224
¿Está permitido? 225
Tarea 226
CAPÍTULO 20 | Las 27 herramientas 227
CAPÍTULO 21 | El amor caro 262
Diecinueve años en coma 262
Perder para ganar 264
Cómo se practica en el matrimonio 266
Perdón: el mayor de todos los sacrificios 268
Entonces, ¿cómo perdonar? 269
Tarea 272
CAPÍTULO 22 | ¿Y ahora? 273

AGRADECIMIENTOS 277
REFERENCIAS BIBLIOGRÁFICAS 278

PREFACIO

«Defense! Defense!»

Es probable que al comenzar a leer este prefacio espere encontrar un texto con varias referencias al básquet, deporte que me ha reportado muchas victorias, luchas, alegrías, conflictos y recompensas. Bien, para ser franco, quiero hablar sobre otro ámbito de mi vida que también me ha dado muchas victorias, luchas, alegrías, conflictos y recompensas, aunque mucho más profundas y significativas: mi matrimonio. Y, para ser todavía más franco: si no fuese por la solidez de mi unión con Cristina, es posible que tuviese muchas menos cosas que contar, incluso en lo referente a mi vida como atleta.

Cristina y yo nos casamos hace más de treinta años y nos conocemos desde hace casi cuatro décadas. Sé que parece una frase bastante común, pero no puedo evitar pensar, y tengo la certeza de que usted estará de acuerdo conmigo, que se trata de toda una vida juntos. Imagine cuántas cosas suceden durante toda una vida. Días de sol, agradables, buen clima; aunque también días de lluvia e incluso de tempestad. Simplemente se trata de una relación con unos buenos cimientos para resistir el azote del vendaval que lo desbarata todo.

Si nos remontásemos cuarenta años atrás, cuando yo era mucho más ingenuo (me faltaba creer en el Conejito de Pascua), podría decir que basta solo con el amor para resolver todos los problemas de un matrimonio. Está claro que es un elemento fundamental en cualquier unión, ninguna pareja consigue ser feliz y permanecer unida sin amor, pero puedo garantizarle que hay otros muchos factores que intervienen en un matrimonio. Puedo simplemente explicarle cómo una persona como mi esposa, Cristina, llega a renunciar a un título universitario, cuando apenas le quedaban tres meses para conseguirlo, para mudarse conmigo a Europa, lugar al que fui a jugar a los seis meses de casarnos. Fue ella la que, durante aquellas primeras semanas, mantuvo la fortaleza cuando el equipo en el que yo jugaba tuvo un mal comienzo de campeonato. No importaba el tiempo que tuviese que entrenar o si debía concentrarme más, Cristina nunca dejaba «caer la pelota» en casa. Sin ella, quizá hubiera abandonado. Con ella, regresé de allí victorioso, años más tarde.

En básquet (está bien, he acabado hablando de básquet), un equipo que se precie solo consigue un buen resultado cuando todos se preocupan por todos. Quien consigue encestar baja también para defender, para proteger al resto del equipo. En Estados Unidos las hinchadas gritan: «¡*Defense! Defense!*» He descubierto que esto funciona de forma muy parecida en el matrimonio. El que ama avanza, progresa, gana, pero también se preocupa por proteger no solo al cónyuge sino la relación en sí. Por respeto a Cristina he dejado de llevar a muchas admiradoras en el coche. No se trataba solo de preservarla de un disgusto, se trataba también de preservar nuestra unión, nuestro amor, nuestra relación.

Por lo tanto, me ha hecho muy feliz que me invitasen a escribir el prefacio del libro de Renato y Cristiane Cardoso. He leído algunos libros sobre el matrimonio y he oído hablar de otros, pero es la primera vez que doy con uno que llega a la raíz de la cuestión: el que ama de verdad blinda el matrimonio. Y blindar quiere decir activar todas las defensas, para evitar que cualquier cosa pueda comprometer la relación. No solo se incluyen los ataques externos, sino también los internos: los reproches por tonterías, las crisis (y no hay nada que hacer, siempre aparecen), la falta de humildad para saber cuándo hay que ceder por amor (o tomar posiciones por amor), la incapacidad de adaptarse a las virtudes y los defectos de la otra persona, los chantajes y los jueguitos emocionales... Una lista interminable.

Renato y Cristiane aprendieron eso tras años de ofrecer consejos a muchas parejas, pero la mejor formación que han tenido fue la propia escuela de la vida. Fue así como descubrieron el poder del blindaje, que se vuelve mucho más fuerte y sólido cuando se basa en principios y valores cristianos. Y ahora ellos comparten dichas experiencias y orientaciones en este libro. Se trata de una fantástica oportunidad tanto para el que descubre que su matrimonio es vulnerable y necesita un escudo, como para aquellos que ya han blindado su unión y conocen lo importante que es reforzar la protección. Léalo y blinde también su matrimonio.

Oscar Schmidt

El mejor jugador de básquet brasileño
de todos los tiempos, casado con Cristina
y padre de Felipe y Stephanie

INTRODUCCIÓN

Nadie se casa por odio. Hasta el día de hoy no he encontrado a nadie que le haya pedido matrimonio a otra persona diciendo: «Te odio, ¿te quieres casar conmigo?». Las personas se casan por amor; sin embargo, el índice de divorcios continúa aumentando cada año. En algunos países, como en Estados Unidos, la mitad de los matrimonios acaba en divorcio. En América Latina, más de la mitad de los matrimonios se han disuelto y la estadística ha ido en aumento durante 2012. De cada tres matrimonios, uno fue deshecho. Vamos de mal en peor. Eso muestra que el «amor» que une a las personas no ha sido suficiente para mantener el matrimonio. Preocupante, ¿verdad? ¿Se imagina que aquel amor que siente el uno por el otro no pueda ser suficiente en los momentos de crisis?

El problema no ha sido la falta de amor y sí la falta de herramientas para resolver los problemas inherentes a vivir en pareja. Las personas se embarcan en el matrimonio prácticamente sin habilidades para resolver los problemas de convivencia. Por algún motivo, eso no se ha enseñado en ningún lugar, al menos no con la claridad y la practicidad necesarias. Antiguamente, esa enseñanza procedía de los padres. Cuando los matrimonios eran más sólidos y ejemplares, los hijos tenían en los padres un modelo natural de cómo comportarse en una relación. Actualmente, los padres muchas veces son un ejemplo de lo que no hay que hacer...

Tenemos otro gran problema: la ignorancia sobre lo que es el amor. Muchas veces he escuchado esta frase de maridos y esposas frustrados: «El amor se acabó. Ya no siento lo que antes sentía por él/ella».

Otros dicen que su matrimonio fue un error, que se casaron con la persona equivocada, que se precipitaron o se vieron forzados a casarse por las circunstancias, como en el caso de un embarazo no deseado. Sin embargo, en realidad, hay mucha más gente infeliz en el matrimonio porque hace lo incorrecto que por haberse casado con la persona equivocada. Las personas hacen demasiadas cosas erradas, acumulan muchos problemas que no se resuelven, lo que provoca que el amor quede sofocado, fracturado y sin fuerzas, eso si no muere antes de nacer. Los sentimientos buenos acaban dando lugar al rencor, a la indiferencia e incluso al odio.

Pero es posible rescatar el amor e incluso aprender a amar a alguien a quien usted nunca amó. Observe lo que he dicho: «Es posible aprender a amar». El primer paso es saber que la única manera de amar a una persona es saber más acerca de ella.

Muchos piensan, erróneamente, que el amor es un sentimiento. El amor produce sentimientos buenos, sí, pero no es un sentimiento en sí. Si usted ve a una persona por primera vez y siente algo bueno por ella, pero después no aprende a amarla por quien es, aquel «amor a primera vista» no permanecerá. Amar no es sentir. Amar es conocer a la otra persona, admirar lo que sabe de ella y mirar sus defectos positivamente. Podemos aprender a amar prácticamente a cualquier persona o cosa si nos esforzamos en ello.

Considere el caso de Dian Fossey, por ejemplo. En su sepultura se lee la siguiente dedicatoria: «No one loved gorillas more» (Nadie amó más a los gorilas). Dian fue una zoóloga americana, famosa y respetada por sus estudios sobre los gorilas de África Central. Durante muchos años, hasta su muerte causada por cazadores furtivos, Dian vivió entre los gorilas, en las montañas de Ruanda. Vivía en una cabaña de madera, en condiciones primitivas, y dedicó más de dieciocho años de su vida a los animales, a quienes amaba más que a todo en la vida. ¿Y cómo fue que Dian comenzó a amar a los gorilas?

A los treinta y un años, de safari por África, Dian tuvo su primer encuentro con los gorilas y con los estudios de conservacionistas que trabajaban por la preservación de los primates. Allí comenzó a descubrir más sobre ellos, su comportamiento, cómo se comunican, sus hábitos, su dieta, la amenaza de extinción y mucho más. Dian es conocida por cambiar la imagen que tenían los gorilas desde que la película *King Kong* los pintó como animales agresivos y salvajes. Sus estudios mostraron que, en realidad, son «animales pacíficos, gentiles, muy sociables y con fuertes lazos familiares», poniéndolos así en una buena posición frente a muchos hombres...

Mi argumento es que ella *aprendió* a amar a los gorilas. Cualquier persona que ama algo o a alguien comienza a amarlo por el conocimiento adquirido sobre aquello que ama. Los hay que aman a los animales, otros, a las estrellas y astros, unos terceros, a los soldaditos de plomo, otros, a la arquitectura... Pero todos comenzaron a amar a partir del estudio, del aprendizaje, del conocimiento de aquello o de aquellos a quienes aman. Nadie ama lo que no conoce.

Desgraciadamente, muchas parejas nunca han aprendido a amarse. Se unieron debido a un sentimiento, una pasión u otra circunstancia, pero no aprendieron a estudiarse, a explorarse el uno al otro y descubrir lo que los hace felices. Cuando no se conoce bien a la otra persona es imposible amarla. No se sabe lo que la agrada o irrita, cuáles son sus sueños y luchas, ni lo que piensa. Por eso, probablemente, se cometerán muchos errores en la relación, lo que generará incontables problemas. Estos problemas los alejarán, aunque estén casados y hayan estado enamorados un día.

Si usted se ha preguntado:

- ¿Será que aún amo a mi marido/esposa?
- ¿Será que me casé con la persona equivocada?
- ¿Por qué mi compañero es frío conmigo?
- ¿Por qué nos amamos, pero no conseguimos estar juntos?
- ¿Cómo puedo tener la seguridad de que mi matrimonio va a durar?
- ¿Cómo convivir con una persona tan difícil?
- ¿Por qué nuestros problemas van y vuelven, cada vez peores?
- ¿El matrimonio es solo tristeza o algún día voy a tener alegría?

¡Anímese! Usted va a comenzar a aprender el amor inteligente y cómo ser feliz con su cónyuge aunque él/ella sea un King Kong...

LOS AUTORES

Cristiane yo nos casamos en 1991 y tenemos un hijo adoptivo. Yo provenía de un hogar deshecho por la infidelidad y el divorcio. Mis padres fueron la razón de la indignación que sentí en mi vida cuando tenía trece años. En esa época, una serie de acontecimientos provocaron su separación, que fue muy traumática para mí. Sentí como si el mundo se hubiera caído sobre mi cabeza. Consideraba a mi padre mi héroe, pero supe que había traicionado a mi madre y me entró la desesperación. Pasé a cuestionar el porqué había sucedido todo aquello. Quería la muerte. Llevado por ese sufrimiento, conocí la fe y me convertí al Señor Jesús. Más tarde, esa fe también alcanzó a mis padres y ellos, después de muchos años de sufrimiento, pudieron restaurar sus vidas. Aprendí a no tener una fe religiosa, sino una fe que sirve para resolver problemas; por eso decidí dedicar mi vida a compartir lo que había aprendido, a ayudar a las personas a vencer sus dificultades. Yo no podía guardarme aquello que, literalmente, salvó mi vida y la de mis padres.

Más tarde, me casé con Cristiane. Siendo ella hija de pastor, compartía conmigo los mismos objetivos. Teníamos todo lo necesario para encarar un matrimonio sin conflictos, pero no fue tan sencillo. Enfrentamos muchos problemas, de los cuales hablaremos más en el transcurso del libro.

Fortalecer matrimonios, educar parejas y solteros y luchar para que menos matrimonios terminen en divorcio, se convirtió en una misión en mi vida. Hoy sé que el dolor que sentí en mi adolescencia con la separación de mis padres, y más tarde en mi matrimonio, podría haber sido evitado. Si mis padres hubieran tenido acceso a la información que usted va a obtener en este libro, no habrían pasado por todo aquello. Si Cristiane y yo hubiéramos sabido antes de casarnos lo que usted va a leer aquí, no nos habríamos hecho sufrir el uno al otro.

Lamentablemente, las personas sufren por falta de conocimiento. Hoy en día existen escuelas para todo tipo de formación, pero no para matrimonios. Aun en el medio cristiano, hay mucha teoría sobre lo que es el amor, el noviazgo y el matrimonio, pero, en la práctica, las personas, de forma general, no saben cómo actuar. Los conocimientos útiles y la educación matrimonial son raros. Por eso, he ahí la doble razón por la que nos dedicamos a transmitir esos conocimientos a las parejas: (1) para que los novios y recién casados eviten cometer los errores que pueden comprometer la relación y (2) para que los que ya tienen un matrimonio turbio sepan cómo resolver los problemas y vivir felices.

Cristiane y yo hemos hablado, tanto a partir de las experiencias personales en nuestro matrimonio, como de los años como consejeros de parejas. Como parte de nuestro trabajo en cuatro continentes, ya hemos aconsejado a miles de parejas, desde adolescentes hasta sexagenarios (parece que después de los setenta las parejas se dan cuenta que la vida es muy corta para seguir discutiendo...).Y, debido a la demanda, nuestro trabajo con las parejas se ha intensificado mucho en los últimos años.

A finales de 2007, fuimos a trabajar a Texas, Estados Unidos. Fue allí donde nació el curso «Matrimonio blindado», cuyo resultado ha sido este libro. Allí nos sentimos estimulados a compartir nuestras experiencias debido al hecho tan alarmante de que, de cada diez matrimonios, casi seis acaban en divorcio.

Las parejas americanas que nos buscaban ya habían pasado por varias relaciones y continuaban con problemas. Muchos ya estaban en la tercera, cuarta, hasta quinta relación y, claramente, no estaban aprendiendo nada con el cambio de compañeros. Nos vimos en la obligación de ayudarlos, de transmitirles lo que aprendimos. Con los resultados obtenidos, nos dimos cuenta de que, a pesar de que somos conscientes de que nuestras experiencias y enseñanzas no son el descubrimiento de la pólvora, han sido un poder transformador en la vida de muchas parejas.

Creo que eso se debe a la combinación única de los factores que reunimos: (1) experiencia personal, (2) experiencia con miles de parejas en cuatro continentes, y (3) el uso de la inteligencia espiritual. Déjeme explicar brevemente este tercer factor.

El matrimonio fue idea de Dios. Fue Él quien decidió que el hombre y la mujer fueran «una sola carne». Además de eso, la Biblia dice que «Dios es amor»;[1] por lo tanto, si buscamos el mejor funcionamiento de la vida en pareja, es inteligente que volvamos a los orígenes, donde todo comenzó, y a la Fuente del amor. Por eso las enseñanzas que impartimos están fundamentadas en la inteligencia de Dios, en aquello que Él determinó que funciona. No quiere eso decir que este libro tenga por objetivo convertirle, en caso de que usted no sea una persona cristiana. No vamos tampoco a estar hablando de la Biblia todo el tiempo, aunque algunas veces, inevitablemente, hagamos referencia a ella. Pero quiero decir aquí abiertamente que, sin la base de los principios determinados por Dios para un buen matrimonio, sus esfuerzos por construir un buen matrimonio serán en vano. Hemos visto que las parejas que han abrazado ese hecho son las más felices y exitosas en sus esfuerzos por restaurar y mantener su matrimonio.

Un factor adicional del gran éxito de nuestras enseñanzas es que nosotros centramos nuestra ayuda en dos puntos principales: resolver

---

[1] Juan 4:8.

los problemas y prevenir que acontezcan de nuevo. La mayoría de los problemas matrimoniales son recurrentes, por lo tanto, no basta que usted sepa resolver el problema de hoy, es preciso cortar el mal de raíz para que no surja de nuevo en el futuro. Estamos absolutamente convencidos de que, si usted lee este libro con una mente abierta y está dispuesto a, por lo menos, intentar aplicar las herramientas que vamos a enseñarle aquí, tendrá un matrimonio sólido y muy feliz. Recuerde: de la práctica provienen los resultados.

P.S.: Algunos capítulos terminan con una sugerencia a través de una tarea para que usted aplique lo que ha aprendido. No subestime el poder de ejecutar estos ejercicios. Creemos que si usted va a leer este libro es para ver resultados, y estos solo vienen cuando usted pone a prueba lo que ha aprendido. Es tan serio que le invitamos a hacer público su esfuerzo. Si usted está en una red social, comparta su compromiso a través de cada tarea para que otros le motiven en su jornada. ¿Qué tal comenzar ahora?

Publique en nuestra página www.facebook.com/MatrimonioBlindado para que podamos acompañar sus progresos (allí tenemos también videos para ayudarle en las tareas..., ¡revíselos!). En Twitter, no se olvide de añadir @matrimonioblind y el *hashtag* #matrimonioblindado.

/MatrimonioBlindado

Publique esto:
Comienzo hoy a
blindar mi matrimonio.

@matrimonioblind

Tuitee esto:
Comienzo hoy a
blindar mi matrimonio
#matrimonioblindado
@matrimonioblind

PARTE I

ENTENDIENDO EL MATRIMONIO

CAPÍTULO 1
POR QUÉ BLINDAR SU MATRIMONIO

Algunos diputados mejicanos, preocupados con el aumento de divorcios en el país, propusieron una nueva ley: el matrimonio renovable. Creían haber encontrado la solución ideal para evitar las graves crisis conyugales, infidelidades y todos los inconvenientes del divorcio. Cada dos años, la pareja puede evaluar la relación y decidir si quieren continuar juntos y renovar el matrimonio o si prefieren desistir y seguir cada uno por su lado. Además de la firma de un contrato temporal, la propuesta prevé, también, que los novios se protejan contra un hipotético argumento de divorcio. Para ello deciden, antes de casarse, quién se quedará con la custodia de los niños y cuánto pagará cada uno de pensión alimenticia, en caso de separación. La propuesta, que tramita el Congreso, tiene un gran apoyo entre los mejicanos que quieren acabar con los altos costes de las separaciones y de las pensiones alimenticias. Al fin y al cabo, las estadísticas en la ciudad de México son poco alentadoras respecto al matrimonio: cinco de cada diez uniones terminan en divorcio.

Si la ley se aprobara, una conversación como esta entre los alumnos en el colegio no sería ficción:

—¿Y dónde vas a pasar las vacaciones? –pregunta un joven a un compañero.

—Bueno, depende. Si mi padre renueva el contrato con mi madre, a fin de año iremos a Disneylandia. Si no, voy a tener que ver cuál de los dos se quedará conmigo y, por las notas que estoy sacando, probablemente me van a mandar a casa de mi abuela.

No quiero ser portador de malas noticias, pero aquí está un hecho: el matrimonio como institución está fallando bajo los pesados ataques de varias fuerzas de la sociedad. Lo que se está proponiendo en México es tan solo un síntoma de lo que los gobernantes están intentando hacer para lidiar con el alto número de divorcios. Y no es solo allí. No conozco un solo caso en ningún país, cultura o sociedad en el mundo donde el matrimonio esté siendo fortalecido, ni siquiera en las culturas tradicionales y sumamente religiosas. En Estados Unidos, el gran dictador de la cultura para el resto del mundo, la mayoría de los bebés nacidos de mujeres de hasta treinta años de edad ya nacen fuera del matrimonio. Renombrados sociólogos americanos también argumentan que la figura del padre no es necesaria en una familia.

¿Se da cuenta de hacia dónde estamos yendo?

Incluso donde los índices de divorcio publicados son más bajos, solo apenas esconden una realidad: menos personas se están casando, pues optan por la «unión estable» y, por eso, cuando se separan no se registra como divorcio. Y muchos de los que se mantienen en la relación –por falta de opciones o por fuertes presiones religiosas– siguen siendo infelices.

Cuando veo esta realidad me quedo pensando en cómo estarán las cosas de aquí a cinco, diez o veinte años. ¿La extinción del matrimonio será consumada? ¿Las personas todavía creerán que el matrimonio para toda la vida es posible? ¿Serán los conceptos de fidelidad conyugal y lealtad a una sola persona aspectos tan solo de museos y de películas históricas?

Aquí va una alerta para los que todavía no se han despertado: las fuerzas de la sociedad conspiran contra el matrimonio y la familia, y sus ataques son cada vez más fuertes.

LA METAMORFOSIS DEL MATRIMONIO

Los medios de comunicación en general (películas, novelas, internet, libros, etc.), la cultura, la política, las leyes, las celebridades, la enseñanza en los colegios y universidades, en fin, todos los mayores poderes de influencia de la sociedad están volviéndose (o ya son) predominantemente anti matrimonio.

¿Qué significa esto en la práctica?

- El número de matrimonios disminuirá considerablemente.
- La «unión libre» o «estable», marcada por un concepto de que el compromiso duradero y absoluto no es posible, será más y más común.
- La infidelidad y las traiciones aumentarán (sí, aún más) y se harán más tolerables.
- Los encuentros casuales con terceros solo para fines sexuales serán más aceptados.
- Hombres y mujeres se volverán aún más depredadores.
- El hombre será más prescindible para las mujeres, quienes se verán más independientes.
- Las mujeres oscilarán entre la incredulidad total en el amor (y en los hombres) y la búsqueda de la felicidad, a costa de su propia devaluación.

Nota: todo lo arriba indicado YA ESTÁ sucediendo en nuestra sociedad. Es la metamorfosis del matrimonio y el tiempo solo continuará acelerando ese proceso.

Tal vez usted no pueda hacer nada para cambiar esa situación en el mundo; pero en *su* mundo, en *su* matrimonio, usted puede, y debe. No es una cuestión de *si* su relación podrá ser atacada y sí de *cuándo*.

La pregunta es: ¿sabrá cómo protegerla de los ataques cuando vengan? Si es que no está ya sucediendo.

EL MATRIMONIO EN LA ERA DE FACEBOOK

Nuevos desafíos como internet, por ejemplo, las redes sociales, las tecnologías de la comunicación, como SMS y MSN, la proliferación de la pornografía, la cultura anti matrimonio, la facilidad del divorcio o el avance de la mujer en la sociedad son solo algunos fenómenos recientes que están afectando a las parejas del siglo XXI. Y muchos no están preparados para lidiar con estos nuevos desafíos. Las parejas de hoy están enfrentando una nueva realidad, un mundo que sus padres no conocieron; de hecho, ninguna generación anterior a esta lo conoció. Pregúntele a su abuela cuáles eran las señales que buscaría para detectar si su marido estaba teniendo una aventura y, probablemente, le dirá que estaría atenta a las manchas de lápiz labial en la ropa, al olor de perfume de mujer y cosas de ese tipo. Hoy en día, traicionar al compañero es mucho más fácil.

Mark Zuckerberg, creador de Facebook, es uno de los mayores destructores de hogares en Gran Bretaña. Según un estudio divulgado por la web especializada en divorcios Divorce-Online, Facebook es citado como el motivo de la separación en una de cada tres separaciones en el país. Cerca de 1.700 de los 5.000 casos mencionaron que los mensajes inadecuados a personas del sexo opuesto y comentarios de ex novias(os) en Facebook fueron causa de problemas en el matrimonio. En Estados Unidos, la Asociación Americana de Abogados Matrimoniales (American Academy of Matrimonial Lawyers) divulgó, en 2011, que Facebook es citado en uno de cada cinco divorcios.

Para tener una idea de la gravedad de la situación, se lanzó recientemente en Brasil una red social exclusiva para personas casadas que «viven un matrimonio sin sexo y quieren encontrar a otras personas en la misma situación». Hombres y mujeres comprometidos son el blanco de la web, que facilita una «manera discreta de tener una aventura». En menos de seis meses, la web ya tenía más de trescientos mil usuarios en el país, haciendo de Brasil el segundo país en número de usuarios, por detrás solamente de Estados Unidos, donde la web ya existe desde hace algunos años. La web ofrece una cuenta de email privada y cobro con tarjeta de crédito sin que aparezca el nombre en el extracto, todo para facilitar los encuentros sexuales casuales, sin dejar vestigios para el compañero traicionado. Su eslogan es: «El verdadero secreto para un matrimonio duradero es la infidelidad». En España, páginas como Ashley Madison o Victoria Milan también están en auge.

Insólito, ¿verdad? Pues eso no es nada.

¿Sabe cuál es el negocio que más crece en el mundo, con una facturación mayor que Google, Apple, Amazon, Netflix, eBay, Microsoft y Yahoo juntas? Se llama pornografía. En 2006, las rentas de esta industria fueron 97.060 millones de dólares. Las películas pornográficas se producen en todo el mundo en mayor número que las de cualquier otro género, con gran diferencia. Son en promedio 37 películas por día, más de 13.500 por año. Brasil es el segundo mayor productor de esas películas, por detrás de Estados Unidos. Un estudio informó que siete de cada diez hombres de entre dieciocho y treinta y cuatro años visitan webs pornográficas en internet. Las mujeres, antiguamente más reservadas con ese tipo de actividad, tienden cada vez más a recurrir a la pornografía, muchas para intentar agradar al compañero. «Ah, pero, gracias a Dios, nosotros somos cristianos y eso no nos afecta». No se precipite.

Una investigación entre cristianos en Estados Unidos reveló que un 50 % de los hombres y un 20 % de las mujeres tienen el vicio de la pornografía. Otra investigación, solamente entre pastores, reveló que un 54 % habían visto pornografía en los últimos doce meses y un 30 % en los últimos treinta días anteriores a la investigación. ¿Quién está inmune?

HOMBRE VS. MUJER: LA BATALLA FINAL

Los hombres, por primera vez en la historia de su especie, están sintiéndose desubicados y perdidos dentro del matrimonio. Con el avance de la mujer, en casi todas las áreas de la sociedad, esta se ha convertido en rival del hombre, en lugar de ocupar su tradicional papel de auxiliadora. El hombre era el exclusivo cazador, proveedor y protector de la familia; ahora, ve su papel dividido y, muchas veces, suplantado por la mujer. Ella se ha convertido también en cazadora.

La mayoría de las mujeres, actualmente, trabajan y contribuyen a la economía del hogar. En muchos casos, la mujer incluso gana más que el marido, y esta tendencia aumentará, teniendo en cuenta que, en muchas facultades, ya hay más mujeres estudiantes que hombres.

¿Qué es lo que esto ha causado en el matrimonio? He aquí algunas consecuencias: la mujer se ha vuelto más independiente y menos tolerante con las peculiaridades masculinas, tomando decisiones sin tenerlo en cuenta y provocando que «choque» con él; el hombre, en un intento de agradar a la mujer, se ha vuelto más sensible, desplazándose de su lugar en el matrimonio, sintiéndose despreciado por la mujer y, a veces, desechable. Es decir, la mujer se ha vuelto más como el hombre y el hombre más como la mujer. Desorden y confusión total de los papeles.

Y no es solo en el campo laboral donde la mujer ha avanzado y competido con el hombre. Un estudio de la Universidad de São Paulo reveló un dato preocupante para los hombres casados. La infidelidad femenina está creciendo aterradoramente y, cuanto más joven se es, más se traiciona. De las 8.200 mujeres entrevistadas en diez capitales del país, apenas el 22 % de las mayores de setenta años confesaron haber tenido alguna relación extramatrimonial. El índice sube al 35 % para las mujeres entre cuarenta y uno y cincuenta años y asciende al 49,5 % entre las de dieciocho a veinticinco años. Es decir, la mitad de las jóvenes casadas traicionan a su marido. La salida de la mujer de simple ama de casa hacia un papel más activo en la sociedad, en la facultad, en el trabajo..., ha facilitado situaciones que hacen que prolifere la infidelidad.

Además de todo esto, hay que añadir el flujo constante de mensajes directos y subliminales en nuestros medios atacando las bases del matrimonio: telenovelas, películas, revistas, blogs, noticias, moda, música, grupos y fiestas «culturales»..., todos estos cañones apuntando y disparando sin tregua: ¿para qué casarme? Un pedazo de papel no va a marcar la diferencia... Se juntan pero no se unen de verdad... Si no sale bien, se divorcian y se casan con otro...Tanto el hombre como la mujer hacen lo mismo... No existe el amor, el amor es fantasía. El matrimonio es una prisión... ¿Cómo se puede aguantar a la misma persona veinte, treinta, cincuenta años? No, el matrimonio es cosa del pasado...

Cada día se crea un nuevo argumento derogatorio y anti matrimonio.

Si aprecia su relación y no quiere convertirse en una estadística más, blinde su matrimonio, es fundamental para su supervivencia. Es hora de defender y proteger su mayor inversión antes de que sea demasiado tarde. Vamos a luchar.

Si está realmente empeñado en blindar su matrimonio, entonces comience a seguir los consejos y tareas que le vamos a recomendar en este libro.

TAREA

¿Cuáles son los peligros que amenazan a su matrimonio actualmente? Identifique esas amenazas para tener en mente qué áreas de su vida necesitará fortalecer con mayor urgencia.

¡Espere! Antes de escribir su tarea aquí, piense si tal vez va a prestar este libro a alguien después de leerlo. Imagino que no va a querer que otros sepan sus reflexiones y luchas en su matrimonio... Una sugerencia es que apunte sus tareas en otro lugar, como una agenda, un diario o la computadora. Haga lo que mejor le parezca, yo simplemente he pensado que podría tener esto en cuenta.

/MatrimonioBlindado

Publique esto:
Identifiqué las actuales amenazas en mi matrimonio.

 @matrimonioblind

Tuitee esto:
Identifiqué las actuales amenazas en mi matrimonio
#matrimonioblindado
@matrimonioblind

CAPÍTULO 2
ESTÁ MÁS ABAJO

Si yo fuese una mosca en la pared de su living o de su habitación cuando usted y su pareja estuviesen discutiendo algún problema, ¿qué vería? Tal vez una frialdad a la hora de hablar, groserías, un tono de rabia en las palabras, irritación, uno interrumpiendo al otro, acusaciones, críticas y cosas así. Un día ustedes discuten sobre la disciplina de los hijos, otro día sobre por qué el marido acepta a su ex novia en su Facebook, otro día sobre la interferencia de la suegra en el matrimonio. La cuestión es que el verdadero problema no es aquello que usted ve, el problema está más abajo.

El marido tiene un vicio, por ejemplo. La esposa lo ve en aquel vicio y piensa que aquello es el problema. Ella se irrita, lo critica, intenta conversar y pedirle que cambie, pero no cambia. ¿Por qué? Porque el vicio no es el problema. Hay una raíz, algo más profundo que causa aquel vicio. Ella no sabe lo que es y posiblemente ni él. Pero los dos discuten en círculo sobre aquello que ellos ven.

Los problemas visibles son como las hojas, ramas y tronco de un árbol; en cambio, las verdaderas causas son menos aparentes, difíciles de detectar y entender. Sin embargo, la única razón de que los problemas que se ven existan es la raíz que los alimenta. Si no hubiese raíz, el árbol no existiría.

Cuando usted descubra la raíz de los problemas en su matrimonio, entenderá por qué su pareja y usted hacen lo que hacen. La lucha contra las hojas y las ramas de los problemas disminuirá –y mucho– así como también será amenizado el ambiente desagradable que acostumbra a formarse entre ustedes. ¡La eliminación de apenas una mala raíz podrida dará como resultado la solución de muchos de los problemas de una sola vez, y de forma permanente! Así es el poder del cambio de objetivo. Saber concentrar su atención y energía en el verdadero problema puede transformar su matrimonio, pues todo, incluso nuestro comportamiento, depende de cómo miramos, hacia dónde miramos y cómo interpretamos lo que miramos.

Stephen Covey menciona un acontecimiento en su vida a través del cual aprendió la importancia de esto.

Cuenta que un día estaba en el subterráneo, sentado, leyendo tranquilamente su periódico. El vagón no estaba lleno, todo estaba tranquilo y había algunos asientos vacíos. En la parada de una de las estaciones, entró un padre con dos hijos muy traviesos y se sentó junto a él. Los niños no paraban, saltaban, corrían de allá para acá, hablaban alto, e inmediatamente acabaron con la paz que había en el vagón. El padre, sentado con los ojos cerrados, parecía no prestar atención a lo que estaba sucediendo. Covey entonces no resistió la indiferencia del padre e, irritado, le miró y le preguntó por qué no hacía algo para controlar a sus hijos. El padre, como dándose cuenta de la situación por primera vez, respondió: «Es verdad, discúlpeme, acabamos de salir del hospital porque su madre acaba de fallecer. Yo no sé qué hacer y parece que ellos tampoco lo saben...». Covey se disculpó y empezó a consolar al hombre. Inmediatamente, toda su irritación en contra del padre de los niños desapareció y dio lugar a la empatía.

Pero ¿qué transformó el comportamiento anteriormente irritado de Covey? Fue la manera en la que pasó a mirar la situación. Antes de recibir la información del padre, Covey solo veía la escena a través del lente de sus propios valores y principios. «¿Cómo puede un padre permitir que sus hijos sean tan maleducados? Si fuesen *mis* hijos...» Pero después de la información, su manera de ver lo cambió todo. Dese cuenta que no hubo alteración en las personas: ni los niños pararon de comportarse mal ni el padre los controló. Solo la óptica de la situación cambió, y con ella el comportamiento de Covey.

Así también sucede en el matrimonio. Juzgamos al otro, exigimos que él cambie, porque lo vemos con la lente de nuestras experiencias, valores y conceptos. Pero todo ese conflicto ocurre porque no entendemos, ni prestamos atención a lo que realmente está detrás de cada situación. Por eso, una de las primeras actitudes que usted tiene que adoptar para transformar la realidad de su matrimonio es cambiar su percepción de las cosas, hacia dónde mira, cómo mira y cómo interpreta lo que ve. El desafío es saber hacia dónde mirar, pues no siempre la raíz es tan fácil de identificar. Déjeme ayudarle, usando otra analogía.

UNA SOLA CARNE, DOS CONJUNTOS DE PROBLEMAS

Cuando dos personas se casan, ambas llevan al matrimonio sus propios problemas y cuestiones personales. Lo que usted no ve en la invitación a la boda son cosas como esta:

«Juan, adicto a la pornografía, fue víctima de *bullying* cuando era niño, extremadamente inseguro, se va a casar con María, de la que abusaron en la infancia, una bomba de tiempo ambulante dispuesta a cualquier cosa para salir de la casa de sus padres».

El historial de los novios no viene escrito en la invitación de matrimonio, es más, en ningún lugar. Pero nadie se casa sin llevar su equipaje dentro del matrimonio. Por ejemplo, en el caso de este matrimonio, Juan y María, ¿se puede imaginar uno cómo será el futuro de esta unión?

En el día de su boda usted conoce entre el 10 y el 20 % de la persona con la que se está casando, en la mejor de las hipótesis, y la mayor parte que usted conoce es apenas el lado bueno. Esto es porque la mayoría de nosotros sabemos esconder muy bien nuestros defectos cuando estamos saliendo como novios. Digo «esconder» no porque queramos intencionadamente engañar a la otra persona, sino que es un proceso natural de la conquista. Forma parte del cortejo intentar con todas sus fuerzas dar una buena impresión de sí mismo a la otra persona. Usted siempre se viste con la mejor ropa, mide sus palabras, se aparta para soltar gases, sale para comer en un restaurante... De hecho, la cena típica de un restaurante ilustra bien este punto.

Él escoge el restaurante que a usted le gusta, se sientan a la mesa y piden la comida. Entre miradas de admiración uno por el otro, sobran elogios para el cabello, la ropa, y los dos aprovechan aquel momento al máximo. Al final, él paga la cuenta sin protestar, y claro, ustedes salen felices.

Después de casados, la escena cambia un poquito. La cena es en la mesa de la cocina, sin muchos detalles. Él comenta algo sobre que el arroz no está de la manera que le gusta; y usted, por primera vez, se da cuenta de que él hace un ruido irritante con la boca cuando mastica..., sin contar otros ruidos acompañados de olores no tan agradables. Al terminar, usted se da cuenta de que ni siquiera lleva el plato hasta la pileta, mucho menos lo lava..., y es entonces cuando se pregunta: «¿Cómo es que me casé con esta cosa?».

¡Bienvenidos al matrimonio! Ahora es cuando comienzan a conocerse de verdad. Y con el conocimiento de este «nuevo lado» del matrimonio, surgen los problemas.

Por esta razón, yo insisto en que en el noviazgo sean muy transparentes y abiertos respecto a sus personalidades y pasado, con el fin de disminuir las sorpresas más adelante. No se queden encantados con la otra persona como si tuviese solo el lado bueno. El noviazgo es un periodo para descubrir todo sobre la persona con quien se va a casar. Cosas como el pasado del pretendiente, la familia, cómo fue criado, la relación que tenía con los padres, etc.

El matrimonio no es el lugar, ni el tiempo, para sorpresas sobre la otra persona. No es después de seis meses de casados cuando la esposa quiere descubrir por la ex novia del marido que él tiene un hijo. No es en la luna de miel cuando la mujer debe explicar al marido que, debido a un abuso que sufrió en la infancia, tiene dificultades para entregarse sexualmente. Cuanto más sepan el uno del otro, menos oportunidad habrá de sorpresas desagradables.

Una vez aconsejamos a un joven que nos buscó determinado a dejar a su esposa, tras unas semanas de casado. La razón que dio fue que había descubierto en la luna de miel que ella no era virgen, como le había hecho creer. Él se sentía traicionado porque ella había omitido ese hecho y también tenía dificultades para superar el dolor emocional de pensar que ella había tenido relaciones sexuales con otros hombres. Lo que para muchos puede parecer una tontería, para él fue razón suficiente para contemplar la separación. Costó mucho convencerlo para que la perdonara y venciera las emociones negativas. Ellos permanecieron casados, pero los primeros años de su matrimonio estuvieron marcados por serios problemas.

No es que el pasado negativo de alguien sea motivo para que usted no se case con él o ella. Quien no tiene esqueletos en el armario, que tire la primera piedra... Pero es imprescindible que usted sea consciente de que su pasado puede afectar el presente y el futuro.

Considere, por ejemplo, cuánto un marido, cuya esposa sufrió abusos sexuales cuando era niña, tendrá que ser paciente y comprensivo con ella. Para saber cómo tendrá que lidiar con eso, él tiene que ser consciente de toda la situación.

Cuando dos personas se casan, el pasado de ambas se junta. Y son ellos, esos pasados, los que determinan el comportamiento de cada uno dentro del matrimonio. Por eso, usted no puede mirar solamente hacia la persona con la que está hoy, aunque ya lleven años de casados. Usted tiene que saber quién es esa persona desde su raíz, de dónde vino, quién es, cuáles son sus circunstancias y las personas que la influenciaron e hicieron de ella la persona que hoy es, y todo lo que contribuyó a eso. Solamente así podrá entender bien la situación y cómo actuar con eficacia.

CAPÍTULO 3
LA MOCHILA EN LA ESPALDA

Imagínese esto: el novio y la novia están en el altar de la iglesia, vestidos debidamente delante de los invitados. El oficiante conduce la ceremonia. En la espalda de cada uno de los prometidos, por encima del vestido blanco de ella y del traje alquilado de él, una mochila grande y pesada. Dentro de la mochila de cada uno está todo su pasado, el equipaje que están introduciendo en el matrimonio, cuyo contenido ambos comenzarán a descubrir en breve: la crianza y las enseñanzas que absorbieron de los padres, las experiencias antiguas, los traumas, el miedo al rechazo, las inseguridades, las expectativas... Por eso, quien todavía se está preparando para casarse debe actuar como un guarda de seguridad de aeropuerto: «¡Abra la maleta, quiero ver lo que lleva adentro!».

He visto a muchas parejas que decían: «Tu pasado no me interesa, yo solo quiero saber de nosotros de aquí en adelante». Por supuesto que suena muy romántico, pero esa actitud no impedirá que ambos introduzcan el pasado en la relación presente. Su pasado forma parte de usted, es imposible librarse de él. Pero sí es posible aprender a lidiar con él, sea lo que sea. Sin embargo, si no conocen el pasado el uno del otro, ¿cómo sabrán actuar cuando surja más adelante, cuando estén casados?

Permita que le demos un ejemplo personal de cómo al principio del matrimonio ese equipaje afecta a la pareja.

5,6 SEGUNDOS DE LIBERTAD

Cuando Cristiane y yo nos casamos, comenzamos a tener problemas debido a la falta de atención que ella sufría por mi parte y las consecuentes exigencias que ella me hacía. Seis días a la semana yo iba temprano al trabajo y regresaba muy tarde, cansado e incluso trayendo trabajo extra para terminar en casa. El sábado, nuestro supuesto día de descanso, yo volvía voluntariamente al trabajo por lo menos media jornada de mañana. Por ser muy joven, queriendo afirmarme en mi trabajo, entendía que necesitaba dedicarme a ello.

Continué trabajando como cuando estaba soltero, pero no era consciente de que ahora tenía una esposa. No tenía ningún equilibrio en relación al trabajo y la familia. Cristiane se quedaba en casa la mayor parte del tiempo, y cuando yo llegaba por la noche, ella venía con aquella preguntita: «¿Cómo fue tu día?». La última cosa de la que yo quería hablar a aquellas horas era sobre mi día, pues estaba exhausto. Entonces yo respondía con dos palabras: «Fue bueno». Ella, insatisfecha, insistía: «¿Pasó algo?». Y yo le daba tres palabras más: «No, todo normal». Obviamente (no tan obvio para mí por aquel entonces), ella se sentía excluida de mi vida. Unido al hecho de que yo solo quería saber de comer, terminar algún trabajo que había traído para hacer en casa, y después caerme muerto de sueño en la cama. He ahí una receta perfecta para una esposa infeliz.

Pero eso era solo durante la semana. El sábado era peor. Mi querida esposa pensaba: «Bueno, por lo menos el sábado vamos a salir». ¡Qué lástima! Como el principal día de la semana en mi trabajo era el domingo, mi preocupación el sábado era planear y dejar listo todo para el día siguiente.

El poco tiempo que quedaba por la tarde y noche del sábado, yo quería solo descansar; sin embargo, ella quería ir al cine, pasear. Y como durante la semana no daba tanta importancia a mi falta de atención, el sábado estaba más decidida: «¿Adónde vamos a salir hoy? ¿Vamos a ver una película? ¿Vamos a almorzar afuera? ¿Vamos a llamar a unos amigos para salir juntos?».Y yo, con «aquella» cara, decía: «¿Tú estás loca? ¿Es que no entiendes que este es el único momento que tengo para quedarme en casa y descansar?». Creía que era muy pesada, que no me entendía. Mi defensa era: «Tú sabías cuál era mi carga horaria antes de casarnos, siempre fue así, estás creando un problema por nada». Realmente, mis días y horarios de trabajo no habían cambiado. Solo que yo me olvidaba de que cuando éramos novios, yo sacaba tiempo el sábado por la tarde para salir con ella. En realidad, el que había cambiado era yo.

Cristiane:

Soy hija de pastor. Mi vida consistía en estar en casa o en la iglesia. Cuando me casé, a los diecisiete años, fue como si mi mano derecha estuviera esposada a la izquierda de mi padre y allí, en el altar, él abriese la esposa de la muñeca y la colocase en la muñeca de Renato, y la cerrase de nuevo y le entregara la llave a él.

Fueron 5,6 segundos de libertad cronometrados... Claro, en el momento no parecía eso. Yo pensaba que, cuando me casase, todo cambiaría en mi vida, porque, cuando éramos novios, salíamos a pasear, Renato me llamaba siempre, dedicaba un día exclusivamente para mí, era muy romántico, vivía escribiéndome cartas de amor, es decir, yo me sentía dueña de la situación...

Sin embargo, mis expectativas se fueron por el desagüe. En primer lugar, ni bien nos casamos, Renato fue trasladado a Nueva York; allí yo estaba lejos de mi familia y de todas mis amigas. Vivíamos a una hora de distancia de su trabajo, lo que restaba un poco más del escaso tiempo que pasábamos juntos.

Siguiendo el ejemplo de mi madre, yo quería ser una buena esposa para Renato, hacerlo muy feliz. Me dedicaba mucho al hogar, cuidaba su ropa prácticamente todo el día, cocinaba diariamente algo nuevo y siempre me esforzaba en estar bien arreglada para cuando llegara por la noche a casa. Pero todo eso era difícil, pues yo era muy joven y acababa de salir de la escuela. La comida no me salía bien, planchaba sus camisas de lino tres veces y, aun así, no quedaban bien, los productos de limpieza dañaban mi piel..., y al final, pensaba: «Renato va a llegar más tarde y va a valorar todo mi sacrificio». Pero ¡nada que ver!, no se daba cuenta de nada.

Renato fue mi primer novio y era todo lo que siempre soñé. Pero yo hice de mi matrimonio un problema. Comencé a entristecerme, a reclamar, a llorar y a exigir mucho. Y él siempre decía que él era así y que yo debía aprender a convivir con su forma de ser, que tenía que adaptarme a aquella vida... Yo solo salía para ir a la iglesia los miércoles y viernes por la noche. ¡Eran los días más especiales de la semana! No es de extrañar que las demás noches, cuando él llegaba a casa, yo lo esperase ansiosamente: era el único amigo que tenía para conversar. Pero él no se daba cuenta de mi necesidad y no decía nada. Llegué al punto de creer que mi marido ya no me amaba.

A causa de mi inexperiencia, por ser muy joven y nunca antes haber tenido otra relación, todo era motivo de desconfianza. A veces llegaba a la iglesia, veía a Renato aconsejando a una mujer (eso formaba parte de su trabajo), y sentía celos. «¿Cómo puede prestar tanta atención a esa persona que ni conoce y yo, que soy su esposa y hago todo por él, ni se entera que existo?». Le hacía ese tipo de comentarios y ya está; mi marido se encerraba en sí mismo aún más. Me daba el famoso «tratamiento de silencio» que a veces duraba tres días. Con todo el mundo conversaba con normalidad, sonreía, pero conmigo..., era como si yo no existiera. Aquello, obviamente, no me ayudaba a lidiar con todas las inseguridades que había llevado al matrimonio, al contrario, solo aumentaba aún más nuestro problema.

Mi educación fue muy diferente de la que tuvo él. En mi familia hablábamos abiertamente de todo lo que sentíamos ante cualquier situación. Yo hacía lo mismo en casa con Renato, pero él, en lugar de enfadarse conmigo, mandarme a pasear y después volver a la normalidad, simplemente no decía nada, me lanzaba aquella mirada de desprecio y dejaba de hablar conmigo durante varios días. Esa diferencia en la forma de lidiar con nuestros problemas empeoraba aún más los conflictos, pues además de los problemas del trabajo —debido a sus responsabilidades—, cuando llegaba a casa, él enfrentaba otros. Por ser todo eso algo novedoso para mí y debido a no tener a nadie con quien conversar, yo quería encontrar en él un amigo, pero solo conseguía un marido fracasado, que me consideraba una pesada.

Solamente cuando yo cambié y dejé de reclamar su atención, vi el resultado. Él pasó a hacer lo que a mí me gustaba y lo que me agradaba sin que yo tuviera que pedírselo. Hoy conversamos bastante, somos nuestros mejores amigos y nos sentimos realizados el uno con el otro. Pero solo conseguimos eso cuando aprendimos a lidiar con el equipaje el uno del otro.

Yo me daba cuenta de sus celos y me quedaba irritado, pero no conseguía descubrir la raíz de ese sentimiento. No tenía ni idea de lo que ella traía en el equipaje. Así que, cuando ella reclamaba, presionaba o acusaba de algo, yo me cerraba en banda. Fue en ese momento cuando ella comenzó a conocer un poquito de mi equipaje también.

Crecí viendo a mi padre lidiar con los problemas entre él y mi madre cerrándose con ella. Toda mi infancia fue así. Si mi madre hacía algo que lo disgustaba, mi padre la «castigaba» a través de su indiferencia. Dos, tres, cinco días. El periodo más largo, créalo si quiere, fue de ocho meses.

Si ser indiferente fuera un deporte de competición, mi padre sería el campeón y *recordman* único...

Yo odiaba aquello. Veía a ambos callados el uno con el otro, mi madre intentando hacer las paces, buscando agradarlo, y él atado a lo que había sucedido, que casi siempre era una tontería. Aquello creaba un ambiente horrible también para nosotros, los cuatro hijos. Yo me decía a mí mismo que cuando me casase, jamás sería así.

Sin embargo, cuando me casé, hacía exactamente lo mismo con Cristiane. En definitiva, la experiencia es mejor profesora que la teoría. Yo sabía que lo que estaba haciendo estaba mal, pero en la práctica solo sabía hacer aquello que había visto durante toda mi infancia y juventud. Era el peso de mi mochila.

EXCESO DE EQUIPAJE

La verdad es que nosotros hacemos solamente lo que aprendemos. Yo no tenía una referencia mejor que aquella. Usted acaba repitiendo los errores de sus padres, pues su comportamiento (no las palabras) fue su escuela. No me gustaba ser así, pero era como si ya estuviese programado para actuar como mi padre. Aunque Cristiane me pidiera disculpas, yo no cambiaba mi comportamiento.

En el matrimonio, tenemos que desaprender las cosas malas para, después, aprender las cosas buenas. Tenemos que identificar los malos hábitos, aquello que no funciona, y eliminarlos de nuestro comportamiento, desarrollando mejores hábitos. Reconocer eso es muy doloroso, pero es imprescindible para el cambio.

Como puede ver, ya desde el principio de nuestro matrimonio Cristiane y yo tuvimos muchos problemas, debido a los equipajes que traíamos con nosotros. Yo no era una mala persona, tampoco ella; pero la mezcla de nuestro equipaje no resultó positiva. Así sucede en todos los matrimonios. Todo ser humano lleva en su equipaje un conjunto de principios, valores, experiencias, cultura, visión del mundo, opiniones, hábitos, pasado, traumas, influencias de la familia, escuela o amigos, sueños y mucho más.

Cuando dos personas se juntan, a través del matrimonio, la mayor parte de sus problemas provienen de las cosas que traen en su equipaje, que pelean entre sí. Por lo tanto, conocer a la otra persona profundamente, descubrir sus raíces, es fundamental para comprender el porqué de este o aquel comportamiento. Es más: conocerse y entenderse a uno mismo es igualmente esencial, pues eso le ayudará a buscar maneras de lidiar con sus propias raíces y, así, resolver las diferencias y conflictos.

Fue eso lo que sucedió conmigo y con Cristiane. Años más tarde, pasé a darme cuenta de nuestros equipajes y a entender por qué nos comportábamos de aquella manera. Ella llevaba en su equipaje altas expectativas de la familia perfecta con la que creció; la imagen del padre ejemplar, la inseguridad de no haber tenido nunca un novio (en cambio, yo venía de un noviazgo roto); la infancia y la adolescencia sin prácticamente nada de diversión ni vida social. Todo esto explicaba por qué Cristiane esperaba tanto de mí, tenía celos de mujeres por quien nunca me interesé, exigía mi atención y valoraba mucho salir a pasear.

LOS OPUESTOS SE REPELEN

Lo interesante es que su equipaje chocaba frontalmente con el mío. Es típico de los matrimonios: los polos opuestos se atraen pero, después de casarse, se repelen..., enloquecen el uno al otro.

Mi familia era considerablemente diferente a la de ella. En casa éramos tres hermanos y una hermana. Nosotros no tratábamos a la niña así, cómo decirlo... con tanta delicadeza. Éramos brutos. Mi madre, siempre sirviéndonos a mi padre y a nosotros, raramente exigía algo para sí misma. Vivía para él y para sus hijos. Y mi padre... bueno, ya dije cómo era. Tener el conjunto de eso como fondo me hacía ver a Cristiane un poco ingenua, muy exigente, pegajosa, que reclamaba teniéndolo todo, un chicle en mi pelo. Yo tenía la imagen de una mujer fuerte, grabada en mi mente por lo que conocía de mi madre, una mujer que aguantaba todo, y eso no me ayudaba en la percepción de mi mujer. Esa era la razón de que tratase a Cristiane tan fría y duramente.

Otro pedacito de mi equipaje: yo crecí en medio de mujeres. Tenía una hermana, primas, muchas tías, amigas en la vecindad, amigas en la escuela, amigas en la iglesia, novias por aquí y por allá. No veía ninguna diferencia entre tener amigos y amigas. Después de casado, esto no ayudó a la inseguridad de Cristiane. Tampoco mi manera fría de ser con ella. Esto explica sus celos.

Y en casa, siempre fuimos una familia con mucho trabajo. Mi padre se levantaba a las cinco de la mañana incluso los domingos. A los doce años, él nos inició a mi hermano mayor y a mí a trabajar. Trabajar duro siempre estuvo en nuestra sangre. Cuando comencé a trabajar en la iglesia, antes de casarme, ese concepto aumentó, pues ahora no era por dinero y sí para ayudar a otras personas. Sumado al hecho de que me casé con una hija de pastor, yo pensaba que ella comprendería muy bien mi entrega al trabajo. Sin embargo, estaba volviendo loca a Cristiane. Ella no me entendía, ni yo a ella. Y vivimos años intentando cambiarnos el uno al otro en vano.

¿Cuándo y cómo superamos nuestras diferencias? Solamente cuando comprendimos lo que estaba detrás de nuestro comportamiento e hicimos ajustes para lidiar con la raíz de cada conflicto.

Yo entendí que el problema que ella tenía de sospechas y celos era también responsabilidad mía. No podía hacerla cambiar, pero podía reducir las razones que yo le daba para alimentar su inseguridad. Vi que podía ayudarla a tener más confianza en ella misma y en mí. Dejé de discutir y culparla por los celos, comencé a apartarme de mis amigas mujeres y a limitar el contacto solo a lo necesario. Puse distancia y aprovechaba cualquier oportunidad para hacerle sentir la seguridad de que era la única mujer de mi vida. Mi objetivo pasó a ser transmitir seguridad a mi esposa.

ATENCIÓN AL SEXO OPUESTO

Dicho sea de paso, muchos matrimonios tienen dificultades para tomar esta decisión. No quieren dejar las amistades que ejercen una influencia negativa en el matrimonio. Como regla general, aprendí que no es aconsejable que el hombre casado tenga amistades femeninas muy íntimas, ni que la mujer tenga tales amigos. Mantener amistades muy cercanas con el sexo opuesto es jugar con fuego. Normalmente nos resistimos a la idea de que hay algo malo en esto porque, en el fondo, nos gusta la atención. Pensamos también que si no tenemos una mala intención, de traicionar o de tener una aventura con la otra persona, no hay problema. Confiamos demasiado en nosotros mismos. Nos olvidamos de que no controlamos nuestros sentimientos ni los de la otra persona. Por eso, entienda: ninguna amistad es más valiosa que el matrimonio. En lugar de mantener amistades íntimas con el sexo opuesto, aprenda a hacer de su pareja su mejor amigo.

Cristiane:

Yo ya había aprendido esa lección en la escuela, por experiencia propia. Hubo una época en que me cansé de amistades femeninas, que vivían chismeando, y empecé a andar con amigos en lugar de con amigas del colegio. Era muy bueno, porque ellos me respetaban y no se quedaban hablando de la vida de los demás. Pero algunos empezaron a verme con otros ojos, sin que yo me diera cuenta. Cuando descubrí que estaban enamorados de mí, tuve que distanciarme de todos y me dije a mí misma que nunca más tendría amistad con chicos...

Cuando me casé y vi a Renato teniendo amistad con mujeres, ¡enloquecí!

Comencé a tener miedo de que le nacieran sentimientos hacia ellas, así como mis amigos del colegio los tuvieron por mí. Al principio vivía pidiéndole explicaciones, condenándole; en fin, usaba todas las armas para combatir aquellas amistades.

No fue fácil vencer mis inseguridades en ese sentido, pero lo conseguí. Lo que me ayudó en ese desafío fue prestar atención a lo que yo estaba haciendo mal, en lugar de centrarme en lo que él estaba haciendo.

A veces, la mujer puede hasta tener la razón, pero la forma de resolver el problema la hace perderla y dificulta todo en la relación. Cuando comencé a cambiar mis actitudes, centrándome más en mí, me convertí en una esposa más agradable y Renato ya no desconectaba más mi canal.

Lo bueno es que cuando invertimos más en nosotros mismos pasamos a ver las cosas que no estábamos haciendo bien. Yo, por ejemplo, descubrí que también tenía un llamado y ese llamado no era la de quedarme detrás de mi marido, auxiliándolo de lejos, y sí a su lado. Empecé a vencer mis propias debilidades, principalmente mi timidez. Mi vida ya no giraba alrededor de él, pero si con él, y alrededor de un solo objetivo: trabajar para Dios.

A veces la mujer no se da cuenta de que, cuando se vuelve improcedente, el hombre se aparta. El marido difícilmente aceptará ser desafiado. Cuando Cristiane cambió su comportamiento, se volvió más deseable para mí. De repente comencé a interesarme más por ella, a estar más cerca, a llamarla para salir.

Fue ahí cuando me sentí motivado para equilibrar mi tiempo entre el trabajo y mi matrimonio. Empecé a prestarle más atención a mi mujer, pues entendí que ella necesitaba eso. En fin, cuando los dos entendimos las raíces de nuestro comportamiento e hicimos lo que era necesario para lidiar con ellas, se acabaron los problemas.

EL MATRIMONIO FELIZ DA TRABAJO

Nosotros, hombres adictos al trabajo, tenemos que entender que el matrimonio también es un tipo de trabajo, una empresa. Si no trabaja en su matrimonio, inevitablemente se irá a pique.

Los matrimonios felices dan trabajo y no son por casualidad. Cuando vea un matrimonio unido durante muchos años y viviendo bien, sepa que no es fruto de la suerte. No es porque ellos «fueron hechos el uno para el otro» ni porque «congenian bien». Si mirásemos más de cerca, veríamos cómo ese matrimonio trabaja constantemente en su mantenimiento. Después de veintiún años de matrimonio, Cristiane y yo continuamos trabajando, actuando en nuestro matrimonio. Un descuido, un poco de pereza en hacer algo, un despiste de algo importante, ya es suficiente para que los problemas surjan; por eso, nunca descuidamos ese trabajo.

Desgraciadamente, muchos matrimonios se dan por conquistados el día de la boda. Es como si el esfuerzo por conquistar a la otra persona hubiese acabado cuando se van de luna de miel. ¡Bien, ya estamos casados! ¡Hecho y consumado!

Los hombres, sobre todo, estamos acostumbrados a hacer eso. Para nosotros, el periodo comienza con la primera conversación y llega hasta la luna de miel, es lo más interesante para nuestra naturaleza competitiva. Es emocionante saber que ella ha aceptado salir, ver que está deslumbrada por nosotros y que piensa que somos lo máximo..., todo esto es como si fuese un juego para nosotros (mujeres, estamos siendo honestos... es nuestra naturaleza. Usted va a entender más sobre esto más adelante en este libro). Por eso, el día de nuestro matrimonio es como la entrega del trofeo.

Cuando el campeón recibe el trofeo, lo pone en el estante y aquello ya forma parte del pasado. Y así es como actuamos muchos hombres con nuestras mujeres después del matrimonio. Pensamos que el juego acabó, que aquel trabajo de la conquista ya ha terminado. Tenemos hasta el papel para probarlo: ¡el certificado de matrimonio!

Compañeros, aquí va un aviso: ¡el juego apenas ha comenzado! Si dejamos de trabajar para mantener nuestro matrimonio, perderemos el juego...

TAREA

¿Cuáles son los principales ítems en su equipaje, y en el de su pareja, que afectan o pueden afectar su relación en el futuro? Tómese algunos minutos para pensar en los principales acontecimientos que marcaron sus vidas o que les formaron el carácter o engendraron los principios y valores que rigen su comportamiento. Esta tarea requiere un viaje al pasado, meditación cuidadosa, cuidados y, probablemente, una conversación con su pareja para descubrir las respuestas de él/ella. Escriba lo que consiguió identificar, pero quédese a gusto y libre de aumentar la lista conforme vaya descubriéndolas.

/MatrimonioBlindado

Publique esto:
Ya comencé a
chequear nuestro
equipaje.

@matrimonioblind

Tuitee esto: Ya
comencé a chequear
nuestro equipaje
#matrimonioblindado
@matrimonioblind

CAPÍTULO 4

EL ARTE DE RESOLVER LOS PROBLEMAS

Nuestro equipaje, diferencias de personalidad, gustos, expectativas, etc., preparan el escenario para que los problemas aparezcan en la relación. Cuando estos aparecen y usted no sabe cómo lidiar con las diferencias, quedan mal resueltos y el matrimonio se deteriora. Si nada cambia, dentro de pocos años vendrá el divorcio. A propósito, ¿es el divorcio una señal para huir de los problemas conyugales que el matrimonio nunca consiguió resolver?

Matrimonios que se aman acaban separándose, o viviendo juntos como dos extraños dentro de casa, porque no consiguen resolver los conflictos en la relación. La verdad es que ellos insisten e intentan cambiar a la otra persona. Piensan así: «Si yo consigo que mi marido/esposa sea como yo, entonces los problemas estarán resueltos». Y entonces critican, acusan, señalan los errores del otro, y defienden y justifican sus actitudes. Dando vueltas sin llegar a ningún lugar. Cuando uno finalmente se cansa de esa insana relación, decide separarse.

Vivir un matrimonio feliz es un arte: el arte de resolver problemas. Existen por lo menos siete mil millones de problemas en el mundo de hoy: cada ser humano tiene por lo menos uno, probablemente muchos más. Aun así, estamos sobreviviendo a pesar de ellos. Algunos conseguimos resolverlos y con otros aprendemos a convivir hasta que encontramos la solución. Los problemas forman parte de la vida. Quien es más hábil en resolver problemas, tiene más éxito; quien es menos hábil, fracasa más. En el matrimonio no es diferente. Si usted quiere blindar su matrimonio, debe comenzar con la decisión de convertirse en un experto en resolver problemas.

Observe: resolver problemas no es resolver personas. Su objetivo tiene que ser resolver los conflictos entre ustedes, cambiar la situación, y no luchar contra la otra persona. Es un error suyo el pensar que la otra persona cambiará a su gusto. No, usted no lo conseguirá, pero acabará pensando que el problema es la otra persona; y por lo tanto, tiene que separarse de ella y encontrar otra persona. Eso quiere decir que usted no aprendió a resolver problemas en el primer matrimonio, y comienza el segundo sin esas habilidades, encontrándose con los mismos problemas e incluso con otros más, y continúa fracasando en el matrimonio. ¿Acaso es una novedad que el índice de divorcios, para la persona que se casa por segunda, tercera vez..., vaya en aumento?

Nuestro método es más eficaz: ayudarle a ver el verdadero problema, a encontrar la raíz, eliminarla y evitar que regrese.

Una de las cosas que nos intrigaron fue descubrir que el índice de divorcios no varía mucho entre las personas de orientación cristiana y personas no religiosas. La creencia en Dios, el autor del matrimonio, parece no ser suficiente para evitar que una persona se divorcie. Esto es algo curioso, pues si hay un grupo que al menos debería de ser más hábil en mantener el matrimonio, sería el grupo de las personas que creen en Dios. Pero ¿por qué no ocurre esto? Porque la mayoría de esas personas no consiguen o no saben cómo aplicar sus conocimientos teóricos sobre el amor en el día a día de sus relaciones. Una cosa es que yo sepa que Dios es amor, y otra cosa es saber qué hacer cuando la persona que yo amo por ejemplo me miente. El cristianismo de una persona comienza a ser realmente probado cuando se casa.

ESPEJO, ESPEJITO

El matrimonio nos sirve como un espejo. Cuando se arregló hoy por la mañana, usted se habrá mirado en el espejo como mínimo cinco veces (si usted es mujer, unas veinte...). ¿Por qué nos miramos en el espejo siempre que tenemos oportunidad? Porque nuestros ojos no nos dan una visión clara de cómo nos ven los demás. Si no existiesen espejos, ni cámaras de fotos o vídeo, nunca sabríamos cómo está nuestra cara, ni algunas partes de nuestro cuerpo, especialmente la parte de atrás (a pesar de que algunos piensen que eso no sería una mala idea). Pero gracias al espejo podemos ver un reflejo fiel de cómo somos, inclusive de las partes ocultas a nuestros propios ojos.

Así es el matrimonio. Nuestra pareja se vuelve un espejo porque refleja exactamente lo que somos, tanto nuestro lado bueno como malo. Cuando se mira al espejo, usted ve una imagen de su cuerpo, cosas que le gustan y cosas que no. Cuando se pone una ropa que le sienta bien, usted se queda admirándose y diciéndose a sí mismo: «Me queda bien esta ropa, ¡qué bien! Estos zapatos combinan bien con este cinturón...». Pero también hay ciertas partes que a usted no le gusta mirar. Si encuentra su nariz torcida o muy grande, sus dientes muy separados o sus caderas muy anchas, usted se siente mal solo con mirarse. Yo conozco a una persona que, cuando va a sacarse una foto, coloca su cabeza en un ángulo de 45 grados en relación a la cámara para que su rostro salga de lado, porque piensa que tiene la cabeza muy grande... ¡Quiere decir que cada uno lidia con lo que el espejo le muestra de la manera que puede! Pero una cosa es cierta: de nada sirve insultar o pelear con el espejo. La culpa no es de él, pues solo está mostrando la realidad.

Cuando se coloca delante del espejo del matrimonio, usted comienza a descubrir defectos suyos que desconocía. Cuando me casé, mi temperamento fuerte se manifestó. Yo no había notado ese problema antes, pues cuando era soltero nunca tuve que convivir tan de cerca con alguien en el papel de marido. Cuando éramos novios, estábamos cerca, pero no tan cerca como en el matrimonio. Cuanto más cerca del espejo, más clara y nítida es nuestra imagen. Es eso lo que sucede con los matrimonios.

El problema es que, hasta el matrimonio, solíamos oír de la otra persona lo maravillosos que éramos. «Eres linda», «Me gusta mucho tu honestidad», «Me haces sentir tan bien que me olvido de mis problemas». Solo elogios. Por eso, pensamos: «Esta persona me hará muy feliz. Voy a casarme con ella». Es decir, esperamos en el matrimonio oír solo cosas buenas sobre nosotros. Pero el espejo no miente. Después de casados, estamos muy cerca de nuestro espejo, y la otra persona comienza a mostrarnos nuestros defectos... En lugar de aprovechar aquello y cambiar, comenzamos a proyectar nuestros defectos sobre la otra persona y a apuntar dónde ella necesita cambiar. «Él es tan irritante», «Ella es muy mimada, llora por todo», «Yo no quiero ser así, pero me provocas». Es decir, culpamos al espejo.

Es natural ponerse a la defensiva cuando nuestras fallas son señaladas. A nadie le gusta. Pero no es una actitud inteligente. Si usted decidiese no mirarse más al espejo porque le muestra algo desagradable, no estaría mejorando en nada. En lugar de defender su manera de ser o su comportamiento delante de su pareja, use su *feedback* positivamente. Aproveche esa información para mejorar.

Mientras me irritaba porque Cristiane decía algo negativo sobre mí, no mejoraba como marido, ni como persona. Pero cuando usé mi cabeza y entendí que mi esposa era mi desafío personal para mejorar, entonces comencé a utilizarla como espejo para lidiar con mis defectos. Usted también puede hacerlo.

Entienda una cosa, ya desde el principio: *Nadie cambia a nadie. Las personas solo cambian cuando ellas mismas deciden cambiar.*

Por eso mismo, cuando alguien fuerza a alguien a cambiar, nuestra reacción natural es resistir. Es una manera de proteger nuestra identidad, nuestro derecho a ser como queremos ser, aunque no le agrade a alguien. Lo sé, parece una locura, pero el ser humano es así.

«Entonces, ¿no hay esperanza para mí?», se preguntará usted. «¿Mi marido nunca va a cambiar? ¿Mi esposa siempre será así?» Fíjese bien, no estoy diciendo que él o ella no vayan a cambiar nunca. Estoy diciendo que no será usted quien le hará cambiar. Pero hay una buena noticia: usted podrá influenciar e inspirar a esa persona para el cambio. Es para aprender cómo hacer eso que está usted leyendo este libro.

Todo comienza centrándose en uno mismo en lugar de señalar los errores de su compañero. Recuerde: si usted resuelve solo sus cuestiones personales, la mitad de los problemas conyugales serán resueltos antes de que su compañero cambie un poco.

Cuando usted cambie y pare de exigir que el otro cambie, dará el primer paso para inspirar el cambio en la otra persona sin necesidad de reclamar nada de ella. En lugar de eso, mire hacia su interior, reconociendo sus propios errores. Abra su equipaje y saque de adentro lo que está pesando mucho. No se preocupe por el equipaje de él por ahora, su objetivo será entenderse a sí mismo primero, para después entender a los demás.

Tal vez usted haya empezado a leer este libro pensando en descubrir técnicas para cambiar a su marido o esposa. La verdad es que usted aprenderá cómo cambiarse a sí mismo. Si se embarca en esta misión de ser una persona mejor, entonces su matrimonio mejorará, incluida su pareja. Pero si su misión es cambiarlo, puede parar aquí. Nosotros no podemos ayudarle. Nadie puede.

¡ALTO EL FUEGO!

Si usted está realmente empeñado en blindar su relación, entonces comience a seguir los consejos y tareas que vamos a recomendarle en este libro.

La primera tarea es declarar un «¡Alto el fuego!».

Cuando dos países están en guerra y buscan una solución, el primer paso es declarar un alto el fuego, para negociar un acuerdo de paz. Paran los ataques como voto de confianza, una señal de buena voluntad.

Si usted ha atacado a su pareja de alguna forma, aunque sea esporádicamente, debe detener inmediatamente este tipo de trato. Por ejemplo, comentarios irónicos, respuestas sarcásticas, acusaciones, ataques verbales, mencionar los errores del pasado, son también formas pasivas de ataque, como ser indiferente, omitir informaciones importantes, tratar con indiferencia, quedar fuera de casa y cosas de ese tipo.

Piense: ¿cómo podrá usted blindar su relación de ataques externos si insiste en los ataques internos? No es sabio. Los ataques externos que usted tiene que combatir ya son suficientes, ustedes no necesitan ser enemigos uno del otro. Los enemigos son los problemas que ustedes enfrentan, no ustedes mismos.

Por lo tanto, si su matrimonio ahora está en pie de guerra, ¡pare! Dé tregua a su pareja. A partir de ahora, mientras lea este libro, usted va a tratar a su pareja con respeto y educación. Eso le dará la oportunidad de respirar y concentrarse en nuevos caminos para la solución de los problemas.

Otra razón por la cual el alto el fuego es importante: que usted no sabotee sus esfuerzos de blindar su matrimonio. Piense: si mientras usted lee este libro continúa atacando a su pareja, los problemas solo aumentarán. Llegarán a un punto en que usted mirará la portada de este libro y se dirá a sí mismo algo como «¡No está sirviendo de nada! No voy a leer más este libro inútil», seguido de un pensamiento donde usted se ve lanzando el libro a la garganta de su pareja... ¡Nada bueno!

Entonces, esta es su primera tarea para blindar su matrimonio: ¡alto el fuego!

TAREA

Escriba aquí (o en otro lugar, si no quiere guardar el libro), cómo ataca normalmente a su compañero. Piense en todas las maneras, de mayor a menor, e inclúyalas abajo.

_____

_____

_____

_____

Me prometo a mí mismo que no trataré más a mi compañero de esta forma y me esforzaré en actuar con respeto, dominio de mí mismo y consideración.

/MatrimonioBlindado

Publique esto:
Comienzo hoy mi
«alto el fuego».

@matrimonioblind

Tuitee esto:
He completado la
primera tarea para
blindar mi matrimonio
#altoelfuego
@matrimonioblind

PARTE II

EMOCIÓN VS. RAZÓN

CAPÍTULO 5

EL MATRIMONIO COMO UNA EMPRESA

Vivir feliz en el matrimonio es un arte: el arte de resolver problemas. Quien es más hábil en resolver problemas, tiene más éxito en el matrimonio. Quien es menos hábil, fracasa más. Si usted quiere blindar su matrimonio, debe comenzar con la decisión de convertirse en un experto en resolver problemas.

Lo que normalmente sucede con los problemas en el matrimonio es que son eludidos, ignorados, pospuestos, en lugar de ser resueltos. El ciclo acostumbra a ser así: el matrimonio tiene un malentendido, debate sobre el asunto, sin progresar mucho, los ánimos se caldean, uno acaba ofendiendo al otro con palabras, o por su posición inflexible; los dos se cansan de debatir, pues no consiguen llegar a un acuerdo, desisten por el cansancio y la frustración, y pasa el tiempo hasta que nuevamente surge el conflicto.

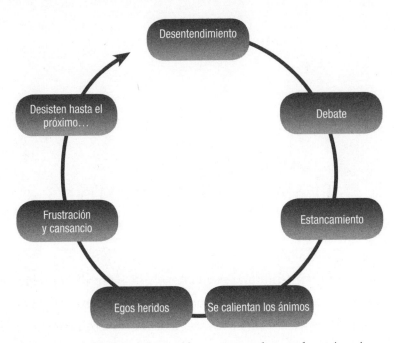

Las siete etapas del ciclo de los problemas no resueltos en el matrimonio.

En este ciclo nada se resuelve. El problema se retrasa o apenas se evita de manera temporal, pero después regresa, y casi siempre peor. Muchos matrimonios piensan que el tiempo resolverá sus problemas. «Vamos a dar tiempo al tiempo» es una expresión que a muchos les gusta usar cuando se justifican por no resolver el problema en el momento. Pero los problemas en el matrimonio no son como el vino. No mejoran con el tiempo. Cuando se trata de simples roces en el matrimonio, un problema que se posterga es un problema empeorado. En este caso, el tiempo se vuelve enemigo del matrimonio.

Una de las principales razones por las que las personas deciden no lidiar con el problema en el matrimonio es el hecho de que la experiencia es extremadamente dolorosa. La falta de habilidad en la comunicación, los ataques verbales, la irritación, hacen que el matrimonio evite el asunto en lugar de resolverlo. Eso se hace especialmente real en el caso de los hombres. Muchos hombres huyen de una conversación seria con una mujer porque no consiguen dialogar al mismo nivel. Las mujeres, por su parte, se frustran porque parece que nunca consiguen que el hombre las entienda.

Pero no es necesario que así sea. Hay una manera eficaz de que hombres y mujeres puedan resolver sus problemas conyugales y prevenir que se repitan, sin que nadie salga herido en el proceso. Yo lo llamo de esta manera: «Tratar su matrimonio como una empresa».

LOS OBJETIVOS DE UNA EMPRESA

¿Por qué alguien comienza una empresa? ¿Cuál es su objetivo? Puede haber muchos. Ganar más dinero es uno de los obvios. Ser su propio jefe, y así tener más independencia, es otro. Muchos sienten la necesidad de desarrollar su potencial y ven en la creación de una empresa un medio para ello. Otros quieren marcar la diferencia en el mundo en que viven, ayudar al prójimo. Una cosa es cierta: toda empresa tiene por lo menos un objetivo. Ningún negocio existe por existir. Siempre hay una búsqueda de resultados. Y esos resultados se convierten en el centro de todos los asuntos de esa empresa, especialmente de los dueños. Si no hay resultados, no hay razón para que la empresa exista.

El matrimonio también es una empresa. Nadie se casa sin objetivos, ni sin buscar resultados. Cuando los novios piensan en casarse, en realidad piensan en objetivos, sueños realizados, entre ellos: formar una familia, tener hijos, hacer a la otra persona feliz y ser feliz, estar siempre al lado de quien se ama y sentirse amado; conquistar juntos metas materiales; tener a alguien que les apoye en la realización de sus sueños; alcanzar el placer sexual, tener en el compañero un amigo verdadero, etc.

Cristiane:

Cuando me casé con Renato, aunque tenía los mismos objetivos que él, también tenía algunas expectativas que no estaban de acuerdo con las suyas. Fue exactamente con esas diferencias, que no estaban alineadas, con las que tuvimos problemas. Es muy importante que los cónyuges sepan todas las expectativas que ambos tienen para el matrimonio. Si nos hubiésemos sentado a conversar sobre eso antes de casarnos, seguramente hubiéramos sabido qué esperar después el uno del otro.

A veces los matrimonios incluso llegan a conversar sobre sus metas, pero con el paso del tiempo, las expectativas superan los objetivos iniciales. Si no se hace un ajuste y un mantenimiento de los objetivos, la frustración les llevará a reclamar el uno del otro: «Pero siempre dijiste esto o aquello, ¿ahora quieres cambiar?». En lugar de bailar conforme a la música, el matrimonio comienza a bailar músicas diferentes y allí es donde empieza todo a complicarse.

Recientemente, hemos divulgado a través de nuestro programa *Escuela del amor* la Caminata del Amor, en todo Brasil y en todo el mundo. Fueron alrededor de diez mil personas las que se reunieron con un solo objetivo: conocer mejor a su pareja a través del diálogo. Esa idea vino justamente por una experiencia que tuvimos hace algunos años, cuando Renato me invitó al parque a dialogar.

Ya llevábamos más de quince años de casados y fue entonces cuando por primera vez conciliamos todo lo que pensábamos y queríamos en una conversación. Él supo todos mis sueños, mis preocupaciones, mis dificultades, lo que yo quería y lo que no, y viceversa. Fueron horas preciosas que fortalecieron, y mucho, nuestra unión. Después de esa conversación, yo sabía exactamente lo que él esperaba de mí. Sabía qué iba a hacer para apoyarlo y cómo hacerlo.

A veces usted piensa que está al lado de su pareja y, en realidad, está muy distante debido a la ignorancia que ambos tienen de lo que quieren el uno del otro.

El matrimonio también tiene objetivos y existen para producir resultados, igual que una empresa...

¿Por qué es importante que usted entienda este paralelismo?

Son los objetivos de una empresa los que guían todo lo que se hace en ella en el día a día. Las decisiones que toman, a quién se contrata, los cursos a los trabajadores, los productos que crean, la publicidad que hacen, todo es movido y guiado por los objetivos y resultados, esos resultados que la empresa quiere alcanzar.

Cuando trasladamos ese pensamiento al matrimonio, nos damos cuenta de que, desgraciadamente, la mayoría de los matrimonios no piensan así. Ellos se perjudican con el transcurso de la vida, se pierden en los sentimientos y enseguida pierden de vista los objetivos por los cuales se casaron. Cuando los objetivos se olvidan, entonces las decisiones que toman y todo lo demás que se hace dentro de la relación ya no contribuye a la realización y al éxito del matrimonio.

Cuando el marido empieza a involucrarse con una amante, por ejemplo, es porque claramente ha perdido de vista los objetivos de su matrimonio. Pero eso no sucede apenas en el momento de la traición. Fue algo que comenzó con la primera decisión de mirar con interés a otra mujer. Aquella mirada ya fue un desvío del camino que buscaba los objetivos de su matrimonio. Es decir, él perdió el objetivo de su empresa. Su persistencia en ese rumbo, inevitablemente llevará a aquel matrimonio a la ruptura.

Si uno de los cónyuges entra en el matrimonio con la idea de que aquella unión no durará hasta que la muerte los separe, entonces esa persona acabará haciendo cosas que arruinarán el matrimonio, causando su fin. Si por otro lado, la persona se ve al lado de la otra hasta que la muerte los separe, hará de todo para mantener esa relación. Es decir, la meta de llegar al objetivo dicta nuestro comportamiento.

Al inicio de mi matrimonio, cuando yo tenía algún desentendimiento con Cristiane, mi objetivo principal era ganar la discusión. Yo quería probarle que era ella la que estaba equivocada, y yo tenía razón. Y como yo soy mejor argumentador que ella, casi siempre salía ganando. Pero ese era el objetivo equivocado. Yo ganaba la discusión, pero perdía la intimidad y amistad que tenía con mi esposa. Es lo que muchos matrimonios hacen: prefieren tener la razón a ser felices.

Cuando aprendí que mi matrimonio es una empresa, entendí que incluso las decisiones y actitudes más pequeñas tienen que estar unidas a nuestros objetivos a largo plazo. Hoy, cuando hay algún desentendimiento, me pregunto: ¿cuál es el resultado que yo quiero obtener con esta conversación? En ese momento pienso en mi objetivo, y dirijo la conversación para lograrlo.

¿CÓMO RESUELVEN LOS PROBLEMAS LAS EMPRESAS?

¿Usted cree que Steve Jobs no enfrentó problemas cuando comenzó su empresa Apple? Claro que sí. Desde Apple hasta el carrito de palomitas en la esquina de la avenida, toda empresa comienza con sueños y objetivos, pero inmediatamente encuentran problemas. Y no solo al principio. Por más exitosa que sea una empresa, debe enfrentar y resolver cuestiones diariamente. La supervivencia de cualquier negocio depende de la solución de sus problemas. Si no se resolvieran, la empresa se iría a pique. Es cierto que si usted es un empleado, esa es la razón por la cual fue contratado: para resolver problemas (¿o usted cree que fue porque les gustó su currículum...?).

Sea cual sea el número de trabajadores, dos, dos mil o veinte mil, las empresas con éxito consiguen alcanzar sus objetivos resolviendo sus problemas. Y lo curioso es que la relación entre los trabajadores no es precisamente de amor. Muchas veces es lo contrario. No es muy común oír a los trabajadores decir «¡amo a mi jefe!», ni verlos escribiendo cartas de amor para el compañero del Departamento de Contabilidad. Pero si ellos consiguen tener éxito en esas condiciones, es porque deben de estar haciendo algo que trae buenos resultados.

La pregunta es: *¿Por qué las parejas, que pasan por pequeños problemas, se aman y muchas veces no consiguen vencer los desafíos en la relación?*

La respuesta es: porque han usado la herramienta equivocada para resolver los problemas: la emoción. El secreto de las empresas de éxito es no usar la emoción para resolver los problemas, y sí la razón. Ellos entienden que no se resuelve nada usando los sentimientos. El lugar de trabajo es un espacio de inteligencia y actitud, no de sentimentalismo, ni de sentir esto o aquello. Por eso, ellos alcanzan sus objetivos independientemente de los sentimientos de los trabajadores, e incluso cuando a un trabajador no le cae bien otro. En esas empresas se aprende a separar el trabajo de las personas, y no mezclar las dos cosas. Piensan: «A mí puede no agradarme mi jefe, pero él me ha mandado hacer algo, y yo dependo de él para recibir mi salario. Entonces, voy a hacer lo que tiene que ser hecho». Es decir, separan los sentimientos de las actitudes y las personas del trabajo, y se centran en los resultados deseados. Usan la razón, no la emoción. Grabe esta frase en su mente:

La emoción no es una herramienta para resolver problemas.

Compruebe: cada vez que usted ha tomado una decisión basada en una emoción, falló. Todos los que dirigen sus negocios a través de las emociones, acaban fracasando. Ya habrá escuchado el dicho: «Amigos son amigos, los negocios aparte». Resume bien el lema de los empresarios con éxito. «No importa quién es usted, si a usted le caigo bien o si usted no me cae bien. Lo que importa es que nosotros tenemos este problema aquí, y necesitamos resolverlo para alcanzar nuestros objetivos; por lo tanto, ¿qué vamos a hacer para resolverlo?».

Este es el objetivo de las empresas: ¿qué vamos a hacer?

¿Qué podemos hacer para aumentar las ventas? ¿Qué haremos para disminuir nuestros gastos? ¿Qué haremos para superar a la competencia?

Hacer, hacer, hacer. No sentir, sentir y sentir.

El sentimiento no es una herramienta para resolver los problemas.

EL DESCUBRIMIENTO EN EL LABORATORIO

Tenemos un apartado en nuestro programa *Escuela del amor* llamado «el Laboratorio». Consiste en grabar a una pareja mientras discuten los problemas de la relación. Después, Cristiane y yo observamos a la pareja e identificamos las fallas en su comunicación y comportamiento, y damos sugerencias para que mejoren. Antes de conectar las cámaras, dejamos a la pareja a solas en el estudio, sentados uno enfrente del otro, y les pedimos que comiencen a conversar sobre cualquier asunto que tenga que ver con ellos y que crean que necesita resolverse. Es entonces cuando conectamos las cámaras. Es una experiencia... Por eso el nombre de «Laboratorio».

Uno de nuestros descubrimientos observando a las parejas discutiendo sus asuntos fue exactamente la cantidad de emociones que hay en la conversación y la ausencia de objetivos en lo que hay que hacer para resolver el asunto. Movidos por los sentimientos de irritación, rabia, dolor, desprecio e incomprensión, las parejas se quedan la mayor parte del tiempo haciendo la «lista de quién es peor». Es más o menos así:

Ella: Eres muy desordenado, dejas las cosas en cualquier lugar.

Él: El problema es que quieres las cosas en el momento. Si yo no guardo inmediatamente los zapatos o pongo el plato en la pileta, ya comienzas a sacarme de quicio.

Ella: Pero qué falta de consideración por tu parte, ¿no ves que yo había limpiado toda la casa?, lo mínimo que podrías hacer es no desordenarla. Sabes que a mí me gustan las cosas organizadas.

Él: Tú tampoco eres muy organizada. El otro día abrí los cajones de tu escritorio y las cosas estaban todas desordenadas. ¿De qué sirve? La mesa está limpia, pero los cajones están todos desordenados.

Ella: Sí, pero si me ayudaras más en la casa ibas a saber cómo me siento yo.

Él: ¿Que yo no ayudo?

Y continúa, continúa... Diez, veinte, treinta minutos, pasando de un problema a otro. Observe que la conversación nunca se enfoca en el problema ni en lo que van a hacer para resolverlo. A causa de las emociones, uno se queda intentando demostrarle al otro que no es tan malo, o que el otro no es tan santo como cree. El sucio hablando del mal lavado.

Lista de quién es peor

Sucio	Mal lavado
Desordenado	Quiere todo en el momento
Desorganizado	Llena la paciencia
No tiene consideración	No es tan organizada
No ayuda en casa	No reconoce la ayuda

Cuando la conversación se acaba, normalmente la lista es muy extensa, equilibrada, y los egos resultan estar más heridos. Y claro, nada se ha resuelto. No es de extrañar que muchas parejas no dialoguen más. ¿Para qué dialogar? ¿Para oír de la persona amada una lista de todos sus defectos? No, muchas gracias. Prefiero la televisión.

Sin embargo, si ellos usaran la razón en vez de la emoción, se centrarían en cómo resolver el problema. Al final de la conversación habrían llegado a una conclusión y ambos sabrían exactamente qué hacer para que el problema no se repitiese. Y nadie saldría herido.

Ahora imagínese si en las empresas las personas actuaran como la pareja anterior a la hora de resolver los problemas. El jefe llama al gerente de ventas a su oficina y le dice:

Jefe: Juan, nuestras ventas están cayendo.

Juan: Claro, si usted se levantara de esa silla tan cómoda y me ayudara, tal vez las ventas no continuarían tan bajas.

Claro que la conversación nunca comenzaría en ese nivel emocional tan elevado, pues en ese caso acabaría inmediatamente con un «Juan, está usted despedido. Pase por el Departamento de Recursos Humanos». Como Juan no quiere ser despedido, ni el jefe quiere perderlo, los dos deben enfocarse en estrategias para mejorar las ventas. Usarían la inteligencia y la razón, y no los sentimientos ni la emoción, aunque estos últimos sean reales y estén presentes.

La emoción es la herramienta equivocada para resolver problemas en el trabajo y en el matrimonio también. Lo que yo siento sobre un problema no importa. Lo que importa es lo que yo voy a hacer en relación al problema.

Nadie «siente» la solución de un problema. Juan no se presenta ante el jefe y le dice: «Déjelo en mis manos, ya estoy sintiendo que las ventas van a subir». Si lo hiciera, sería enviado nuevamente al Departamento de Recursos Humanos. La solución se encuentra pensando, razonando, llegando a una conclusión y actuando sobre ella, nunca sintiendo.

Usando la razón y no la emoción para resolver problemas, las empresas mantienen a decenas, centenas, y hasta millares de empleados unidos en un solo objetivo – incluso sin amarse. Con certeza, una pareja que se ama inteligentemente también puede beneficiarse de esa misma herramienta para mantenerse juntos y resolver sus problemas.

SUPERVIVENCIA DE UN NEGOCIO: DOS REGLAS

Todo negocio, toda empresa, tiene que seguir dos reglas básicas para su supervivencia. Si usted rompe una de esas reglas, no puede permanecer en el empleo o mantener sus negocios. ¿Cuáles son esas dos reglas?

1. Definir, resolver y prevenir. Definir el problema (entender lo que realmente es, y lo que lo causa), resolverlo, y si es posible prevenir que no suceda otra vez, es el pan de cada día de las empresas de éxito.

Por ejemplo: varios clientes han reclamado sobre los grandes atrasos en la entrega del producto. La empresa tiene que descubrir el problema que causa los atrasos, resolverlo e implementar normas y métodos que eliminen la posibilidad de que los atrasos se repitan.

2. No llevar nada al terreno personal. En los negocios, las cosas tienen que permanecer en el ámbito racional. Quien es sentimental y suele llevar todo al lado personal no es eficaz y normalmente no dura mucho tiempo en el trabajo. Su vida personal, sus sentimientos, lo que pasa en casa o sobre los compañeros de trabajo no interesan a la empresa. Usted tiene que saber separar las cosas. La meta en la empresa son los objetivos y lo que tiene que hacerse para alcanzarlos. Su jefe espera que usted sea un adulto y no un niño mimado, que coge rabietas cuando algo no le gusta.

Enfocándose en el problema y rechazando la emoción, así es como las empresas sobreviven y prosperan; y así también su matrimonio podrá vencer todos los desafíos.

CAPÍTULO 6
LOS DIEZ PASOS PARA RESOLVER LOS PROBLEMAS

Guiadas por las dos reglas básicas descritas en el capítulo anterior, las empresas de éxito prosperan y avanzan todos los días resolviendo desde problemas pequeños y fáciles hasta los mayores y más complejos.

Podemos descomponer este arte de resolver problemas en diez pasos diferenciados, que se adaptan muy bien al matrimonio. Cualquier persona con éxito en el trabajo, jefe o empleado, ya sigue estos diez pasos aunque no piense en ellos de esta forma estructurada. Es algo instintivo, pues el foco en los resultados sumado al uso de la inteligencia, en vez de la emoción, exigen que la persona siga este proceso natural de solución de los problemas.

La mente empresarial está acostumbrada a seguir este proceso automáticamente sin pensar mucho en él, así como los músculos de nuestras piernas se acostumbran a subir y bajar escaleras sin que los ojos necesiten mirar hacia los escalones.

Pero como en un matrimonio las emociones entran en juego, parece que ellas ciegan nuestras facultades mentales, de modo que lo que es tan claro y lógico en el trabajo no lo es en la relación. Por eso, vamos a desmontar este proceso para ayudarnos a ver cómo debe aplicarse en las situaciones conyugales.

Vamos a hacer una comparación usando dos ejemplos típicos de un problema empresarial y otro matrimonial. Así usted podrá ver cómo los mismos pasos que usamos para resolver problemas en el trabajo también pueden ser utilizados para resolver problemas en la relación.

Supongamos que usted es gerente de Recursos Humanos en la empresa «Aparatos, S. A.» (es solo un ejemplo, fue el nombre que me vino a la cabeza). Usted es responsable de todos los aspectos relacionados con la gestión de empleados. Un síntoma de algún problema ha llamado su atención: ha habido una gran inestabilidad en el puesto de recepcionista de la empresa. En los últimos tres meses, cuatro recepcionistas han entrado y salido del cargo, y ahora la empresa recibe a la quinta. Altos costes de contratación y entrenamiento, caída en la moral de los empleados y la falta de secuencia en el cargo son solo algunos de los efectos negativos. Es su responsabilidad resolver ese problema. Su jefe quiere resultados.

Mientras tanto, en su empresa «Matrimonio, S. A.» también enfrentan un síntoma que los lleva al problema: él reclama que añora tener sexo más veces y ella cree que la regularidad actual es más que suficiente. Eso es lo que a veces ha afectado los ánimos de los dos, haciendo que él se disguste con ella y ella se sienta presionada por él. Ustedes dos quieren un resultado satisfactorio para ese callejón sin salida.

Vamos ahora a los diez pasos para resolver esos problemas:

1. Reunirse e iniciar comunicación inmediatamente

En la empresa: Lo primero que usted hace es reunirse inmediatamente con las personas relacionadas con ello e iniciar una comunicación con ellas para descubrir lo que realmente está aconteciendo. Hago énfasis aquí en la palabra «inmediatamente». Es decir, usted no pospone el problema porque sabe que un problema aplazado es un problema aumentado. En el mundo de los negocios sabemos que la velocidad de actuación es una gran ventaja sobre la competencia. Por eso, usted no pierde tiempo. Convoca inmediatamente una reunión con todos los que pueden darle informaciones útiles sobre la situación: el responsable de personal, el encargado de despidos el gerente de la recepción, etc. Usted hace eso independiente de los sentimientos, suyos o de cualquiera de los involucrados en el asunto. Lo que se tiene que hacer, ha de hacerse.

En el matrimonio: Aquí ya comienzan los errores de la mayoría de las parejas. Generalmente, cuando surgen problemas, ambos se alejan, evitando resolver sus conflictos. Creen que el aplazamiento de la discusión supuestamente resolverá algo. Normalmente, los hombres son más culpables en esto, dependiendo del tipo de problema que deba ser resuelto. La mujer suele ser la persona que da a conocer el problema, que presenta el asunto con la esperanza de que el marido participe en la solución. El hombre tiende a ser más simplificador, menos preocupado con los detalles y con poca paciencia para discutir una cosa que él muchas veces ni cree que es un problema. En el afán por no enfadarse, por querer quedar bien, evita hablar sobre el asunto y se equivoca al intentar aplazar o darle rápidamente un giro a la cuestión. Siempre inventa excusas para no oír a la esposa: «Ahora no, estoy cansado, déjalo para otro día» (a veces el hombre hace eso pensando que la mujer va a acabar olvidándose del asunto y dejarlo en paz. ¡Qué ingenuos somos!).

Cuando surge un problema en el matrimonio, usted tiene que actuar en el momento para resolverlo. Recuerde, los problemas no son como el vino, que mejora con el tiempo. Por lo tanto, a la primera oportunidad, deben reunirse e iniciar la comunicación para exponer el problema, ya que tendrá que ser resuelto tarde o temprano, mejor temprano, porque tarde podría haber aumentado. Así que actúe rápido.

En este caso en cuestión, o sea cual sea el caso, la pareja debe reunirse sin demora y exponer el problema que ambos están enfrentando en la cama. No importa lo que sientan al respeto, pues el sentimiento no resuelve problemas. Lo que importa es que está habiendo un conflicto y la empresa de ustedes no puede prosperar con un problema mal resuelto. Por lo tanto, la mejor hora para resolver un problema, salvo raras excepciones, siempre es inmediatamente.

2. Oír

En la empresa: El segundo paso, después de reunirse con su equipo, es que usted oiga a los involucrados (responsable de personal, el encargado de despidos, el gerente de la recepción, etc.) para averiguar por qué hay recepcionistas que no permanecen en el puesto. Usted quiere oírlos porque es un profesional y un jefe inteligente. Uno de los peores tipos de jefe que usted puede tener es el sabelotodo. ¿Ya ha trabajado para alguien así? Cuando él o ella saben de un problema, se presentan delante de sus subordinados con una orden y una solución prefabricada: «A partir de ahora ustedes van a hacer así y así». No quiere saber ni oír a nadie, porque, claro, ya lo sabe todo y los subordinados son... solo subordinados. Pero usted no es así. Usted sabe que las mejores informaciones sobre el problema solo pueden venir de aquellos que están directamente involucrados en él. Por eso, usted quiere –necesita– oírlos atentamente. Usted inicia la comunicación hablando poco y oyendo más.

En el matrimonio: El segundo paso también suele comenzar mal entre las parejas con problemas, y justamente a causa de las emociones. Un cónyuge inicia la comunicación señalando un problema y el otro inmediatamente se ofende y se pone a la defensiva.

¿Se acuerda de la «Lista de quién es peor» que las parejas suelen hacer en el Laboratorio? Es ahí donde ellos pecan. En vez de escucharse atentamente el uno al otro, se ponen a la defensiva hasta que se cansan y desisten de la conversación. Mientras un compañero está hablando, el otro, en vez de escucharlo, ya comienza a formular en su mente una respuesta o represalia. Al hacer eso, deja de escuchar. Hay una explicación psicológica y natural de por qué ocurre eso. Cuando nos sentimos atacados, nuestro instinto es luchar o correr. Ese es un instinto tan básico que puede ser observado en cualquier animal. Si usted ataca a un perro, por ejemplo, el instinto de autodefensa y supervivencia del animal lo hará atacar de vuelta o huir de usted. El ser humano opera a partir de este mismo instinto para todo. Por eso, quien inicia la conversación tiene el poder de determinar la reacción del compañero, si va a ser buena o negativa. Una conversación iniciada en tono acusatorio o crítico inevitablemente provocará una reacción de pelear o huir de la conversación. Lo ideal es que el problema sea expuesto de forma separada de la persona. Por ejemplo, si el marido dice: «Estás fría, nunca quieres estar conmigo», la esposa se sentirá atacada personalmente e intentará responderle a la altura: «Tú eres un animal, solo te importa el sexo». Listo, el combate está armado. Ninguno va a escuchar al otro, excepto con la intención de atacar o defenderse. Pero si él comienza así: «Amor, ¿qué puedo hacer yo para que los dos tengamos una vida sexual más satisfactoria?», la reacción será otra. ¿Ha notado la diferencia? La manera en que el hablante inicia la conversación determina si el oyente se quedará con ganas de dialogar o no.

Cuando su cónyuge comience a exponer el problema, resista a la tentación de defenderse o justificarse. Inicialmente, solo oiga para reunir toda la información, dejando a la persona libre para expresarse. No presuma que ya sabe cuál es el problema, pues probablemente la otra persona tenga una visión muy diferente de la suya sobre lo que realmente está pasando. Por lo tanto, sea inteligente: oiga.

3. Preguntar

En la empresa: Con el objetivo de identificar y comprender la raíz del problema, usted hace preguntas que le aporten esta información. ¿Sabemos las razones de la salida de cada una de las cuatro recepcionistas? ¿Desde dónde fueron incorporadas? ¿Quién hizo la selección y qué criterios usó? ¿Cuál es el salario que se les paga? ¿Es compatible con el mercado? ¿Cuáles son las responsabilidades que el puesto implica? ¿En qué fase de selección de la próxima aspirante estamos? Es decir, usted hace preguntas enfocadas a lo que necesita para entender mejor el problema, y sigue oyendo atentamente las respuestas. Note que estas preguntas no son acusativas ni tienen como objetivo hallar un culpable, solo buscar las informaciones relevantes.

Una técnica desarrollada por profesionales japoneses dice que, si usted define un problema y pregunta por qué está pasando, hasta cinco veces, probablemente encontrará la raíz de ese problema. Por ejemplo:

- La casa está fría. (Problema). ¿Por qué?
- Porque el sistema de calefacción está roto. ¿Y por qué?
- Porque no se ha hecho el mantenimiento periódico. ¿Por qué?
- Porque yo no quería gastar dinero. ¿Por qué?
- Porque soy muy tacaño y no me gusta gastar dinero salvo cuando ya no hay otra opción. (¡Raíz del problema!)

La solución inmediata para el problema de que la casa esté fría es, obviamente, reparar el sistema de calefacción. La solución permanente, sin embargo, es un cambio en mi mentalidad en relación al dinero. Yo necesito reajustar mis pensamientos y comprender el concepto fundamental de «gastar ahora para economizar más tarde». Si yo hiciera el mantenimiento del sistema de calefacción periódicamente, gastaré algo de dinero ahora, pero no tanto como cuando el sistema se estropee por falta de mantenimiento.

Está claro que yo puedo decidir reparar solo la calefacción ahora, y no preocuparme por la raíz del problema. En ese caso, tengo que ser consciente de que el problema se repetirá en el futuro... Preguntar «¿por qué?» de manera inteligente es una buena forma de encontrar la raíz de sus problemas y así procurar una solución permanente.

En el matrimonio: Hacerle preguntas a su cónyuge cuando él o ella le hablen de un problema pendiente de resolver es una manera óptima no solamente de entender mejor la situación, sino también de demostrar que usted realmente está oyendo y se interesa por comprender a la otra persona. De la misma forma que lo hace en el trabajo, enfoque las preguntas hacia el descubrimiento de la raíz del problema. ¿Se considera realizado/a sexualmente? ¿Por qué? ¿Qué hago que te gusta/no te gusta? ¿Qué importancia tiene el sexo para ti dentro de nuestro matrimonio? ¿Por qué? ¿Qué hago yo que te hace sentir presionada? ¿Cuándo el acto es placentero para ti? ¿Cuándo no lo es? ¿Hay algún momento del día/noche que prefieres reservar para que estemos juntos? ¿Alguno que no? ¿Qué regularidad del acto conyugal sería ideal para ti? Es decir, esas preguntas ayudan a explorar lo que está detrás del problema, y seguramente las respuestas generarán otras preguntas. Observe nuevamente el tono no acusatorio y el objetivo de descubrir las causas del problema sin atacar a nadie.

4. Enfocar los hechos

En la empresa: En los negocios trabajamos con hechos, números, datos, evidencias. Claro que intuición, experiencia, personalidad, principios, y otras características más abstractas influencian nuestras decisiones. Sin embargo, la base inicial y más confiable de nuestras decisiones en el trabajo es aquello que es tangible, sólido, real e indiscutible. Por lo tanto, sus consideraciones sobre lo que está ocurriendo en la recepción de la imaginaria empresa Aparatos, S. A. se basan principalmente en los hechos factibles en vez de en las opiniones o suposiciones. Si alguien del sector de la contabilidad simplemente dice: «La última recepcionista no me caía bien», eso no es suficiente para tenerse en cuenta. Más importantes son las informaciones sólidas, como las que su encargado de despidos dice: «Las cuatro últimas recepcionistas alegaron que dejaban el trabajo para ganar más dinero en otro lugar». Eso es un hecho. «Varios departamentos de la empresa suelen dar trabajos extras a la recepcionista, y ellas acaban no pudiendo hacerse cargo tanto del trabajo de la recepción como de los otros extras», dice el gerente de la recepción. Eso es otro hecho.

En el matrimonio: Una escena típica en la empresa Matrimonio, S. A.: el marido llega del trabajo, se quita los zapatos, las medias y otras cosas y los deja esparcidos por la casa que la esposa ha pasado todo el día limpiando y arreglando. Juega en el suelo de la sala con el perro y en cinco minutos consigue poner patas arriba lo que ella tardó horas en hacer. La esposa, exasperada, entra en la sala y dice: «¡No tienes ninguna consideración!». Aunque ella honestamente diga y sienta eso, no es necesariamente un hecho. Aún no he encontrado un marido que de camino del trabajo a casa maquinase maquiavélicamente contra la esposa: «Ojalá que la casa esté arreglada, porque cuando yo llegue, voy a desordenarlo todo, jaja...». El hecho no es que él no tiene consideración. Eso es lo que parece, lo que ella siente. Pero los hechos observables son simplemente que «él deja la ropa fuera de su sitio ni bien llega del trabajo; parece valorar el relajamiento y el estar cómodo después de un día de trabajo, por encima del arreglo de la casa». No entra en cuestión aquí, de momento, lo correcto o errado, sino simplemente el hecho observable por cualquier persona que viera la escena, no solamente la esposa.

Tenemos que tener cuidado para no tener espíritu de juez con nuestro cónyuge. De hecho, si realmente quisiéramos ser un juez, la primera cosa que tendríamos que aprender es exactamente a enfocarnos en los hechos, en las evidencias. El buen juez ignora los sentimientos y mira los hechos, nada más; sin embargo, la mayoría de las veces que juzgamos a nuestro cónyuge, somos pésimos jueces, y siempre damos una «sentencia» favorable a nosotros mismos...

Enfocar los hechos es más una forma de separar sentimiento y razón, separar las emociones del problema.

En el caso de la pareja con problemas en el lecho conyugal, los hechos observables pueden incluir, por ejemplo: el último mes tuvieron relación solo dos veces; el marido buscó a la esposa diez veces y todas ellas recibió un no; la esposa a veces siente dolores durante la relación; la pared que separa el cuarto de ellos y el de su hijo no ofrece privacidad; ella confiesa que no ve el sexo como prioridad en el matrimonio y que añora la amistad que tenían al principio del matrimonio; ella añade que se siente usada cuando él la presiona a tener sexo cuando no siente deseo.

Hechos son hechos, informaciones verificables por cualquier observador e independientes de opiniones. Este paso es imprescindible para continuar la conversación de forma eficaz y llegar a una buena solución del problema.

5. Explorar ideas

En la empresa: Observe que hasta aquí, en los cuatro primeros pasos, usted solo ha cosechado informaciones para entender y definir el problema. Ahora está listo para comenzar a explorar posibles soluciones. En el mundo corporativo este proceso es conocido como *brainstorming,* una discusión libre en grupo con el objetivo de generar ideas y maneras de resolver un determinado problema. Todos son invitados a contribuir con sus ideas, mientras más, mejor, hasta que las mejores ideas son seleccionadas, y la mejor propuesta es entonces escogida para ser ejecutada.

Tal vez su encargado de despidos sugiera aumentar el salario del puesto y equipararlo a lo que se paga en el mercado. Alguien da la idea de hasta pagar más de lo que se ofrece en el mercado laboral y aumentar las responsabilidades. Otro sugiere que se haga una descripción de funciones y se le explique claramente a la próxima recepcionista, y que se avise a los departamentos de lo que ella no está autorizada a hacer. El gerente de recepción da la idea de que tal vez un plan de carrera puede ser ofrecido como incentivo para que la recepcionista permanezca en el cargo, ya que ella verá la posibilidad de crecer en la empresa. Todas las ideas son recibidas y debidamente consideradas.

En el matrimonio: Este proceso democrático de permitir la sugerencia de ideas es muy importante en el matrimonio. Muchas parejas pecan porque insisten en querer imponer uno al otro su propia solución. El buen líder en el trabajo sabe involucrar a sus compañeros y subordinados en la búsqueda de soluciones, no solo por el beneficio político, sino porque sabe que dos cabezas piensan mejor que una. Así también la pareja debe actuar en la búsqueda de la solución que mejor resuelva el problema, no necesariamente la que agrade a uno más que al otro.

Mirando el problema, que a estas alturas ya debe haber sido definido por los cuatro primeros pasos, la pareja se pregunta: ¿cómo podemos resolver este problema y prevenir que ocurra de nuevo?

Esta práctica es enfatizada por la creatividad y cantidad de ideas. La pareja debe ser creativa y sentirse libre para sugerir soluciones sin criticar, condenar o ridiculizar las ideas propuestas. Incluso porque realmente hay más de una manera de pelar un ananá. La esposa sugiere, por ejemplo: «Tal vez puedas esforzarte para que pasemos más tiempo juntos, como hacíamos antes. Eso me hace sentir más cercana a ti. Reconozco que tengo que ser más sensible a tus necesidades también, no rechazarte tantas veces. Voy a esforzarme para valorar más la intimidad física, pues sé que es importante. Si pudieras hacer algo con la pared de nuestro cuarto, yo estaría más dispuesta. La privacidad es muy importante para mí».

Él puede dar otras sugerencias, como: «Podemos ir juntos a un médico para ver esos dolores que tienes. Reconozco que a veces te digo cosas que no debería cuando me enojo. Voy a tener más cuidado con mis palabras. ¿Dónde podemos ceder ambos para equilibrar mejor nuestras necesidades, sin que las impongamos el uno al otro? Yo quiero priorizar tu placer, y pido que me ayudes a descubrir lo que te excita. También puedo informarme más sobre el asunto y buscar ayuda profesional».

No se debe descartar la posibilidad de que ninguno de los dos tenga la solución ideal. Por eso, una idea puede ser buscar ayuda externa profesional, que pueda mostrar la solución para la pareja.

6. Proponer una solución

En la empresa: Entre las varias ideas exploradas, usted tiene que ver cuáles serían las más factibles y eficaces para resolver el problema ahora y, si no es permanentemente, por lo menos durante un largo plazo. Después de todo lo que han oído, digamos que usted y su equipo llegan a la siguiente propuesta: equiparar el salario de la recepcionista con el valor de mercado; proponer un plan de carrera para ella dentro de la empresa, y mantener contacto con la nueva recepcionista semanalmente durante los primeros tres meses para identificar las señales de insatisfacción en el trabajo con tiempo para accionar una solución a tiempo y así minimizar la posibilidad de renuncia. Esa propuesta es elegida porque parece alcanzar las causas principales del problema.

En el matrimonio: Para llegar a una propuesta de solución, tenga en mente que la mejor respuesta a cualquier problema conyugal siempre será aquella en que los dos salen ganando. Si uno pierde, los dos pierden. Por lo tanto, acuérdese aquí de los objetivos de la empresa, del equipo, y no solamente de los individuos. Como en la empresa, proponga lo que mejor parezca alcanzar las causas del problema.

La pareja concluye entonces, por ejemplo, que va a buscar ayuda externa de un médico y otra fuente de conocimiento sobre cómo estimular el placer femenino; los dos se esforzarán más para atender con más equilibrio a las expectativas sexuales del otro, cediendo cuando y donde sea necesario, sin imponerlo indebidamente el uno al otro; se aislará acústicamente la pared del cuarto de la pareja.

7. Concordar un plan de acción

En la empresa: Ahora que tienen una propuesta, todos deben creer en ella, en su viabilidad. Nada será hecho si no hubiera acuerdo entre los responsables. La pregunta que debe ser respondida es: ¿todos creen y están de acuerdo en que la propuesta podrá resolver el problema? Todos los involucrados tienen que creer y apoyar la propuesta.

En el matrimonio: Si es imprescindible que la propuesta tenga el apoyo de todos en el ambiente de trabajo, mucho más en el matrimonio. No necesitan estar de acuerdo en todo. A veces tendrán que «concordar en discordar» de algunas cosas. Si eso sucede, comiencen buscando puntos en común.

Den pasos cortos. Hay problemas que no se resuelven de una vez, y usted tendrá que repetir ese proceso muchas veces. Pero no dejen que las discordias sobre algunos puntos les impidan actuar en otros donde hay acuerdo. Este paso tiene que concluir con los dos diciendo: estoy de acuerdo en que, si hiciéramos eso, podríamos solucionar el problema.

8. Definir quién hará qué, y hacerlo

En la empresa: ¿Quién va a hacer qué, cómo y cuándo? En las empresas de éxito, nadie sale de una reunión sin decidir esos tres puntos. Las tareas tienen que ser definidas y distribuidas a los responsables, para que cada uno sepa su papel en la solución del problema. Por ejemplo, en la solución propuesta en el paso anterior, usted, como gerente de Recursos Humanos, buscará la aprobación de la dirección para aumentar el salario de la recepcionista.

El responsable por el entrenamiento y desarrollo de personal va a preparar un posible plan de carrera para la recepcionista dentro de la empresa. El gerente de la recepción mantendrá contacto con la nueva recepcionista semanalmente para detectar cualquier problema. Los plazos son acordados.

En el matrimonio: Ella buscará al médico, él la acompañará; él buscará un buen libro que le aclare hechos importantes sobre el placer sexual de la mujer; él dejará de presionarla; ambos tendrán más cuidado con las palabras hirientes; él llamará a un profesional para el aislamiento de la pared del cuarto; él será paciente con ella, y ella cederá más con él. Está claro que el «hacer» es la parte más importante de todo eso. Una vez más necesitarán ignorar el sentir, la propia voluntad, y simplemente hacer lo que es correcto y necesario para llegar a la solución. Como en los negocios, con seguridad, los directores no sienten ganas de pagar un salario mayor a la recepcionista, por ejemplo. Pero si eso es necesario para evitar gastos aún mayores con la rotación de personal en aquel puesto, entonces tiene que hacerse.

9. Ver si está funcionando

En la empresa y en el matrimonio: Aunque mucho adelanto ya se haya alcanzado hasta aquí, el problema aún no está resuelto, pues hasta ahora ha sido solo conversación. Por lo que, tanto en la empresa como en el matrimonio, después de que todo ha sido acordado, y del debido tiempo para ejecutar el plan de acción, los resultados tienen que ser monitoreados. No abandone el proceso en el octavo paso, que es donde la mayoría cree que ha conseguido resolver el problema. Acompañe paso a paso si la solución propuesta está funcionando.

En la empresa, el buen resultado será que la nueva recepcionista contratada permanezca en el cargo mucho más tiempo y crezca en la empresa.

En el matrimonio, la pareja tendrá mayor satisfacción sexual, menos frustración y ánimos alterados, y la experiencia los habrá hecho aproximarse más el uno al otro.

10. ¿Sí? Continuar. ¿No? Repetir el proceso.

En la empresa y en el matrimonio: Siguiendo estos diez pasos, usted probablemente conseguirá resolver el problema, si no totalmente, por lo menos en parte. Si no se resuelve por completo, no se desanime, es absolutamente normal. Puede ser necesaria más de una tentativa. En realidad, este proceso nunca acaba, pues nuevos problemas van surgiendo día tras día, en los negocios y en casa, y tenemos que hacernos expertos en implementar esos pasos a medida que avanzamos.

Muchas veces oigo a las personas decir: «Ya intenté de todo, no hay esperanza para mi marido» o «Mi esposa nunca va a cambiar, yo ya hice por ella todo lo que te puedas imaginar, pero ella no ha cambiado. No hay manera». Alto ahí. Analice estas palabras. ¿Ya intentó de todo? ¿Ya hizo todo lo que se pueda imaginar? No creo. Usted puede haber intentado tres, cinco, diez formas diferentes de resolver la situación, pero no diga que ya intentó de todo. Siempre hay algo diferente que usted aún no ha hecho. «Ya intenté de todo» son palabras de la emoción. Pero la razón rechaza aceptar que no haya solución para un problema.

Por eso, no desista del proceso si al final de un intento el problema aún parece estar ahí. Repita los diez pasos, y ahora con el conocimiento de lo que no funcionó. Es así como lo hacemos en el trabajo.

Los diez pasos

1. Reunirse e iniciar comunicación inmediatamente	Descubrir el problema
2. Oír	
3. Preguntar	
4. Enfocar los hechos	
5. Explorar ideas	Buscar la solución
6. Proponer una solución	
7. Concordar un plan de acción	
8. Definir quién hará qué, y hacerlo	Ejecutar el acuerdo
9. Ver si está funcionando	
10. ¿Sí? Continuar. ¿No? Repetir el proceso.	

Preste atención a estos diez pasos y fíjese en la ausencia de emociones en ellos. Es un proceso lógico y racional, no emotivo.

La belleza de este proceso está en el hecho de que ya lo practica diariamente en su trabajo (nadie conseguiría mantener una empresa o un empleo sin practicarlo). Usted ya sigue estos diez pasos instintivamente, aunque no piense en ellos como diez pasos distintos; pero usted los practica varias veces al día, cada minuto.

Es decir, seguramente no necesita aprender esos diez pasos porque ya los domina. Tan solo necesita *transferir* ese conocimiento a su matrimonio y aplicarlo cuando vaya a resolver problemas.

LA PRUEBA DEL TELÉFONO

Normalmente, cuando explico la idea de tratar su matrimonio como una empresa, algunas personas dicen directamente que nunca les va a funcionar. Lo justifican: «Yo tolero a las personas en el trabajo porque no tengo que dormir con ellas. No estoy implicado con ellas sentimentalmente, entonces, es más fácil». Sin embargo, observando con mayor detenimiento, comprobamos que no es así.

Seamos honestos: la verdadera razón por la que controlamos nuestras emociones en el lugar de trabajo no tiene nada que ver con que nos gusten o no las personas y sí con el dinero. Usted no insulta a su patrón y no le da una patada al empleado solamente porque eso le costaría dinero. Tanto es así que, cuando a una persona ya no le preocupa el trabajo, es capaz de «soltar los perros» sobre cualquiera, porque ya planeaba irse de todas maneras. Por lo tanto, controlamos nuestras emociones, la verdad, motivados por el hecho de no querer perder dinero. Ahora responda: ¿no podemos controlar nuestras emociones motivados por el hecho de no querer perder el matrimonio?

Ahí está otro beneficio de ver su matrimonio como una empresa: entender que es su mayor inversión. Las personas casadas, normalmente, son más estables económicamente y en todas las demás áreas de su vida como la salud, la espiritualidad y la familia. No tiene sentido que usted sacrifique sus emociones para tener éxito en el trabajo, pero no en su matrimonio. ¿De qué sirve tener éxito profesional sin ser feliz en el amor? ¿De qué sirve tener tantos bienes sin ser feliz con la familia?

Déjeme plantearle un panorama común en la lucha de la pareja. Marido y mujer están en casa discutiendo sobre algo, con dimes y diretes de allá para acá. Los ánimos están exaltados. De repente, suena el teléfono. El dueño del celular mira quién está llamando, ve que es una llamada importante y decide contestar. Sin embargo, antes, con voz de rabia, grita al marido o a la mujer: «¡ESPERA UN MOMENTO, TENGO QUE ATENDER ESTA LLAMADA!». Entonces, atiende la llamada y, en cuestión de uno o dos segundos, cambia la voz y dice en tono amable y suave: «¿Sí? Hola, Fulano, ¿qué tal? Dime...». La persona del otro lado jamás imaginaría que, dos segundos atrás, quien le atendió la llamada, ¡estaba gritando con rabia! En otras palabras, ¿podemos o no podemos controlar nuestras emociones en medio de una discusión de pareja?

TAREA

¿Vamos a practicar los diez pasos? Identifique un problema que todavía no haya sido resuelto entre ustedes. Tal vez sea mejor no empezar con nada demasiado serio, por ahora; hasta que gane más confianza y dominio sobre sus emociones. Piense en algo que no sea muy sensible, pero que necesite ser resuelto. Empiece definiendo el problema, escriba lo que es en tan solo una o dos frases. Ahora, póngase de acuerdo con su cónyuge un momento, sin distracciones, para tratar el asunto.

 /MatrimonioBlindado

Publique esto:
Empecé a usar los
Diez Pasos Para
Resolver Problemas.
@ matrimonioblind

 @matrimonioblind

Tuitee esto:
Empecé a usar los
Diez Pasos Para
Resolver Problemas
#matrimonioblindado
@matrimonioblind

CAPÍTULO 7

INSTALANDO UN PARARRAYOS EN SU MATRIMONIO

En el siglo XVIII, cuando las construcciones de edificios más altos se volvieron más comunes, el riesgo de que fueran alcanzados por rayos aumentó. Se comprobaba que, cuanto más alto era el edificio, mayor era el riesgo. El problema causaba incendios y muertes; y nadie conseguía encontrar una solución ni entender por qué los rayos eran atraídos por ciertos edificios.

Religiosos desprovistos de conocimientos decían que los rayos eran las «flechas del juicio de Dios» o provocados por demonios. Sin embargo, curiosamente, los edificios más propensos a ser alcanzados por un rayo eran las iglesias, debido a sus altas torres. El campanario era, general-mente, la primera víctima... El problema era tan serio que las autoridades aconsejaban a la población buscar refugio durante las tormentas «en cualquier lugar menos dentro o cerca de una iglesia». Nadie entendía por qué, según los religiosos, el Todopoderoso se centraba en Sus pro-pios templos o permitía a Satanás hacerlo; sin contar con que, los días de lluvia, nadie iba a la iglesia...

Sin embargo, la verdadera razón no tenía nada que ver con Dios ni con el diablo. Benjamín Franklin descubrió, en 1752, que los rayos tras-mitían electricidad. Partiendo de ese conocimiento, Franklin inventó el pararrayos: una barra metálica que, instalada en la parte más alta del edificio y unida por un solo hilo conductor, absorbía la carga eléctrica del rayo y la descargaba en la tierra, librando así del peligro al edificio y a sus ocupantes. Dios lo agradeció y el diablo se rió de los religiosos, que se quedaron con cara de bobos.

La emoción es una forma de energía, como la electricidad. Cuando los ánimos está alterados entre la pareja, el riesgo de «rayos» aumenta. Si las emociones no se controlan, el resultado serán las explosiones de temperamentos, que pueden llevar al matrimonio a la destrucción. Y así como ciertos edificios eran más propensos a ser alcanzados por los rayos, ciertas personas tienen un genio más fuerte y son más difíciles de lidiar por dejarse controlar por las emociones.

No obstante, el mal genio no es una buena excusa, como tampoco lo es culpar a Dios o al diablo de sus emociones negativas. Todos estamos sujetos a las emociones, pero también estamos dotados de inteligencia para controlarlas.

No estamos abogando aquí por reprimir las emociones. Nadie es un robot. El matrimonio es una de las mayores pruebas de nuestro temperamento. No es razonable esperar que, simplemente, vayamos a «tragar sapos» y más sapos y no sufrir ningún tipo de diarrea después... Antes o después, los sapos tendrán que salir por algún sitio.

En vez de reprimir las emociones, tiene que encontrar otro recipiente para ellas que no sea su compañero. Benjamín Franklin descubrió que no era posible evitar los rayos, pero sí cambiar su dirección hacia otro lugar donde no causarían daños. Es decir, tenemos que instalar un pararrayos en nuestro matrimonio para descargar nuestras emociones en otra cosa. Pero ¿cómo?

ANTES DE LOS PARARRAYOS

Al principio de nuestro matrimonio, no teníamos pararrayos. Cristiane y yo soltábamos chispas cuando los ánimos se alteraban. Sus rayos se manifestaban en forma de reclamos, insistencia, celos y palabras duras.

Los míos eran básicamente frialdad en la forma de hablar y el famoso «tratamiento de silencio» que le daba.

Cuando mis emociones afloraban, no sabía cómo lidiar con ellas. Por ser mi naturaleza tranquila, yo era de quedarme callado, acumulando sentimientos negativos dentro de mí. No explotaba, sino que hacía implosión; por no querer discutir con Cristiane, me detenía. Sin embargo, por dentro me quedaba pensando en todo lo que quería decirle, imaginando un diálogo, pero guardando todo dentro de mí mismo (si hubiera podido volcar hacia fuera por lo menos un 10 % de la conversación imaginaria que formaba en mi cabeza, habría resuelto el problema mucho más rápido... Más tarde, aconsejando a otros matrimonios, descubrí que no estaba loco, pues ¡no era el único que hacía eso!). Estaba reprimiendo mis emociones. Los rayos estaban incendiándome por dentro y mi ira incendiaba a Cristiane.

El resultado era que me quedaba con rabia hacia ella durante días y la trataba con el silencio. Algunas veces, de tanto acumular sentimientos negativos, acababa explotando y comportándome como un caballo psicótico preso en un establo en llamas. Da para imaginar, ¿no? Nada bonito.

No hay forma de no sentir emociones. Al fin y al cabo somos de carne y hueso. Pero tenemos que saber y creer que también somos seres inteligentes, no solamente animales que siguen sus instintos. Si por un lado estamos sujetos a las emociones, por otro, podemos sujetar nuestras emociones a nuestra inteligencia.

Fue eso lo que aprendí y empecé a poner en práctica en mi matrimonio. Hoy en día, casi no hay ninguna situación en la que Cristiane y yo provoquemos el temperamento del otro. Pero las pocas veces en que hay algún roce o surge una irritación, mi pararrayos ha sido preguntarme: «¿Cuál es mi objetivo en esta situación? ¿Cuál es el resultado que quiero alcanzar después de resolver este asunto?».

Y luego, pienso: «Quiero estar bien con ella..., dormir abrazado a ella..., haber resuelto el problema de forma favorable para los dos..., no quiero quedar mal, en silencio, callado durante dos o tres días en casa..., etc.».

Entonces, enfocado a esos objetivos, uso mis emociones como energía para resolver el problema racionalmente. Es decir, descargo mis emociones, destilo mis sentimientos en mi razón y me enfoco en los resultados que quiero. Ese proceso me ayuda a controlar lo que siento, en vez de dejar que mis sentimientos me controlen.

Una vez que pongo mis emociones bajo el control de mi inteligencia, inicio el proceso de resolver la cuestión junto a Cristiane. A estas alturas ya no hay rayos, porque fueron conducidos por mi razón en dirección a mis objetivos en lugar de hacia Cristiane. Está claro que eso, a veces, requiere que emplee algunos minutos para organizar mis pensamientos. Si usted tiene un problema semejante, también tendrá que aprender a no entrar en combate impulsivamente y no dejar que sus emociones utilicen su boca.

El mensaje es: encuentre algo para descargar sus emociones que no sea su cónyuge. Lo que describí arriba es lo que me funciona a mí, y usted tiene que averiguar lo que le funciona a usted. Cristiane, por ejemplo, tiene un pararrayos completamente diferente al mío, pero muy eficaz.

Cristiane:

Cuando me altero mucho por algo, yo no consigo hacer lo que Renato hace sin primero orar. Mi pararrayos es la oración. Entro en mi habitación o en otro lugar privado y descargo mi rabia en Dios –no contra Él, sino como un desahogo–. He descubierto que la oración es un canal por el que puedo llevar cualquier frustración a Dios. A fin de cuentas, Él es el Todopoderoso, por lo que puede soportar la furia de una mujer..., al contrario que mi marido. Cuando empecé a practicar eso, Dios me hizo ver que si yo insistiese y siguiese hacia adelante con un determinado asunto, queriendo pelear con Renato, no estaría agradándole a Él, a mi Dios. Entonces, cuando oro, no solamente descargo mis emociones en Dios, sino que también recobro mis fuerzas para decidir no hacer de esa cuestión un problema. Tomo la decisión de relevar y desistir de crear una tempestad, pues esta solo atraerá más rayos de emociones... Por lo tanto, decido sacrificar mis emociones.

Usando la oración, dejé de reclamarle a mi marido y pasé a reclamarle a Dios; dejé de desconfiar de mi marido y pasé a confiar en Dios; dejé de hablarle duramente a mi marido y pasé a hablar abiertamente con Dios. Eso ha sido mi pararrayos desde entonces. Funciona, y yo aconsejo a todas las parejas que experimenten eso, especialmente a la mujer.

Nosotras, las mujeres, solemos ser más emotivas y menos racionales; por eso, la oración es una manera óptima de tomar el control de nuestros sentimientos y actuar de forma más racional. Si nunca lo ha probado, hágalo.

Fíjese que no estoy hablando de un rezo, ni de un ritual religioso, sino de una conversación franca que no podemos tener con nadie –ni con el marido, ni con el padre o con la madre, ni con la amiga–, pues, probablemente, no iban a comprendernos. Pero Dios, que nos hizo como somos, sabe exactamente lo que pasa dentro de nosotros, nos comprende y nos da fuerzas para actuar sabiamente.

Lo mejor de todo es que, al llevarle un problema a Dios en primer lugar, ya estamos yendo directamente a la Fuente. Si no podemos cambiar o hacer que nuestros compañeros nos entiendan, Dios puede. Hay cosas que solo Dios puede hacer; esas son, generalmente, aquellas que pensamos que no tienen solución.

Me acuerdo de una vez que yo tenía la razón y él estaba equivocado, pero no servía de nada, él no lo aceptaba. Cuanto más intentaba explicarle la situación, más me condenaba y se alteraba conmigo. Aquel sentimiento de «pobre y perjudicada» se apoderó de mí, pero decidí dejar de pelear de frente con él y darme un baño. En la ducha, hablé en serio con Dios: «Tú sabes está equivocado, Tú sabes lo que realmente sucedió, ahora, haz justicia, porque no hay nada más que yo pueda hacer. No quiero enfadarme con Renato, no quiero hacer lo mismo que él está haciendo conmigo, Te pido, Señor, que me justifiques». Cuando salí del baño, Renato todavía estaba con aquella cara de quien iba a guardar aquel episodio durante varios días. No dije nada más, simplemente me fui a dormir, confiando en que Dios me justificaría, tarde o temprano. A la mañana siguiente, la primera cosa que sucedió fue que Renato me abrazó y me pidió perdón.

GENERANDO ANSIEDAD

Cuando nuestras emociones no se desbordan en algo donde puedan ser utilizadas sabiamente, explotarán sobre nuestros cónyuges o serán reprimidas. Esa represión de las emociones es lo que genera la ansiedad, que es una emoción en estado avanzado. La ansiedad es ese sentimiento de constante preocupación, nerviosismo, inquietud y malestar, causado por la inseguridad respecto a lo que va a pasar. Todo ser humano está sujeto a eso.

Esa es una de las razones por las que Dios ha creado la oración, para que podamos lanzar sobre Él nuestra ansiedad. Si lo hacemos, Él promete que cuidará de nosotros.[2] Ese cuidado incluye el alivio de la carga emocional y, también, la dirección para lidiar con la situación.

Usted puede darse cuenta de que la fe no es algo religioso, sino algo extremadamente inteligente. Cuando aprende a usar su fe con inteligencia, usted consigue sacar provecho de ella para resolver los problemas cotidianos.

Por lo tanto, puede estar seguro: habrá días nublados, de lluvias y tempestades en su matrimonio. Cuando lleguen, traerán con ellos los rayos de las emociones. Eso es inevitable. Pero usted puede instalar un pararrayos en su matrimonio para descargar sus emociones en algo que no sea su compañero. El pararrayos, para unos, es contar hasta diez, para otros es la oración, para algunos es dar un paseo... en fin, encuentre el suyo, lo que a usted le funcione.

Y nunca lo olvide: la emoción es la herramienta equivocada para resolver los problemas.

---

[2] Pedro 5:7.

TAREA

¿Qué va a usar como pararrayos?

Defínalo y empiece a practicarlo ya.

/MatrimonioBlindado

Publique esto:
Ya instalé el
pararrayos en mi
matrimonio.

@matrimonioblind

Tuitee esto:
Ya instalé el
pararrayos en mi
matrimonio
#matrimonioblindado
@matrimonioblind

CAPÍTULO 8
«EL MATRIMONIO NO SALIÓ BIEN»

«Mi marido es un hombre fantástico fuera de casa, trata a todo el mundo bien y es admirado por todos; pero, conmigo, es un demonio, se desahogó una esposa durante nuestra sesión de asesoramiento. Sus palabras reflejan las de muchas esposas y maridos que se frustran al ver las dos caras de sus cónyuges. Este síndrome de las dos caras, en realidad, es provocado por la falla de la persona al procesar correctamente sus emociones negativas.

Cuando no descargamos nuestras emociones de forma útil y positiva, se van acumulando y acabamos arrojando todo encima de nuestro compañero. Conseguimos sujetar nuestras emociones en el trabajo porque pensamos que los extraños no tienen la obligación de soportar nuestras frustraciones; sin embargo, creemos, erróneamente, que nuestro cónyuge sí tiene la obligación de escuchar y entender, sin importar cómo nos comportemos. Por eso, vomitamos toda nuestra basura sobre la pareja, sin tener la consideración que tenemos con los extraños. Somos educados con los de fuera pero, dentro de casa, somos una peste.

No es necesario decir que esa actitud va desgastando la relación, causando profundas heridas y, por eso, muchos matrimonios se van distanciando y se va enfriando el amor.

Entienda una cosa: la persona que usted es en casa es quien usted realmente es.

Las personas con el síndrome de las dos caras acostumbran a profundizar todavía más en el error cuando se dan cuenta de lo siguiente: en casa, el compañero se siente siempre infeliz y vive protestando por su comportamiento; pero afuera, todos los amigos y compañeros le aprecian y admiran (porque no conocen su otra cara). La conclusión a la que llegan es: «El problema es de mi compañero. A todo el mundo le gusto, pero a él/ella no. Tengo que salir de este matrimonio».

Sin embargo, el problema, claramente, no es el compañero. Si tratasen al compañero con la misma educación y consideración con la que tratan a los extraños, también tendrían su admiración y respeto.

La persona que somos en casa es quien realmente somos. Por eso, incluso si nos divorciamos de aquella persona que creemos que es el problema y nos casamos con otra que nos parece maravillosa y que nos admira tanto, esta persona también empezará a ver nuestra otra cara y a hacer los mismos reclamos que la primera. La verdad es que somos nosotros los que estamos equivocados. Muchos no consiguen ver eso y se van casando y separando intentado encontrar a «la persona adecuada». El problema no es que no encontremos a la persona adecuada; el problema es que no estamos «haciendo las cosas bien» dentro de casa con aquella persona. Estamos actuando racionalmente con los de fuera, pero emocionalmente en casa, arrojando nuestras emociones negativas encima de nuestro compañero.

Por eso, muchos tienen un éxito total en el trabajo pero un fracaso terrible en el amor.

ME CASÉ CON LA PERSONA EQUIVOCADA

Cuando la relación empieza a salir mal y la persona no consigue que el compañero sea como quiere –alguien que acepte toda su basura emocional y atienda a todos sus caprichos–, la conclusión obvia viene a su mente: «Me casé con la persona equivocada».

«El matrimonio no salió bien» o «Me casé con la persona equivocada» o «No somos almas gemelas» son expresiones que nos eximen totalmente de culpa cuando la relación se derrumba hacia el fracaso. ¿Qué sucede con el sentido de la responsabilidad?

En los viejos tiempos, un matrimonio fracasado era una vergüenza individual. Cuando las parejas tenían problemas y alguno recurría a la familia o amigos, reclamando el uno del otro, el consejo que generalmente escuchaban era: vuelve, conversen y resuélvanlo. El mensaje estaba claro: lucha por tu matrimonio. Si el matrimonio fracasa, el fracaso es de ustedes.

Hoy, quien da los consejos suele asumir los dolores de la otra persona y decir: «¿Cómo él se atreve a hacer eso contigo? Tú mereces algo mejor, ¡dale una patada!» o «Hay mujeres a montones por ahí, ¿por qué vas a tolerar eso? No salió bien con esa, ¡busca otra!».

Es decir, la culpa es del matrimonio, que salió mal, o de la otra persona por no ser la «adecuada». Es la nueva moda de transferencia de la culpa y el eximirse de la responsabilidad personal por hacer que el matrimonio funcione. Es como si el matrimonio fuese una persona con voluntad propia que pudiese ser el responsable del éxito o del fracaso de la unión o como si solamente la otra persona pudiese garantizar un matrimonio feliz.

La verdad es que la culpa es de los individuos. El matrimonio no es una persona. Son las personas, dentro del matrimonio, las responsables del éxito o el fracaso de la unión.

EL MITO DEL ALMA GEMELA ·

Una de las cosas que han ayudado a las personas a esquivar cualquier responsabilidad por el éxito o el fracaso del matrimonio es el mito del alma gemela; la idea de que todos tenemos un alma gemela, alguien que nos completará y nos hará perfectamente felices. Pero ¿de dónde salió esa idea? Vino de la mitología griega.

Según el mito, el ser humano, originariamente, tenía cuatro brazos, cuatro piernas y una cabeza formada por dos caras. Pero Zeus, el llamado todopoderoso dios griego, temía el poder de los humanos y los dividió por la mitad, condenándolos a pasar el resto de sus vidas buscando la otra mitad que los complementaría.

Desde entonces, la mayoría de las culturas han idealizado la idea de que cada persona tiene su alma gemela, alguien que comparte con ella una afinidad profunda y natural en el campo afectivo, simpático, amoroso, sexual y espiritual. Este concepto implica que las personas son la mitad de un alma y que deben encontrarse con la otra para ser felices.

La lógica del mito sugiere, por lo tanto, que si la persona con la que me casé no me «completa», no me hace feliz, no me comprende y no me hace sentir como me siento cuando como chocolate, no es mi alma gemela. Por lo tanto, es en vano seguir con la relación intentando conseguir lo que nunca será posible lograr con aquella persona –la persona inadecuada–. La solución es separarse y continuar la búsqueda del alma gemela –la persona adecuada–.

Después de leer esto, tal vez encuentre esta historia un tanto ridícula e increíble, pero le aseguro que ese mito está profundamente enraizado en la mente de la mayoría de las personas. Impregna la gran mayoría de las obras dramáticas, desde Hollywood hasta las novelas, películas infantiles y libros románticos. ¿Quién no ha visto una escena típica de película en que la novia entra en la iglesia y ve al novio en el altar, pero está llena de dudas porque sabe que ese no es su «otra mitad»? Y todos nosotros, telespectadores, somos empujados a creer que, en realidad, su alma gemela está ahí, entre los invitados (o en el aeropuerto, preparado para tomar un avión y marcharse, dependiendo de la película que vea), y nos quedamos deseando que ella no cometa la tontería de casarse con la persona equivocada. De hecho, ella, al final, se da la vuelta y sale corriendo, abandonando al pobre chico en el altar para unirse a «su otra mitad».

Incluso en el medio cristiano, a pesar de no existir una base bíblica para esta creencia de que Dios habría creado un alma gemela para cada persona, muchos viven orando para encontrar a su «querida mitad»... Y se quedan solteros durante mucho más tiempo del que deberían, porque nunca están seguros si esta o aquella persona es la correcta, tal vez porque no han sentido «aquella química». Muchos viven aterrorizados por la idea del matrimonio. La duda y el miedo están siempre presentes: «No sé si es él/ella».

El mito del alma gemela ha tenido gran aceptación en todas las culturas, e incluso en religiones, por ser muy romántico y atractivo. La idea de que solo existe una persona en el universo capaz de completarle y de que Dios creó una persona solamente para usted, es muy bonita. (Parece que nadie piensa: ¿y si, por ejemplo, esa persona vive en Kazajistán?)

No es difícil de entender lo que hace esa idea tan irresistible. Es porque elimina la necesidad de esforzarnos por nuestra parte y nos exime de responsabilidad cuando el matrimonio no sale bien. «Ella no era mi alma gemela». Listo. La culpa no fue suya. Es que usted solamente todavía no encontró a su querida mitad...

Las personas no quieren tomarse trabajo, quieren las cosas rápidas. Es el carácter del ser humano. Microondas, café instantáneo, pastillas de adelgazar... Felicidad con un chasquido de dedos.

En esa línea de pensamiento, las personas actúan emotivamente y no por la razón. Cuando están pasando por problemas crónicos en la relación, empiezan a pensar en tirar la toalla. «Ya lo intenté, pero no salió bien». «Es muy difícil, no voy a aguantar».

Ahora bien, ¿qué hacemos en el trabajo cuando intentamos resolver un problema y fracasamos? Está claro, lo intentamos de nuevo. ¿Y si fallamos de nuevo? Lo seguimos intentando, de varias maneras, hasta encontrar la solución, porque de ella depende la supervivencia de la empresa y nuestra fuente de sustento. No desistimos. No echamos la culpa a los demás. Asumimos nuestra responsabilidad y vamos en busca de una solución. Dejamos lo que sentimos de lado y usamos nuestra inteligencia, creatividad y perseverancia para resolver el problema. Y, si no conseguimos resolver el problema, encontramos una manera de no dejar que afecte al resto de la empresa. Hacemos la debida compensación. Pero ¿desistir? Jamás.

Es más: ese espíritu de perseverancia, de enfrentar los problemas sin miedo y de encontrar una solución cueste lo que cueste es la principal razón del éxito de una persona en su trabajo o empresa. Las personas de éxito no huyen del problema: lo enfrentan. Saben que todo desafío es provechoso, que todo problema representa una oportunidad. Entonces encaran las dificultades con naturalidad y pasan a recibir más confianza con más responsabilidades en el trabajo, siendo ascendidas a cargos mayores.

Cuando usted es conocido en el trabajo como la persona que resuelve problemas, todo el mundo acude a usted. Usted es la persona. Todos saben que, si quieren que algo se lleve a cabo, tienen que ponerlo en sus manos. Y eso le va dando más experiencia, más respeto, y va creciendo como persona dentro de la empresa.

En cambio, cuando no asume la responsabilidad de resolver los problemas de su trabajo, sino que se pone a dar excusas y a echarles la culpa a los demás, nadie quiere tratar con usted. Nadie quiere oír excusas. Usted no fue contratado para dar excusas, para limitarse a señalar el error de los demás o lamentarse.

Cristiane me desafió a ser una persona mejor. Tuve que aprender a resolver problemas que nunca había tenido antes. Tuve, también, que reconocer mis defectos y ser humilde para cambiar. Pero fui perseverante, pues los cambios no fueron rápidos. Tuve que intentarlo de varias maneras y siempre resistir a la idea de desistir.

Es eso lo que tenemos que hacer en el matrimonio. Lo que está aprendiendo en este libro son cosas que funcionan y que pueden cambiar su relación, e incluso a usted como persona; pero no debe esperar un cambio inmediato; es necesario tiempo para que los frutos empiecen a aparecer. Es una inversión a largo plazo, principalmente si está luchando prácticamente solo/a para salvar el matrimonio y la otra persona está endurecida o escéptica de que usted pueda cambiar. No espere que solamente porque empezó a actuar de forma diferente ayer, hoy la otra persona va a creer en su cambio. Es necesario rescatar la confianza. Sea constante. La otra persona necesita ver que su cambio es verdadero y permanente. Acepte el desafío; por el matrimonio y por usted mismo.

PERSONA CORRECTA VS. ACTITUDES CORRECTAS

La clave para un matrimonio feliz no es encontrar a la persona adecuada, es hacer las cosas adecuadas.

Si hace lo que es correcto para la relación, el matrimonio sale bien. Si hace lo que está equivocado, sale mal.

Cuando Dios creó al hombre y a la mujer, no los creó como «almas gemelas». Después de crear al hombre, Dios decidió crear una «auxiliadora»[3] para el hombre, que lo ayudase. No dijo nada de completarse el uno al otro, ni los puso bajo la responsabilidad de hacer al otro feliz. Habló de «ayudar». La pareja debe verse como auxiliadores uno del otro, personas que están comprometidas a ayudarse la una a la otra. Está claro que un subproducto de esta asociación es la inevitable felicidad de los dos y la percepción de que los dos son uno solo, «una sola carne».

Por eso, dejará el hombre a su padre y a su madre y se unirá a su mujer, volviéndose los dos una sola carne.[4]

Obsérvese que los dos solo se volverán una sola carne después de que se unan. No eran «dos mitades» antes de casarse, como si ya estuviesen predestinados a unirse, no. El milagro de la fusión de los dos individuos sucede cuando ambos se unen en un solo propósito de hacer con que el matrimonio funcione, sin importar lo que venga.

---

[3] Génesis 2:18.

[4] Génesis 2:24.

Claro que si usted todavía está soltero (o soltera) y está considerando a alguien para casarse, debe buscar la mejor persona que pueda (no se va a casar con un psicópata y pensar que «con amor puedo cambiarlo»). Pero la verdad es que un matrimonio feliz no depende tanto de que la persona sea la «adecuada» como de que los dos hagan las cosas correctas.

Lo que hace que la relación funcione es la obediencia a ciertas leyes de convivencia. Cuando Dios creó al hombre y a la mujer, Él estableció ciertas leyes que regulan esa relación. Si respetan esas leyes serán felices; si no, no hay alma gemela que aguante quedarse con usted.

El negocio con las leyes es el siguiente: usted obedece, ellas le protegen; usted las desobedece, ellas le castigan. Si usted salta de un edificio de diez pisos, seguramente va a morir. La ley de la gravedad se asegurará de eso. Si va a un safari y sale del coche para sacar una fotito a un león, porque es tan bonito y parece tan tranquilo, probablemente usted se convierta en su almuerzo. La ley de la selva garantiza eso. Quiera o no creer en esas leyes, está sujeto a ellas.

Las leyes de las relaciones establecidas por Dios no son desconocidas por nadie. Cosas como perdonar, tratar al otro como se quiere ser tratado, tener paciencia, servir, ayudar, oír, no ser egoísta, decir la verdad, ser fiel, respetar, tener buenos ojos, quitar la viga del propio ojo primero, cuidar, agradar, etc., cosas básicas para que haya una relación. Eso es lo que las personas saben que tienen que hacer, pero no lo hacen. Quebrantan esas leyes y cosechan las consecuencias de ello.

Si obedece las leyes de las relaciones, ellas le protegen; si las desobedece, le castigan. Así de simple.

No hay otro camino. Pueden intentar culpar al matrimonio como institución, facilitar el divorcio, inventar relaciones alternativas, vivir buscando el alma gemela... pero la única manera de que una relación sea exitosa es respetando las leyes que la rigen. Y este poder está en sus manos. Es su responsabilidad. Entender eso fue el punto decisivo en mi matrimonio, lo que sucedió durante una llamada de teléfono.

CAPÍTULO 9
LA LLAMADA QUE SALVÓ NUESTRO MATRIMONIO

Cristiane y yo nunca tuvimos un matrimonio que alguien pudiese llamar conflictivo. Al contrario, vivíamos bien la mayor parte del tiempo. Quien nos veía desde fuera podía jurar que éramos un matrimonio perfecto. No vivíamos peleando, nunca hubo una infidelidad y teníamos los mismos objetivos. Sin embargo, de vez en cuando, más concretamente cada cuatro o seis meses, teníamos una gran discrepancia sobre algún tema. Era como si la cosa se quedase rumiando en el estómago de nuestra relación durante meses hasta que volvía a la boca y era vomitada; cosas que no habían sido nunca verdaderamente digeridas y procesadas entre nosotros; raíces de problemas que no conocíamos y, por lo tanto, nunca habían sido cortadas.

A veces, la discrepancia era en relación a los celos, sobre mi falta de atención hacia ella, sobre el trabajo que hacíamos, sobre cómo sentía que me faltaba al respeto y otras vertientes. Todo hojas y ramas. No veíamos las raíces de los problemas.

Cuando teníamos esas grandes desavenencias, nos quedábamos durante horas intercambiando palabras en la habitación. A veces, los ánimos se calentaban. Ella lloraba y, si elevaba la voz, yo la elevaba más todavía. Llegaba un punto en el que nos cansábamos y ahí, por lo menos para mí, el objetivo ya no era resolver el problema que fuese, sino solo salir de aquella desagradable situación. Rodeábamos la situación, pero nada se resolvía. Yo me mantenía en silencio con ella durante algunos días y ella se quedaba con los ojos hinchados de llorar. Todo volvía a la «normalidad» por lo menos durante cuatro o seis meses más. Y así fueron los primeros doce años de nuestro matrimonio.

En mi mente, yo pensaba: «El problema es ella. Yo no estoy haciendo nada mal. Es ella quien tiene una cabeza dura e imposible de entender. Yo tengo que mantenerme firme en esta línea porque, algún día, ella va a tener que ceder y cambiar». Y eso no era un secreto. Varias veces le dije a Cristiane: «¡Tú eres quien tiene el problema! Yo estoy bien, no estoy haciendo nada malo. Es mejor que resuelvas tus pensamientos porque yo no tengo tiempo para eso». Y ella respondía con lágrimas, con insistencia en su punto de vista.

Yo no estaba queriendo ser malvado. Realmente pensaba de esa manera. Dura cosa es estar sinceramente equivocado. Un día horrible, que se volvió bonito, tuvimos una de esas peleas y la discusión se prolongó más de lo normal. Ya era de madrugada y no había un final a la vista, hasta que Cristiane tuvo una idea: «Voy a llamar a mi padre». Me pareció excelente. Agarré el teléfono y se lo puse en la mano. «¡Llama ahora! ¡Vas a ver como tengo razón!».

Por lo que sabía de su padre, a quien respeto mucho, y por el asunto que estábamos discutiendo, tenía la seguridad de que él iba a confirmar que ella estaba equivocada. Como él nunca fue parcial, ni por ella ni por mí, yo lo tenía por la voz de la razón. Por eso, a pesar de la vergüenza y de no gustarme tener que llevarle aquel problema, vi su decisión como una buena opción.

Salí de la habitación y dejé que ella hablase con su padre. Transcurridos unos cinco minutos, salió de la habitación, mucho más calmada, me pasó el teléfono y me dijo: «Quiere hablar contigo».

«Sí, señor», atendí.

Él fue directo a la yugular, alto y claro: «Renato, déjame que te diga una cosa. Ese problema ES TUYO. ¡RESUÉLVELO!».

Aquello me agarró por sorpresa. No era lo que yo esperaba. Creía que él iba a mostrar empatía hacia mí, decirme que había hablado con ella y que, ahora, ella me iba a entender mejor y que yo debía tenerle paciencia. Sin embargo, aquellas palabras, «ese problema es tuyo, ¡resuélvelo!», fueron como un hierro de marcar ganado clavándose en mi mente.

Él no dijo nada más. Me quedé mudo y, después de algunos segundos, respondí: «Puede estar seguro de que nunca más recibirá una llamada como esta, porque lo voy a resolver». Le di las gracias y colgué el teléfono.

«Ese problema es tuyo, ¡resuélvelo!». Las palabras se quedaron resonando en mi mente. De repente, la venda se me cayó de los ojos. «Ese problema es mío. ¡Soy yo quien tiene que resolverlo!». Todo empezó a aclararse.

Hasta entonces yo estaba golpeando en la misma tecla, diciéndole a Cristiane: «Tú eres quien tiene el problema». Aquel modo de pensar me hacía lanzar el problema sobre ella y culparla por fallar en resolverlo. Automáticamente, me eximía de la culpa y me «lavaba las manos». Si este matrimonio falla, no va a ser mi culpa, pensaba.

Esa mentalidad, además de hacerme pensar que la responsabilidad no era mía, empeoraba la situación de dos maneras: (1) dejaba el poder totalmente en manos de Cristiane para hacer lo que quisiera con la situación (desistir del matrimonio, luchar por él, continuar como estaba) y (2) le daba a ella la impresión de que no me preocupaba por ella y de que no estaba dispuesto a hacer nada para cambiar la situación.

Si ella hubiera sido otro tipo de mujer, habría tomado aquel poder que yo, inconscientemente, ponía en sus manos, le uniría el sentimiento de desprecio que le trasmitía con mi actitud y habría puesto fin a nuestro matrimonio. Y hoy entiendo que yo habría sido el máximo responsable. ¿Por qué? *Porque yo no había cumplido mi papel de líder y cabeza en mi matrimonio.*

Lo que aquella llamada me hizo entender fue que, como marido, todo y cualquier problema que ocurra en mi matrimonio es también mi problema. No puedo separar algunos problemas para mí y otros para mi esposa. Todos los problemas son nuestros. Si ella tiene un problema, yo tengo un problema. Si ella está enferma, yo estoy enfermo. Si ella hace un reclamo, yo tengo que ver lo que es y actuar rápido en la fuente del problema, aunque me parezca que es «cosa de mujer». Ese concepto cambió mi visión sobre nuestros problemas conyugales.

Veo que los hombres, en general, tienen esa tendencia a echar el problema sobre su mujer y continuar viviendo su propia vida como si todo fuese normal. La naturaleza del hombre tiende a hacerle evitar o huir de la mujer cuando está alterada; por eso, cuando ella lo enfrenta con un problema, él enseguida quiere apuntar con el dedo de nuevo hacia ella y dejar la conversación. De ahí provienen los hábitos típicamente masculinos de quitar el centro de atención de la mujer y ponerlo en el trabajo, el fútbol, la televisión, los videojuegos, etc. como una forma de escape. Esos hombres necesitan entender que evitar o huir del problema no lo va a resolver. Repito, el problema no es como el vino.

El hombre tiene que tomar las riendas de la situación y, como un buen líder, buscar la solución del problema juntamente con su mujer. Y fue eso lo que yo hice inmediatamente después de aquella llamada.

LA LISTA

Con la bendición de su padre, y con mi nueva visión de que el problema era mío y era mi responsabilidad resolverlo, entré de nuevo en la habitación con Cristiane y fui pragmático: «Vamos a hacer una lista de todo lo que está mal en nuestro matrimonio. Quiero que me digas todas tus quejas y vamos a escribirlas. Después me toca a mí. A partir de ahí vamos a trabajar juntos para eliminar cada punto de la lista». Y comenzamos. El resultado final fue 6 x 11, seis ítems de ella sobre mí, y once míos sobre ella. Uno más y yo doblaba la ventaja, jaja... Pero lo interesante es que, cuando nos sentamos para hacer esa lista, tuvimos más progresos en treinta minutos que en los doce primeros años de nuestro matrimonio. Es increíble hasta qué punto el uso de la razón es eficaz en la solución de problemas, especialmente en el matrimonio. Aquel ejercicio fue un acto de lucidez, inteligencia, y cero por ciento de emoción. Por eso los resultados fueron positivos. Yo no voy a hablar aquí de cuáles fueron los ítems en la lista, pero puedo decir que se resumían en dos categorías:

- Cosas malas que ya no íbamos a hacer, que entristecían o herían uno al otro.
- Cosas buenas que íbamos a comenzar a hacer por el otro, cosas que agradarían y harían a la otra persona feliz.

Así de sencillo. Esa lista nos ayudó a dejar de quedarnos mirando los defectos uno del otro y comenzar a mirar hacia nosotros mismos, hacia aquello que teníamos que hacer para mejorar la relación. Ahora, con la lista, teníamos una meta clara y objetiva. Ambos entendimos que, si trabajábamos juntos para eliminar cada ítem de la lista, cada uno haciendo su parte sin quedarse señalando los defectos del otro, no tendríamos nunca más aquellos problemas. Y aquella perspectiva, de no volver a pasar por aquellas experiencias dolorosas cada seis meses, nos motivó bastante. Yo estaba determinado a hacer todo lo que aún no había hecho para resolver aquel problema de una vez por todas. En definitiva, si no se resolviera nada, el fracaso sería más mío que de ella, ya que yo era el líder y cabeza de mi matrimonio.

Sin embargo, yo sabía que necesitaba ayuda de lo alto. No era suficiente solamente confiar en mis propias habilidades, pues la lista era grande, diecisiete ítems en total, sin contar las derivaciones de todos ellos... No iba a ser fácil. Por eso, hacia las dos y media de la mañana, en aquella misma noche, cuando terminamos la lista y acordamos que íbamos a trabajar en ella, yo me metí la lista en el bolsillo, entré en el coche y fui a la iglesia donde trabajaba. No podía esperar al amanecer.

Era ahora o nunca. Entré en la iglesia, estaba todo apagado, y me dirigí al altar. No había nadie allí, solo Dios y yo. Allí derramé mi alma delante de Él. Admití mis errores, pedí perdón, pedí fuerzas y dirección para mi vida y mi matrimonio. Yo no aceptaba que lo que había acontecido en el matrimonio de mis padres fuera a acontecer en el mío. Jamás iba a aceptar aquello, y por eso estaba allí, pidiendo a Dios que colocara su mano sobre mí y Cristiane. Levanté la lista hacia Él y Le pedí ayuda. Fue una verdadera limpieza espiritual, un momento muy íntimo y real que tuve con Dios. Salí de allí liviano y fortalecido.

Nada había cambiado aún en la práctica, pero la verdad es que todo comenzó a cambiar a partir de ahí. Volví a casa, abracé a Cristiane y dormimos juntos. Mañana sería otro día. El primer día de nuestro nuevo matrimonio. Las cosas no cambiaron de golpe, pero fuimos aplicándonos. No tardó mucho. En algunas semanas, ya percibíamos que nuestro matrimonio había renacido. Aún hoy yo conservo esa lista y cuando escribía este capítulo fui a echarle un vistazo, solo por curiosidad. Fue una alegría ver una vez más que todas las metas que escribimos ya se habían alcanzado, y mucho más. El círculo vicioso de problemas había sido roto; las raíces, cortadas. Es el poder de entender: «Ese problema es SUYO. Es usted quien tiene que resolverlo».

Ahora que usted entiende esto, voy a dejar a Cristiane contar en el próximo capítulo cómo fue la conversación de ella con su padre durante y después de aquella llamada y cómo eso produjo el cambio.

TAREA

La lista funcionó para nosotros, y tengo la certeza de que puede funcionar para usted. Muchas veces subestimamos el poder de escribir, de colocar algo en el papel. Por eso, hoy quiero animarlo a escribir su propia lista. Pregunte a su compañero/a lo que lo/la hace ser una persona difícil con la que tratar. Escriba una lista, independientemente de cómo se sienta. Si su compañero/a está haciendo lo mismo, dele su opinión para que él/ella pueda escribir su lista también. Importante: esta no es una oportunidad para atacar su compañero/a o para desenterrar difuntos... Ni es hora de quedarse a la defensiva. Su objetivo en esta tarea es reunir una lista de cosas en las que usted comenzará a trabajar para resolver en su relación. Mire con frecuencia esta lista y vaya actuando sobre cada punto de ella hasta terminarla.

Decisión

A partir de ahora voy a trabajar en cada ítem que acordé con mi cónyuge que necesitamos cumplir/eliminar. Estos problemas son MÍOS, y yo voy a resolverlos.

/MatrimonioBlindado

Publique esto:
Hice «la lista» con
mi esposo/a.

@matrimonioblind

Tuitee esto:
Hice «la lista» con
mi esposo/a
#matrimonioblindado
@matrimonioblind

CAPÍTULO 10
EL SOL DE MI PLANETA

Cristiane:

Cuando mi padre atendió el teléfono, intenté explicarle la situación. Estaba llorando, no conseguía ni hablar bien, porque cuando hablamos con nuestros parientes sobre problemas, es entonces cuando nos derrumbamos solo de la emoción. Él simplemente se quedó escuchando y, después de unos minutos, todo lo que dijo fue: «Dale el teléfono a Renato, déjame hablar con él». Usted ya conoce el resto de la historia.

Aquella llamada fue el punto de partida para el cambio en nuestro matrimonio; sin embargo, lo que realmente me llevó a cambiar fue la continuación de esa conversación que tuve con mi padre algunos días después. La lista que Renato y yo hicimos renovó nuestro compromiso de luchar para cambiar y hacer lo que fuese necesario para agradar al otro, pero dentro de mí había un problema más profundo, que ni yo misma sabía que existía. Solamente lo descubrí cuando mi padre vino a visitarme y me preguntó cómo estaba después de aquella llamada.

Él nunca se entrometió en nuestro matrimonio, pero, debido a lo que había sucedido, era de esperar que quisiera saber. Le respondí que estaba «intentando» cambiar. No entré en detalles, solo le dije eso. Para ser sincera, en aquel momento yo no estaba muy segura de si las cosas habían cambiado o no. Muchas veces, en el pasado, me había dicho a mí misma que iba a cambiar, pero pasaban algunos meses y estaba haciendo las mismas cosas. ¿Quién me garantizaba que ambos pondríamos de nuestra parte para cumplir aquella lista?

Así que mi padre, dándose cuenta de mi duda, fue directo al grano. Nunca me olvido de aquel día. Estábamos en el jardín, se volvió hacia mí y me dijo: «Hija mía, a ningún hombre le gusta que su mujer se quede implorando su atención. Pierdes tu valor como mujer. Ocúpate en ayudar a las personas, haz algo con tus talentos, desarrolla tu llamado».

Fue eso lo único que me dijo. Era todo lo que necesitaba oír. Descubrí que, en todos aquellos años de matrimonio, estaba realmente haciendo de Renato el sol de mi planeta.

Como esposa de pastor, iba a la iglesia, ayudaba en lo que se me confiaba, hacía lo «máximo» que podía hacer, pero, al final del día, mi centro de atención siempre recaía sobre Renato. Todo lo que quería era llamar su atención, conseguir su aprecio, sentir su compañía, ser importante a su lado, lo que no era pedir demasiado, pero cuando eso es todo para alguien, es otra cuestión, pues se acaba haciendo todo en función de aquella persona y, si esa persona no le da la debida importancia, todo lo que uno ha hecho no sirve de nada para uno.

Aunque en aquella época no fuera consciente totalmente de eso, fue lo que descubrí sobre mí misma. Durante todos aquellos años, en vez de estar al lado de mi marido, me había puesto detrás de él. Está claro que él no iba a quedarse mirando hacia atrás, viendo lo que yo estaba haciendo allí. En realidad, yo cargaba con una mentalidad equivocada de lo que la mujer representaba para su marido.

Escuchaba a muchas mujeres hablar de que nosotras somos el soporte del portarretratos, ahí escondidito. Mientras que nuestros maridos estaban en pie, ahí, al frente, nosotras, las mujeres, teníamos que estar detrás de ellos, dándoles el soporte necesario. Una idea anticuada y sin ninguna base fundamental. Creo que, por esas y otras ideas, muchas mujeres han defendido el feminismo. Si yo no hubiera despertado a la realidad, también habría hecho lo mismo. Llega un momento en el que cansa quedarse solo entre bastidores, sentirse menos importante que el propio compañero y permanecer en su dependencia para suplir su valor.

Fueron aquellas palabras que me dijo mi padre por las que yo, finalmente, me embarqué en una jornada interesante, llena de aventuras y muy productiva. Me conocí mejor.

PRESENTANDO: CRISTIANE 2.0

Empecé a desarrollar talentos que estaban escondidos o adormecidos, invirtiendo no solamente en ayudar a otras personas, sino también en mí. Cada vez que hacía algo nuevo, diferente y productivo, mi autoestima lo agradecía. Ayudaba a los demás y, en la medida que eran ayudados, me valoraban y, como consecuencia, eso me ayudaba a vencer toda esa inseguridad que llevaba dentro de mí.

Dejé de hacer las cosas para llamar la atención de Renato. Pude entenderle mejor porque ahora estaba en el mismo barco, trabajaba con los mismos objetivos que él, solo que en sociedad con él y no entre bastidores. Dejé de enfocarme en él para enfocarme en mí y en cómo podía también desarrollar mis talentos y, con ellos, ayudar a otras personas. Salí de mi capullo. Es increíble cómo un simple cambio en el punto de mira lo transforma todo. Los problemas que anteriormente me hacían llorar y protestar se volvieron tan ínfimos que no valían ya ni un solo centavo de mi atención.

Un ejemplo fue el tema de que Renato no salía conmigo a pasear con mucha frecuencia. Antes, yo incluso intentaba fingir, durante un tiempo, que no me importaba; pero llegaba un momento en el que ya no aguantaba más, y listo, teníamos otra pelea. Después de ese cambio de objetivo, eso ya no merecía llamarse problema o falta de consideración. Me adapté a su forma de ser casera. Cuando llegaba nuestro día de descanso ya no me quedaba con la expectativa de qué haríamos, al contrario, encontraba algo que hacer en casa. Hacía vídeos en la computadora, leía libros, alquilaba una película, me hacía una limpieza de cutis, en fin... ¿Y sabe lo que sucedió? Me convertí en una mujer mucho más agradable.

No pasó mucho tiempo sin que que Renato observase ese cambio en mí y me encontrara más interesante. Lo que antes era algo raro se convirtió en algo diario entre nosotros. Nuestras conversaciones eran divertidas, compartíamos ideas, hablábamos de nuestras experiencias diarias sin que yo necesitara pedirlo. Aparté el foco de Renato, dejé de criticarlo por todo lo que no me daba, y lo puse en mí misma. Fue entonces cuando conseguí observarme y ver lo que me faltaba.

Durante todos aquellos años, todo lo que Renato necesitaba de mí era una compañera. Y yo, honestamente, pensaba que era esa compañera hasta ese momento en el que descubrí que ser compañera no es correr detrás del compañero y sí a su lado. Por eso, él no estaba interesado en compartir su día conmigo, por eso no me incluía en sus planes diarios. Yo no estaba en el mismo barco y sí en un barquito por detrás, intentado llegar cerca de su yate. Lo interesante es que él ya había comentado que me implicase más en lo que él hacía...

Una cosa es que su compañero le diga lo que usted tiene que cambiar, otra completamente diferente es que usted descubra en qué usted tiene que cambiar. Un simple ajuste de enfoque transformó nuestro matrimonio. Y cuando yo ya me había acostumbrado al modo casero de Renato, él se adaptó a mí. Empezamos una competencia saludable: ¡quién agrada más al otro!

Veo ese problema casi todos los días en el trabajo que hago con las mujeres. Parece que tenemos esa tendencia a enfocarnos más en los otros que en nosotras mismas. Vamos de un extremo al otro. Unas se pdetienen en el tiempo, debido a la vida amorosa, y otras dejan la vida sentimental de lado para seguir una carrera, como si no fuésemos capaces de tener las dos cosas al mismo tiempo y ser felices.

Es así como muchas mujeres inteligentes acaban convirtiéndose en mujeres frustradas. Por muy importante que sea la carrera, necesitamos a nuestro compañero para aprovecharla de verdad. Y, por mucho que la vida sentimental sea importante, necesitamos ser independientes de ella para no convertirnos en insoportables para la persona que amamos. Si depende de alguien para ser feliz, nunca conseguirá hacer feliz a nadie.

Su compañero no tiene la menor oportunidad de ser su sol. Él tiene defectos, no siempre la podrá iluminar ni suplir todo lo que necesita; por eso, no es sabio ponerlo en esa posición. Usted puede estar haciéndolo todo bien, que era lo que yo creía, pero, incluso así, no va a cambiar la situación en la que está. Sus ojos tienen que estar enfocados primero en usted para que, de esta forma, haya un cambio real y concreto en su relación.

Nunca me olvido de una frase que escuché en una reunión en la iglesia: «Mientras usted mire hacia las demás personas a su alrededor siempre va a tener problemas».

LUZ PROPIA

Me acuerdo de una mujer que solo después de casi veinte años de casada descubrió que su marido nunca la había amado. Su mundo se derrumbó, cayó sin paracaídas, hasta que, finalmente, despertó y se apegó a la fe. Muchas, en su lugar, habrían convertido sus vidas en un desastre; pero su historia puede ilustrar lo que acabamos de escribir.

Imagine a una bonita mujer, inteligente, con mucho talento, llena de los valores que todo hombre de verdad busca. Durante todos los años de matrimonio vivía corriendo detrás del marido, que no daba ningún valor a todo lo que ella hacía. Con el tiempo se adaptó a la extraña forma de ser de él; ni siquiera pensó nunca en una posible separación en el futuro. Se había casado para el resto de su vida y, por eso, soportó todo y un poco más. Hasta que un día, de la nada, él finalmente le reveló con palabras que no la amaba.

En vez de haberse percatado de eso mucho antes, desde el principio del matrimonio, ella se sorprendió, como si él hubiese cambiado de la noche a la mañana. ¿Por qué no se había dado cuenta de eso antes?

La mujer que hace de su marido su sol tiene esa desventaja: no se valora y, por eso, no pone ciertos límites. Cuando convierte a otra persona en alguien más importante que usted mismo, se disminuye y se desvaloriza ante ella. El otro tiene todo el poder en la relación; si quisiera herirle, puede hacerlo cuantas veces quiera porque sabe que usted nunca –jamás– le dejará. Su vida gira alrededor de esa persona en vez de invertir en usted misma, en sus valores y talentos; guarda todo en un baúl dentro de sí, bajo siete llaves.

Hasta conocer a su marido, esa mujer era aquella joven llena de vida, con sueños y planes de futuro; una joven muy interesante que cautivó el corazón del muchacho hasta el punto de que él pensara: «Quiero pasar el resto de mi vida a su lado». Después de casarse, guardó todo dentro del baúl y pasó a ser una molestia. Vivía reclamándole cuentas, imponiendo su voluntad y encontrando defectos en todo lo que él hacía.

Ella no hacía eso a propósito –nadie lo hace–. Yo, por ejemplo, no me daba cuenta de lo que hacía; al contrario, pensaba que ese era mi papel. Debe ser nuestra naturaleza de madre, siempre queriendo arreglar las cosas, proporcionarles una ayudita a nuestros hijos, haciendo de ellos los mejores en todo. Solo que nuestros maridos no son nuestros hijos.

No estoy sugiriendo que el marido de esa mujer la dejó de amar debido a esa actitud, pero eso puede haber contribuido, y mucho. El hombre tiene la naturaleza de conquistar, como vamos a explicar en los próximos capítulos. Cuando su mujer deja de ser una conquista diaria, él es capaz de buscar otras conquistas. Es decir, ella no puede, ni debe, dejarle sentir que es el centro de su atención.

El valor de la mujer está en su misterio, su discreción, su forma de hacer florecer una situación. Es exactamente lo que mi padre me indicó: al hombre no le gusta la mujer fácil, aunque sea su propia mujer. Cuando me ocupé en ayudar a otras personas, desarrollando nuevos talentos en el proceso, Renato empezó a sentir la falta de mi constante atención. Obviamente, me volví una nueva conquista para él. Pasé a tener luz propia.

No hay forma de que su matrimonio florezca con los años si usted, como mujer, no florece cada día. Con cada conquista que hago, cada libro que escribo, cada proyecto que creo, más autoconfianza tengo en mí y más interesante resulto para Renato. Vuelvo a ser aquella joven que Renato conoció, llena de sueños, muy divertida y una óptima compañía para el resto de su vida. Eso sí es tener una sociedad, sí es ser un equipo.

Cuando Renato escuchó por primera vez que yo lo hacía mi sol en el pasado, preguntó, con la cara de quien pierde una posición muy importante: «¿Puedo por lo menos ser tu luna?». A fin de cuentas, todo marido quiere su debida atención... No es porque ellos no puedan ser nuestro sol que vamos a dejarlos de lado y vivir nuestra propia vida. No fue eso lo que yo hice y, si usted hace eso, puede olvidarse de todo lo que ha aprendido en este libro, pues su matrimonio estará destinado al fracaso.

Lo que queremos decir es que, si usted no está bien consigo misma, si no se conoce ni conoce su propio valor, la tendencia es a hacer de su compañero ese sol, su puerto seguro. Eso no es inteligente.

Aunque su compañero no quiera ya invertir en el matrimonio, e incluso esté con otra persona, no deje de florecer tan solo porque él ya no se encuentra en su vida. Esa mujer cuyo marido la dejó después de casi veinte años hoy está mucho más bonita en todos los sentidos, parece hasta que la partida de él le hizo bien. Lo adecuado sería que usted mejore mientras están juntos y, quién sabe, incluso logre reconquistar el corazón de la otra persona.

HOMBRE PEGAJOSO

La mujer tiende a hacer, de la persona que ama mucho, su sol; sin embargo, ella misma odia ser el sol. Lo sé, lo sé, nos encanta recibir atención, pero cuando esta es exagerada y pegajosa, da asco. A ninguna mujer le gusta un hombre pegajoso.

Para nosotras, mujeres, el hombre tiene que mostrarnos fuerza, cierta independencia y liderazgo. Podemos no mostrar eso muchas veces, especialmente estamos chocando con alguna de sus decisiones o cuando reclamamos que él siempre hace lo que quiere. Pero, por otro lado, si él empieza a hacer todo lo que queremos... la relación se deteriora.

Conversando con una amiga el otro día, me pareció interesante lo que ella dijo al respecto de su actual relación:

—Este novio es de verdad, Cris, tiene lo que los demás no tenían. Es difícil. Me quedé intrigada y quise saber más...

—¿Cómo es eso?

—¡Ah! Los otros hacían todo lo que yo quería. La relación era aburrida. Este es así: yo digo: «Vamos por aquel camino, que no hay tráfico», y él dice: «No, quiero ir por el camino que me gusta».

Pude darme cuenta de una cosa que nunca había pensado antes: a nosotras, las mujeres, nos gusta probar nuestros límites, ver hasta dónde podemos llegar. Y si el hombre nos da una libertad ilimitada, ¡perdemos totalmente el interés! No es que nos guste ser dominadas, pero... tampoco nos gusta que todo sea tan fácil. Dejamos de sentir el respeto que queríamos tener por nuestro amado. Por eso, hombres, por favor, no nos alimenten con uvas frescas mientras nosotras nos estamos recostadas teniendo todo a nuestros pies. Esa idea de Cleopatra no es buena.

Además, dicho sea de paso, los hombres que no ven los defectos de sus mujeres y, por eso, no las ayudan a mejorar como personas, son fácilmente manipulados por ellas. Cada vez que yo me he equivocado, tuve en Renato al compañero que necesitaba, que me mostró mis errores y me puso de nuevo en el camino. A la mujer le gusta eso.

TAREA

¿Dónde y de qué manera puede usted estar succionando la energía de su compañero y volviéndose alguien inconveniente? Aparte algunos minutos, ahora, para pensar en eso. Escriba cómo hará para comportarse de manera más equilibrada en esas situaciones. ¿Qué talentos y actividades saludables podría desarrollar para disminuir su excesiva atención colocada sobre su compañero/a?

_____

_____

_____

_____

Me prometo a mí mismo/a que dejaré de hacerle/a el sol de mi planeta.

/MatrimonioBlindado

Publique esto:
Él/ella ya no es el sol de mi planeta.

@matrimonioblind

Tuitee esto:
Él/ella ya no es el sol de mi planeta
#matrimonioblindado
@matrimonioblind

PARTE III

DESMONTANDO Y REMONTANDO EL AMOR

CAPÍTULO 11

LA MALDICIÓN DEL HOMBRE Y DE LA MUJER

Como prácticamente todos los problemas de la humanidad, la relación de amor y odio entre el hombre y la mujer comenzó en el Jardín del Edén. (Yo espero que Adán y Eva tengan un lugar especial en el cielo, bien reservado y protegido, porque le garantizo una cosa: va a haber mucha gente pidiéndoles explicaciones...). Diría que la desobediencia de ambos resultó ser una maldición que afectó directamente a su relación y a la de todos sus descendientes. Primeramente, vamos a entender lo que sucedió allí. Sé que conoce la historia, pero tal vez no desde este ángulo.

Antes de que «la vaca fuera al pantano»[5], allí, en el Edén, Adán y Eva vivían muy bien, en todos los sentidos. Habían recibido del Creador una posición privilegiada en la Tierra, con autoridad para hacer y deshacer:

... y ejerza dominio sobre los peces del mar, sobre las aves del cielo, sobre los ganados, sobre toda la tierra, y sobre todo reptil que se arrastra sobre

---

[5] Para nuestros lectores más jóvenes: si una vaca decide dar un paseo y acaba en un pantano esto supondrá auténtico problema, porque difícilmente conseguirá salir de él ella sola. La pobre vaquita quedará atrapada en un terreno pantanoso y, si nadie la encuentra, acabará muriendo de hambre o de sed. Tan solo un tractor y mucha paciencia pueden ayudar a sacar al animal del atolladero. Perder una vaca implica perder futuros becerros, leche y sus derivados; algo nada bueno para el criador. Ni para el animal, claro.

la tierra. Creó, pues, Dios al hombre a imagen Suya, a imagen de Dios lo creó; varón y hembra los creó. Y los bendijo Dios y les dijo: «Sed fecundos y multiplicaos, y llenad la tierra y sojuzgadla; ejerced dominio sobre los peces del mar, sobre las aves del cielo y sobre todo ser viviente que se mueve sobre la tierra». Y dijo Dios: «He aquí, Yo os he dado toda planta que da semilla que hay en la superficie de toda la tierra, y todo árbol que tiene fruto que da semilla; esto os servirá de alimento. Y a toda bestia de la tierra, a toda ave de los cielos y a todo lo que se mueve sobre la tierra, y que tiene vida, les he dado toda planta verde para alimento».(Génesis 1:26-30).

El hombre fue puesto sobre todos los seres, animales y vegetales, y sobre toda la Tierra. Esta autoridad era compartida, también, con la mujer: «... *y les dijo...*». Esa posición significaba que toda la naturaleza fue puesta como sierva del hombre y de la mujer. La función de la naturaleza era la de servirles y suplir todas sus necesidades.

Con todo ese poder y toda esa armonía, sumados a la Compañía de Dios, el bonito matrimonio vivía en el paraíso, literalmente. No tenían cuentas que pagar ni defectos que señalar el uno del otro. Adán tenía la mujer que pidió a Dios, y Eva, el hombre que... Bien, el único que estaba disponible; de cualquier forma, era un matrimonio sin problemas.

Pero la vaquita tenía que ir a dar un paseo y, para empeorarlo, aquel día estaba una serpiente allí, en el pantano. Eva desobedeció a Dios y llevó a su marido a hacer lo mismo. Hora de ajustar cuentas.

Dios llamó primero a Adán y este se dio prisa en echarle la culpa a Eva. El Señor, sin embargo, «no compró la idea», reforzando que el líder es el responsable de todo lo que sucede bajo su responsabilidad. Recuerde el capítulo 9: «¿Es ese su problema?». Adán tuvo que aprender eso amargamente. Consecuencia de su fracaso y su desobediencia, Dios determinó para el hombre:

Por cuanto has escuchado la voz de tu mujer y has comido del árbol del cual te ordené, diciendo: «No comerás de él», maldita será la tierra por

tu causa; con trabajo comerás de ella todos los días de tu vida. Espinos y abrojos te producirá, y comerás de las plantas del campo. Con el sudor de tu rostro comerás el pan hasta que vuelvas a la tierra, porque de ella fuiste tomado; pues polvo eres, y al polvo volverás. (Génesis 3:17-19).

Eva, a su vez, echó la culpa a la serpiente. Pero no era un buen día para las excusas:

A la mujer dijo: «En gran manera multiplicaré tu dolor en el parto, con dolor darás a luz los hijos; y con todo, tu deseo será para tu marido, y él tendrá dominio sobre ti». (Génesis 3:16).

Es interesante que, como resultado de la maldición, hombre y mujer fueron sometidos a los elementos de los que salían, de donde fueron creados: el hombre se quedó sujeto a la tierra y la mujer, al hombre. Y aquí empezó la maldición[6] de los dos. Entendamos ahora las consecuencias y el impacto de esta maldición en el matrimonio.

ESCLAVO DEL TRABAJO

La maldición que afectó al hombre estuvo directamente relacionada con su trabajo. Mientras que antes había una relación armoniosa y de total cooperación entre el hombre y la tierra, después de la maldición, la tierra se volvió enemiga del hombre. No habría más cooperación, pero sí una lucha, una labor, una contienda entre la naturaleza y el hombre. Era como si la tierra, de mala gana, comenzara a darle los frutos al hombre y, muchas veces, espinos en vez de frutos.

---

[6] Permítame aclarar aquí que un análisis cuidadoso del texto bíblico revelará que Dios no maldijo a Adán y Eva. El texto dice que el Señor maldijo la tierra y a la serpiente, pero no al ser humano. Queda claro que, aun no siendo maldecidos directamente, recibieron las consecuencias de dichas maldiciones, a las que me refiero aquí en singular: «La maldición del hombre y de la mujer».

Esa condenación perduraría hasta el fin de la vida del hombre, cuando este, finalmente, perdería la batalla y volvería al lugar del que vino: el polvo. (Fíjese que, hasta este momento, no había muerte; el hombre fue creado para vivir para siempre, pero su pecado limitó su tiempo de vida en la tierra. Por lo tanto, cuando Dios unió a Adán y a Eva, el plan no era «hasta que la muerte os separe», sino para toda la eternidad).

Considere un agravante: el hombre fue designado como el proveedor de su familia. Es decir, no hay manera de que él huya de esa maldición. Él tiene que trabajar –y trabajar para sacar el sustento de una tierra que se volvió su enemiga–. La presión de sustentar a la familia, de ser el cazador, de no dejar a la familia pasar necesidades, hace que el hombre se cobre a sí mismo el resultado de su trabajo. Es una cuestión de honra, de amor propio, de satisfacción a los padres de la mujer e incluso del sentido del propio valor. Este impulso de querer probar el valor propio, a través de su trabajo y de sus conquistas, está en el ADN del hombre.

Por eso, la mayor frustración que un hombre puede pasar es el fracaso profesional. Un hombre puede perder su matrimonio, vivir lejos de los hijos, incluso vivir con una deficiencia; todo eso puede superarlo, siempre que se sienta útil y tenga éxito en su trabajo. No quiero decir que será feliz, pero su ego estará más satisfecho de las conquistas en su trabajo que de cualquier otra cosa. Esa es su maldición, su carga.

La maldición le hace sentirse siempre insatisfecho, no importa lo que haya conquistado. Difícilmente verá a un hombre diciendo: «Estoy realizado, conseguí todos mis sueños, voy a dejarlo aquí». Si trabaja día y noche por un objetivo, pone todas sus fuerzas y alcanza un buen resultado, normalmente dice: «Podría haber sido mejor». Nunca piensa que llegó. Está siempre exigiéndose.

Es un hecho conocido que muchos hombres, cuando se jubilan, caen en depresión; algunos se enferman e incluso mueren poco después. Es como si el trabajo fuese su vida. Muchos no quieren jubilarse y siguen trabajando mientras la salud se lo permita.

Además de esa insatisfacción, él todavía se compara con los otros hombres de más éxito, siempre queriendo superarlos o sintiéndose inferior por no ser tan bueno como ellos. Su espíritu competitivo es inigualable. No es extraño que la mayoría de los que aparecen en el Guinness –Libro de los Récords– sean hombres, especialmente en los hechos competitivos. Para que se haga una idea, hay una categoría en ese libro donde dieciséis récords fueron superados por hombres, uno de ellos por un equipo de doce gimnastas alemanes... ¿El hecho? «Más saltos mortales en calzoncillos en noventa segundos». Están invictos desde el 2000, con 94 saltos... Ese es el tipo de cosas en el que usted no encontraría a doce mujeres dispuestas a competir.

¿Y cómo afecta eso en la relación?

Ya lo debe de haber adivinado. ¿No es el tiempo que el hombre pasa en el trabajo una de las cuestiones clásicas que la mujer le reclama? ¿No es la «tendencia a gastar» (el dinero que él sudó para ganar) una de los principales reclamos del hombre hacia la mujer? Ahora usted sabe el porqué.

Al principio de la relación, durante el noviazgo, el hombre ve a la mujer como una conquista, es decir, un trabajo. Es como si fuese una competencia. ¿Quién va a ganar a la chica? ¿A quién va a elegir para que sea su novio? Entonces, eso lo motiva para trabajar por su atención y su corazón. Pero cuando, finalmente, la conquista y se casa, traslada su atención al próximo desafío, que siempre tiene que ver con algún trabajo. Por eso, se concentra en el trabajo y deja a la mujer casi muriéndose de falta de su atención en casa. Es entonces cuando ella reclama, él la mira perplejo y pregunta: «¿Pero no ves que tengo que trabajar, que lo hago por ti?». Con la primera mitad de la frase, acertó; pero, en la segunda, no fue sincero. Él trabaja más por sí mismo que por ella.

La maldición del trabajo hace al hombre esclavo del sentimiento de realización, la cual raramente consigue obtener. En esa búsqueda, va sacrificando a la familia, la mujer, la salud y otras cosas, igual o más importantes. Pídale al marido que hable con la mujer sobre la familia y la relación y no tendrá nada que decir. Pídale que hable con sus amigos sobre el trabajo y no parará.

La mujer, sin entender su comportamiento, piensa que no la ama porque no pasa tiempo con ella, no hablan y le parece que siente más placer trabajando y con los amigos que con ella y con las cosas relacionadas con ella. Pero es un error llevar eso al plano personal, pensando que hay algo equivocado en él o en ella. ¿Qué puede hacer ella? ¿Cómo debe lidiar con esa maldición y ayudar a su marido? Primero, es importante entender la maldición que cayó sobre ella.

ATENCIÓN DEL MARIDO

La maldición que afectó a la mujer está relacionada con su dependencia de la atención y aprobación del marido. Dejando a un lado los dolores de parto, los cuales este libro no se propone solucionar (¡lo siento mucho, mujeres!), la segunda parte de la maldición determinó para la mujer que «...*tu deseo será para tu marido, y él tendrá dominio sobre ti*». Es decir, usted estará deseando algo de su marido siempre y él será su líder. Así como el hombre se quedó esclavo del trabajo, sujeto a la tierra, ella quedó dependiente de la aprobación del marido y de tener en él a la persona que cumplirá sus deseos y sueños.

Hasta aquel momento, hombre y mujer no se preocupaban de «quién mandaba en quién». Era una unión armoniosa que, simplemente, funcionaba sin resistencia de uno ni imposición del otro. Los dos eran uno. Pero ahora, debido al error de la mujer, ella fue, a propósito, puesta bajo los cuidados y el liderazgo del marido, como para recordarle el error que cometió al inducirle al pecado.

Sé que este concepto es anatema para la mayoría de las mujeres, pero en realidad podría haber sido mucho peor. Piénselo bien, mujer: ¿quedar sujeta al hombre que ama? Lo malo sería haber sido condenada a quedar sujeta a uno a quien *odiase...* De cualquier forma, el concepto de sumisión es un asunto para un capítulo posterior, que aclarará mucho más la cuestión y sacará el veneno que la ideología feminista ha inyectado a la palabra.

Lo que esta maldición resultó para la mujer fue el deseo de conseguir la atención total del marido. Quiere ser la princesa, la escogida, la mujer por encima de todas las mujeres; aquella por quien él arriesga la vida y deja a las personas y a las cosas que más le gustan para estar a su lado. Sin embargo, raramente consigue esa atención durante mucho tiempo. Él, bajo los efectos de su propia maldición, está siempre mirando al trabajo, la próxima conquista, y además se queda resentido con ella cuando le reclama atención. La ve como una interferencia para sus objetivos. Se molesta porque ella no «entiende» que él tiene que trabajar y le parece que ella no le aprecia por ser un hombre tan trabajador y dedicado.

En su búsqueda de la atención del hombre, la mujer, inconscientemente, se desvaloriza, pues empieza a hacer todo lo que puede para que sus ojos se vuelvan hacia ella. Invierte en ropa atractiva y sensual, en la belleza física, en la estética, en el pelo... pero eso es solo el comienzo. También llora, dramatiza, se hace la víctima o la pobre, crea situaciones de celos, le reclama al marido, hace chantaje emocional, deja de hacer las cosas en casa, compite con la suegra, con el perro... Hoy en día, muchas mujeres comprometidas, pero infelices en el matrimonio, son capaces incluso de tener una aventura tan solo para llamar la atención del marido.

Esa búsqueda desesperada es lo que está detrás de muchas mujeres consideradas muy inteligentes profesionalmente, pero que acaban sometiéndose a hombres canallas a cambio de un poquito de atención. Es el caso de Roseane, a quien aconsejamos recientemente en nuestro consultorio.

Roseane es contadora. A los treinta y cuatro años, es el orgullo de la familia por llegar hasta donde ha llegado. Abrió su despacho contable hace apenas dos años, y ya tiene más de cincuenta clientes y cinco empleados. Es una mujer ágil, decidida, pero lo que le sobra de determinación y autoconfianza para los negocios, le falta para el amor.

Hace cuatro años que Roseane vive una mala relación con Roger. Él, de treinta y un años, sin ninguna realización, es la encarnación del perfecto canalla: guapo, 1,80 m de altura y voz de terciopelo, que sabe decir lo que toda mujer quiere oír.

Roger no tiene trabajo fijo, ni profesión –por lo menos hasta el día en que ser canalla gane ese derecho–. Si dependiese de él, ya tendría hasta un sindicato. Su talento es contar historias en las que él es el protagonista y la víctima al mismo tiempo. La mamá siempre pagándole el apartamento hasta que «aquel» trabajo llegue. El papá le da el coche, pues «el pobre tiene que moverse».

Y Roseane le da amor, comida caliente cuando la visita, sexo y, para colmo, todavía le compra algo de ropa. Su novio tiene que vestirse bien.

A cambio, Roger ya le ha sido infiel por lo menos tres veces, que ella sepa. No está «preparado» para el matrimonio. Vive apareciendo en el despacho de Roseane para contarle una de sus historias y, entre abrazos y besos, la convence para que le dé un cheque que –jura– es todo lo que necesita para empezar un negocio muy prometedor.

Roseane es una de las muchas mujeres súper inteligentes que no consiguen ver las barbaridades que hacen en el amor.

¿Por qué cree usted que se someten a eso? Es la maldición de la mujer.

DOS POR EL PRECIO DE UNA

Las dos maldiciones –la del hombre y la de la mujer– son en realidad una sola: la inseguridad.

La esencia, en el fondo de todo eso, es que el hombre está inseguro de sí mismo. Algunos muestran esa inseguridad, sin duda, más que otros; pero todos sufren del mismo mal; incluso los hombres que aparentan bravura y coraje inmensos, o temperamentos fuertes; muchos usan esos comportamientos como máscaras para esconder la inseguridad. Consciente o no, es el peso del rechazo que sufrió allá en el Edén, cuyo principal culpable fue él mismo.

El miedo al fracaso, la pobreza, el sentimiento de insuficiencia, lo hacen matarse trabajando. La voz de reclamo de un padre o de una madre extremadamente exigente durante la infancia todavía resuena y le hace sentir que nunca responde a las expectativas, no importa el éxito que tenga.

El orgullo, que le impide reconocer los errores y aprender con los demás, se ve todavía más fortalecido cuando ve que otros hombres tienen éxito donde él ha fracasado. La rabia, la agresividad, los vicios, la mentira y otros comportamientos autodestructivos son las formas en que lidia con la inseguridad en lo más profundo de su interior. Todo eso son las hojas de parra para cubrir la desnudez de su inseguridad.

La inseguridad de la mujer, por ser emocionalmente más abierta que el hombre, es más fácil de percibir. Conozco a mujeres guapas que se ven feas, solamente porque una parte de su cuerpo no coincide con los patrones de belleza de las revistas femeninas. Otras tienen celos de todo respecto al marido: celos del trabajo, del fútbol, de la cuñada, del coche, de la mujer de la parada del colectivo, de la compañera de trabajo, de la exnovia... de todo a lo que el marido le presta atención, e incluso de aquello a lo que no, y todo debido a su inseguridad.

La autoestima de la mayoría de las mujeres es, de forma natural, baja; y de la misma manera que muchos hombres utilizan el machismo, la fuerza y el temperamento fuerte para enmascarar su inseguridad, muchas mujeres se rebelan contra su propia maldición y se declaran independientes de los hombres. «No necesito a un hombre para ser feliz», «Los hombres son todos iguales, solo cambia el domicilio», «A mí no me manda un hombre» y otras frases del mismo estilo que establecen su credo; aunque, en el fondo, permanecen infelices.

Resumiendo: son dos inseguros, desesperadamente necesitados de la seguridad y la afirmación el uno del otro (Un aplauso aquí para Adán y Eva. Estuvo bien, ¿eh?).

Ahora, la pregunta más importante: ¿cómo librarse de esa maldición?

CAPÍTULO 12
LA LIBERACIÓN

Buena noticia y mala noticia. Vamos con la mala: la primera cosa que el hombre y la mujer necesitan entender es que no van a cambiarse el uno al otro. El hombre siempre se moverá por las conquistas en su trabajo y la mujer siempre se moverá por el deseo de tener toda la atención del hombre. No sirve de nada rebelarse contra estos hechos. Los que se rebelan caen en el extremo opuesto, que no es nada mejor. El hombre desiste de ser un conquistador, se vuelve débil, «un blandengue, una vergüenza para sí mismo y para la familia»; la mujer que se rebela contra el hombre se vuelve amargada, endurecida, inalcanzable para cualquier hombre y, en consecuencia, solitaria. No sirve de nada rebelarse contra la maldición, usted simplemente tiene que saber lidiar con ella; la suya y la de su cónyuge.

Ahora, la buena noticia: hay formas eficaces de lidiar con la maldición. Se compone de dos partes: una, que puede hacer usted, y, otra, que solo Dios puede.

Vamos con lo que el hombre puede hacer sobre la suya y cómo la mujer puede ayudarle.

LA ESTRATEGIA PARA EL HOMBRE

A lo largo de toda la Biblia, Dios le proporciona al hombre consejos para el éxito que pueden resumirse en estas palabras: «Trabaje en sociedad conmigo». Uno de los pasajes más claros al respecto está en el Salmo 127:1-2:

Si el Señor no edifica la casa, en vano trabajan los que la edifican; si el Señor no guarda la ciudad, en vano vela la guardia. Es en vano que os levantéis de madrugada, que os acostéis tarde, que comáis el pan de afanosa labor, pues Él da a su amado aun mientras duerme.

¡Ahí está el secreto! Dios deja bien claro que el hombre tiene que trabajar en unión con Él. Su éxito depende de su relación con el Creador. Aunque tenga que trabajar no debe confiar tan solo en sus propias habilidades, sino que también tiene que depender de Dios. Cuando el hombre trabaja en sociedad con Dios, se queda tranquilo respecto al resultado. A fin de cuentas, ¡el Socio que tiene trabaja incluso cuando él duerme! Por eso no se produce una auto exigencia excesiva, ni inseguridad, ni depresión ante un resultado aparentemente insatisfactorio. El hombre ya no es esclavo de su trabajo porque entiende que Su Socio es el mayor interesado en que él crezca. Hay confianza, paz y certeza de que el futuro será bueno.

La mujer puede ayudar al hombre aquí recordándole la importancia de esta dependencia. Además de orar por el éxito de su trabajo, debe, con sabiduría, influir en su marido para que tenga una relación con Dios, pues ella misma se beneficiará de ello. El mensaje que debe pasarle, con sus propias palabras, es: «¡Solo, consigues lo que es posible! ¡Con Dios, consigues lo imposible!».

Otro concepto que el hombre tiene que absorber y practicar para neutralizar los efectos de su maldición es el equilibrio. Nosotros, los hombres, tenemos que recordar que el trabajo siempre va a existir y que, por mucho que trabajemos, nunca se va a acabar. Si trabajamos veinticuatro horas sin parar, al día siguiente habrá más trabajo. El hombre, especialmente el casado, tiene que recordar que debe atender otras cosas importantes en la vida, como a la mujer, por ejemplo; por eso, es equilibrado.

La Biblia dice que Dios creó el sábado para «el hombre».[7] Creo que Él se refirió más específicamente al hombre que a la mujer, porque si no hubiese determinado el sábado como día de descanso, el hombre trabajaría siete días a la semana. Dios no necesitó mandarle al hombre que trabajase; sin embargo, necesitó mandarle descansar...

La mujer entiende muy bien el concepto de sábado. Que lo diga Cristiane... Si no fuese por ella, recordándome y planeando lo que vamos a hacer para relajarnos al menos algunas horas a la semana, yo solo pararía para dormir y comer. Al principio del matrimonio me resistí a sus intentos; yo era desequilibrado, trabajaba prácticamente siete días a la semana, y le decía que tenía que aceptarlo y acoplarse a mi rutina, conformarse. Ella quería un poquito de mi atención, pero yo le daba prácticamente cero e incluso me enfadaba con ella porque quería que sacase tiempo para nosotros.

El hombre debe aceptar esa ayuda de la mujer, pues ella es un recurso que Dios usa para ayudarle a tener equilibrio. Hombre, si su mujer le está reclamando que no pasa tiempo con ella ni con sus hijos, que está trabajando demasiado, etc., probablemente tiene razón. Escúchela. Sea equilibrado.

Y la otra cosa con la que todo hombre debe tener mucho cuidado para no empeorar la maldición es la de compararse con los otros. Un poco de competitividad es bueno, tener mentores y ejemplos para inspirarse es positivo, pero ¡cuidado con las comparaciones! Estar continuamente comparándose con otros hombres, midiendo su éxito en función de los otros, es la mejor receta para la frustración y la inseguridad.

Tenemos que confiar y desarrollar los talentos que tenemos, no querer ser iguales a los demás. Conózcase a sí mismo, desarrolle su propia identidad, identifique sus talentos y trabaje con ellos. Aprenda a celebrar el éxito de los otros y el suyo también. Aprenda a felicitarse por sus realizaciones. ¿No fue eso lo que Dios hizo cuando creó el mundo? El relato de la Creación dice que, al final de cada día, Dios contemplaba

---

[7] Marcos 2:27.

Sus obras y veía que «lo que había hecho era bueno».[8] (E incluso siendo Dios, sacó un día al final de la semana para descansar). Nosotros, los hombres, tenemos que practicar eso, pues es un fuerte antídoto contra la maldición.

La mujer tiene aquí uno de sus papeles más importantes para ayudar al marido. Primeramente, ella nunca –jamás– debe compararlo con otro hombre. Decirle: «Tendrías que ser como mi padre...» o «El marido de Fulana sí que es genial...». Mujer, nunca conseguirá el resultado que quiere. Usted piensa que con esas palabras va a motivarlo para mejorar, pero en realidad son como clavarle un cuchillo en su autoconfianza y en su amor propio. Vale la pena repetirlo, pues es muy importante: nunca compare a su marido (ni a su hijo) con otro hombre, ni en sueños.[9]

En vez de compararlo, reconozca y elogie abiertamente sus cualidades y realizaciones. No lo critique negativamente ni señale sus fallas, sea la voz alentadora que muestra confianza en sus habilidades. Eso es esencial en los buenos tiempos y mucho más en los malos. Nada hunde más al hombre que tener un fracaso profesional. ¿Quiere ver a un hombre deprimido? Despídalo de su empleo, o ni eso, es suficiente con que señale un fracaso suyo en el trabajo. Con seguridad, ese día él se irá directo al bar o a vegetar frente a la televisión sintiéndose la peor criatura. Muchos hombres, cuando son despedidos, no se lo cuentan ni a su mujer y salen por la mañana como si fuesen a trabajar, pero en realidad están intentando encontrar otro trabajo. En una situación así, la mujer puede levantar o acabar de enterrar a su marido.

Me acuerdo aquí de Cristina, esposa del gran baloncestista brasileño Oscar Schmidt. Ella nos contó, durante la entrevista al matrimonio en

---

[8] Génesis 1:18.

[9] Una guerra civil que azotó durante años Israel comenzó cuando el rey Saúl sufrió una comparación negativa con David por parte de las mujeres de Israel. Tras haber derrotado a Goliat, y a continuación al ejército de los filisteos, David regresaba a Jerusalén con Saúl y su ejército. Recibidos con una gran fiesta, las mujeres cantaban: «Saúl mató a mil, David a diez mil». El inseguro rey Saúl no pudo soportar aquello, algo que precipitó su ruina.

Escuela del amor, que, faltándole tres meses para graduarse en Psicología, decidió largar los cinco años de facultad para acompañar a su marido cuando fue contratado para jugar en Italia. Cristina dijo que una de las cosas que la motivó fue pensar en las luchas y desafíos que el marido seguramente iba a enfrentar en el nuevo país. La posibilidad de que su marido pasara por momentos difíciles mientras ella estaba lejos de él, en Brasil, terminando sus estudios, hizo que priorizase el matrimonio. Lo abandonó todo, fue a Italia con él y nunca se graduó. Como si ella lo hubiese adivinado, Oscar perdió los siete primeros partidos que jugó. Pero, con su mujer al lado, se levantó y tuvo trece años de una carrera brillante en Italia, sin contar los títulos internacionales que ganó para Brasil. Fue el jugador de baloncesto con más puntos marcados, un éxito absoluto, no solo en el campo sino también en casa. Él atribuye el mérito a su mujer: «Sin su apoyo nunca habría hecho lo que hice», afirma. El matrimonio está unido desde hace más de treinta y siete años.

Cristiane:

Es muy común para nosotras, las mujeres, pensar que si elogiamos a nuestros maridos su ego va a atravesar el techo. Es el miedo que la mujer tiene de hacer a su marido arrogante y autosuficiente. Pero ese miedo se debe a nuestra propia inseguridad. Nos parece que un elogio puede hacerles pensar que son mejores que nosotras. Es por eso que muchas mujeres incluso admiran a sus maridos, pero casi nunca verbalizan esa admiración.

Con ese entendimiento de que el hombre está siempre corriendo detrás de una conquista, de un reconocimiento, de una auto aprobación, usted entiende lo importante que es su papel a su lado.

Una de las cosas que siempre vi en mi madre fue su apreciación y admiración hacia mi padre; no era que fingiese que no veía sus errores, pero sus elogios eran tantos que los errores de mi padre se volvían irrelevantes e insignificantes. Eso contribuía a que nosotras, sus hijas, también lo admirásemos y respetásemos, además de dejarnos el ejemplo para hacer lo mismo con nuestros maridos. Y, en eso, Renato no tuvo que reclamar...

Cuando la mujer se convierte en la fan número uno de su marido, ella también gana –y mucho–. Es como en un partido de fútbol, él mete el gol e, inmediatamente, corre hacia los brazos de ella para celebrarlo. Él pierde el partido y, también, corre hacia sus brazos, sabiendo que no va a criticarlo por eso, al contrario, va a darle una palabra de apoyo y, además, tendrá aquella mirada amorosa que desvanece cualquier tristeza. Ahora bien, ¿quién no quiere eso de su jugador favorito? ¡Nuestra naturaleza femenina adora esa «dependencia» masculina!

Muchas mujeres se equivocan en eso, no porque quieran, sino porque piensan que necesitan ser duras con sus maridos, ya que ellos se hacen los duros. Usted le dice que está guapo y él aparta la mirada como si no necesitase ese elogio. Si cree en esa «dureza» masculina, va a pensar que no lo necesita y es ahí donde se equivoca. Él necesita eso, y mucho. El hombre se puede hacer el duro, pero, en el fondo, anhela sus elogios, aunque solo sea porque ¿quién le va a dar eso aparte de usted y de su suegra? ¿Sus compañeros de trabajo?

Solamente porque ellos no reaccionen igual que nosotras, no quiere decir que no les guste. Todo el mundo puede criticarle, pero si usted lo critica, le va a doler mucho más. Su palabra de esposa tiene un peso mucho mayor, no se olvide de eso.

Si usted, mujer, apoya a su marido en sus conquistas, e incluso en las derrotas, él nunca la abandonará, a menos que sea realmente un burro (en ese caso le estará haciendo un favor).

LA ESTRATEGIA PARA LA MUJER

La maldición de ella hace que espere que el marido la haga feliz, realizada, en todas las formas y maneras. Vamos a aclarar aquí una cosa: *Ningún hombre es capaz de satisfacer todas las necesidades y expectativas de*

una mujer. No hay hombre en este mundo que consiga hacer eso, aunque fuese proyectado y creado por una mujer (pues el resultado sería otra mujer, a quien ella encontraría incompleta también).

La verdad es que ningún hombre puede satisfacer todas las necesidades de una mujer, ni ninguna mujer satisfacer todas las necesidades de un hombre. Eso es utopía. Escucho a muchas personas que dicen: «Estoy buscando a alguien que me complete» o «Mi marido no me completa». Alto ahí. Esa persona que le «completa» no existe. Nuestra vida se completa por una combinación de cosas, no solo por una persona. Es así, por más completa que sea la vida de alguien, tendrá sus problemas.

Mujer: no le exija a su marido lo que él no puede darle. Su marido no es el responsable de hacerla feliz, así como usted no es la responsable de hacerle feliz a él. Por otra parte, si usted todavía está soltera y está leyendo este libro como preparación para casarse, pero se cree una persona infeliz, por favor, ¡no se case! Libre a otra persona de una vida miserable. Primero tiene que resolver sus infelicidades, volverse una persona feliz y, ahí sí, casarse para compartir su felicidad con otra persona. Y esta felicidad, en el matrimonio, viene de un conjunto de cosas en las que su marido ciertamente está incluido. Pero hay cosas que él no puede hacer por usted. Por ejemplo, yo no puedo dar a mi mujer lo que Dios le da. Yo no soy Dios. Él le da a Cristiane cosas que, en un determinado momento, yo no puedo ni imaginar que necesita, tales como consuelo, sabiduría y paz. Yo no puedo darle un consejo de madre. Eso es algo que recibe solamente de su madre. Yo no puedo hacerla sentir útil y valorada más allá de lo que yo reconozco y le digo; pero, cuando recibe *feedback* de su trabajo de ayudar a otras personas, su percepción de valor propio aumenta. Entonces, todo eso va sumándose y haciendo de ella una persona feliz en sí misma, de modo que no depende de mí para ser feliz.

La mujer tiene que entender que esperar que todos sus deseos sean cumplidos y satisfechos por el hombre es la propia maldición en sí. Por lo tanto, no debe correr al encuentro de la maldición. Usted, mujer, tiene que buscar la satisfacción también en otras cosas, como en su relación con Dios, en su trabajo, en su valor. Eso hará que deje de sofocar a su marido y la volverá una persona más interesante y atractiva para él.

Aparte la excesiva atención de su marido, no sea como el polvo, agarrándose a él con todos los tentáculos. No sea asfixiante (una de las quejas más comunes que escucho de los maridos).

Todo lo que es demasiado fácil, no tiene valor. Nadie corre detrás de lo fácil. Cuando la mujer es demasiado fácil, fastidia y recibe lo contrario de lo que busca: el desprecio de él. Pero cuando se controla un poco y da solo con medida, mantiene en él el interés de la conquista. No insista en que la lleve a pasear, por ejemplo. Puede revelar sus gustos y deseos, pero no mendigue su atención. La mujer sabia hace que el hombre trabaje para conquistarla. Para el hombre, la relación tiene que tener la motivación y el gusto de la conquista de un trabajo. A veces es bueno que él la persiga.

La liberación de la maldición tiene que tener como objetivo la vuelta al estado original, antes de la caída allá en el Edén: el hombre volver a dominar la tierra, en vez de ser su esclavo, y la mujer volver a la posición de auxiliadora y compañera de equipo del hombre.

Cuando ella se hace su auxiliadora, ayudándole a alcanzar sus objetivos, se vuelve preciosísima para él. Y es exactamente entonces cuando recibe lo que más quiere: su atención. Hay mujeres que quieren competir con el marido en vez de entrar en su equipo, quieren hacer el foco principal de su vida algo que no ayuda al marido en nada. Entonces, no sirve. Cuando la mujer no ayuda y, encima, da trabajo, realmente es una piedra en el zapato. Se vuelve indeseable para él.

Cristiane:

Nuestro problema es no creer en nosotras mismas. Siempre nos autodestruimos con palabras y pensamientos. Muchas mujeres, incluso, piensan que eso es ser humilde; lo que no tiene nada que ver. Esa «humildad» es irritante y solo perjudica sus relaciones.

Si usted, como mujer, no aprende a valorarse, no sirven de nada los esfuerzos externos. No consigue valorar nada más en su vida y, realmente, se vuelve una persona con la que es difícil convivir. Ya he pasado por eso. Tenía todo, el matrimonio de mis sueños, una familia ejemplar, salud e incluso belleza natural, pero no me valoraba. Entonces todo eso era manipulado por mí misma. Constantemente encontraba problemas en mi matrimonio porque Renato no me prestaba la atención suficiente, decía que no me amaba y un día llegué al colmo de preguntarle si quería el divorcio.

No conseguía ver mi propia belleza. Vivía cambiando de *look*, intentando diferentes estilos, y nunca me sentía cómoda. Tengo fotos de esa época y me pregunto qué pasaba por mi mente para ponerme aquella ropa. Es increíble cómo incluso una cosa tan fútil como la ropa y el pelo reflejan nuestras inseguridades. Cuando me acuerdo de esa época, no entiendo por qué tanta ceguera de mi parte.

Solamente cuando aprendí a valorarme de verdad, como describí mejor en el capítulo 10, todo cambió. Es como si mis ojos hubieran estado cerrados hasta ese momento. Logré ver mi potencial –¡y qué potencial!–. Si la mujer supiese su potencial, no se desvalorizaría tanto como lo hace en los días actuales...

Mujer virtuosa, ¿quién la hallará? Su valor supera en mucho al de las joyas. (Proverbios 31:10).

Usted puede ser esa mujer virtuosa, a quien me gusta llamar «Mujer V». Es suficiente con que crea e intente mostrar su valor en lo que hace y es.

¿Cómo puede el marido ayudar a su mujer a librarse de la maldición? Tiene que pasarle seguridad de todas las maneras posibles. Por ejemplo: no prestar atención a otras mujeres, exaltar sus cualidades, notar y comentar su belleza, ponerla por encima de todo y de todos, intentar valorar su opinión, invertir en sus talentos, ayudarla a desarrollar su potencial; en fin, todo lo que puede levantar la autoestima de su mujer. No puede esperar a que ella lo resuelva por sí misma, sin su ayuda. Dejar a su mujer sola con sus problemas y luchas no es inteligente. A veces, la mujer va a buscar ayuda en terceros porque el marido no la ayuda (entonces, él se resiente con ella; pero la negligencia fue suya). El apoyo y el reconocimiento genuinos del marido son mucho más valiosos que los de cualquier otra persona; pero si ella ve que él es muy atento con los demás, pero no con ella, la inseguridad solo aumentará.

El marido necesita entender que invertir en la mujer es ganancia para sí mismo. Hay un versículo interesante en Proverbios que dice:

No habiendo bueyes, el granero está limpio, pero por la fuerza del buey, hay abundancia de cosechas.[10]

Es decir: si no tiene bueyes, no tendrá excrementos de buey que limpiar; pero tampoco tendrá cosecha. Si quiere tener mucha cosecha, también tiene que limpiar los excrementos de los bueyes... Es una manera de entender el matrimonio. Da trabajo, a veces huele mal, tiene que limpiar la suciedad, pero el resultado final es muy bueno. Un matrimonio feliz da trabajo. Hombres: eso debería de ser una buena noticia para nosotros... El trabajo va con nosotros, ¿verdad?

COMPENSANDO

Ahora que entiende la maldición inherente al hombre y a la mujer, puede entender mejor por qué usted y su cónyuge hacen las cosas que hacen. Es ahora cuando entienden lo que los dos enfrentan y deben ayudarse el uno al otro, llevando a cabo las correspondientes compensaciones.

Los matrimonios maduros y de éxito son aquellos que aprenden a calibrar eso y trabajan en equipo, ayudándose el uno al otro.

---

[10] Proverbios 14:4.

TAREA

Medite en lo que ha leído en este capítulo y en el anterior. ¿Qué efectos de esta maldición percibe en usted y en su cónyuge? Escriba cuáles son y cómo va a lidiar con ellos a partir de ahora, en vez de lo que ha estado haciendo.

 /MatrimonioBlindado

Publique esto:
Ya tengo el antídoto
para cancelar la
maldición.

@matrimonioblind

Tuitee esto:
Ya tengo el antídoto
para cancelar la
maldición
#matrimonioblindado
@matrimonioblind

CAPÍTULO 13

LA RAÍZ DE TODOS LOS DIVORCIOS Y MATRIMONIOS INFELICES

Si preguntamos a un grupo de personas divorciadas cuál fue el motivo que condujo a sus matrimonios al fin, obtenemos varias respuestas diferentes. Muchos dirán que fue por la infidelidad de su pareja, otros culparán a la «incompatibilidad de caracteres», otros responsabilizarán a los problemas económicos o a la falta de compromiso del compañero. Si pedimos a los que viven infelices con su matrimonio que hagan un listado de las razones de esta infelicidad, dirán cosas del tipo «él no me presta atención», «ya no confío en él», «discutimos mucho», «ella es obstinada» y otras similares. Está claro que no todo matrimonio es infeliz por las mismas razones y no todo divorcio se produce por los mismos motivos, pero todos ellos tienen una única raíz principal. Los motivos que dan los matrimonios son tan solo consecuencias de un problema mucho más profundo, que es la raíz de todos los matrimonios infelices y divorcios. Y quien nos revela esta raíz no es un psicólogo ni un terapeuta de parejas, sino el propio Autor del matrimonio.

Entender esta raíz y cortarla es algo tan eficaz que, si usted hace tan solo eso, de todo lo que ha aprendido en este libro, podrá transformar su matrimonio.

IMPOTENTE PARA IMPEDIR EL DIVORCIO

Para descubrir esta profunda raíz le traigo dos informaciones de la Biblia que pueden parecer incoherentes a primera vista. La primera, que el divorcio está permitido según la Ley dada por Dios a Moisés, en el principio del Antiguo Testamento.[11] La segunda, que en el último libro del Antiguo Testamento encontramos la información de que Dios odia el divorcio.[12] La palabra utilizada es esa misma: «odia». Uno no encuentra muchas veces en la Biblia a Dios diciendo que odia algo. Él no usa ese término a no ser que esté siendo literal. Él realmente *odia* el divorcio. ¿Por qué el divorcio provoca el odio de Dios?

Cuando la pareja se divorcia es como si dijese a Dios: «Mira, has cometido un error. Este asunto del matrimonio no funciona». El divorcio es una afrenta a Dios, ya que fue Él quien estableció la alianza del matrimonio; es una anomalía que nada tiene que ver con lo que Él tenía en mente cuando unió a la mujer y al hombre.

Pero, si esta es la opinión de Dios respecto al divorcio, entonces, ¿por qué hizo una excepción haciendo que fuese permitido por la ley que Él mismo creó? Y, siendo tan poderoso, ¿por qué parece incapaz de impedir una cosa que odia?

Fue esta la duda que los religiosos trajeron a Jesús. Al contrario que usted, ellos no querían realmente saber la respuesta, solo lanzar un señuelo para ver si conseguían alguna declaración que pudiesen usar contra Él en el tribunal –literalmente–. Como siempre, les salió mal, y el resultado fue una revelación maravillosa del Señor Jesús respecto a este asunto tan controvertido.

Se acercaron a Él algunos fariseos para probarle, diciendo: «¿Es lícito a un hombre divorciarse de su mujer por cualquier motivo?» Y respondiendo Él,

---

[11] Deuteronomio 24:1.

[12] Malaquías 2:16.

dijo: «¿No habéis leído que aquel que los creó, desde el principio los hizo varón y hembra, y añadió: "por esta razón el hombre dejará a su padre y a su madre y se unirá a su mujer, y los dos serán una sola carne"? Por consiguiente, ya no son dos, sino una sola carne. Por tanto, lo que Dios ha unido, ningún hombre lo separe». (Mateo 19:3-6).

Al responder, Jesús señala el plan original de Dios y revela el sentido real del matrimonio. En la matemática de Dios, 1+1=1, es decir, el hombre y la mujer, unidos por el matrimonio, se convierten en una sola persona. Hay una fusión de dos individuos, que se transforman en una persona diferente. Yo ya no soy más la persona que era cuando estaba soltero, ni tampoco Cristiane. Quien nos conoció solteros y nos conoce hoy puede ver eso claramente. Nos volvimos personas diferentes (y mucho mejores) en virtud de nuestro matrimonio. Hubo una fusión de nuestras personalidades. Solemos hacer una analogía con el puré de papas, que ilustra muy bien este proceso. Antes de hacer el puré, tenemos dos papas aisladas. Al amasarlas y cocinarlas con leche, se funden y se transforman en un tercer elemento: el puré. El puré ya no es ni leche ni papa... No hay manera de separarlo. Exactamente eso es lo que Jesús quiso decir con «*ya no son dos, sino una sola carne*».

La palabra hebraica para «se unirá», en el texto original, significa «pegar como pegamento», en el sentido de fundir los dos objetos de manera que no se pueda separarlos sin producir un gran daño. Imagine rasgar su propia carne. Eso es el divorcio. Causa heridas profundas y difíciles de cicatrizar; violenta a los que lo sufren. El matrimonio fue ideado para que hubiese una fusión y el surgimiento de un tercer elemento, con la intención de no ser derogado jamás.

Muchos se quieren casar y, sin embargo, permanecen igual que cuando eran solteros. Se resisten a la fusión y nunca se vuelven una sola carne. Los dos continúan como individuos distintos y no maleables dentro de la relación. Así, nunca va a funcionar. No estoy diciendo que deba abdicar de su personalidad y dejar de ser usted mismo; la idea es mejorar, aceptando las influencias positivas de la otra persona y amoldándose a ella. Es como un hijo del matrimonio. Tiene características del padre y de la madre –nariz de uno, ojos de otro, pelo de uno, color de la piel del otro, etc.– pero, aun así, también tiene su propia personalidad. Así es el matrimonio. Ustedes acaban volviéndose un producto de su unión; por eso, cuando se casa, usted tiene que empezar a pensar más como «nosotros» y menos como «yo».

Cuando, para justificarse ante su compañero por algún error, usted dice: «Yo nací así, crecí así, viví así, voy a ser siempre así... Es mi manera de ser», en realidad, Gabriela (o Gabriel), usted está queriendo mantener su individualidad a costa de su matrimonio. Si su manera de ser no es buena para su relación, tiene que cambiar su manera de ser –o no va a haber una solución para ustedes dos–.

«Yo soy así, esta es mi manera de ser» era una de las frases de moda que utilizaba para acabar con cualquier callejón sin salida que tuviera con Cristiane. Yo preguntaba: ¿por qué quieres ahora cambiarme, si yo ya era así cuando me conociste? Esa era la voz de mi individualidad resistiendo la idea de volverme una sola carne con ella. Muchos escuchan esa voz hasta que, finalmente, se separan. ¿Por qué esa obstinación? Debido a la maldita raíz que enseguida que Jesús reveló.

CORAZÓN DE PIEDRA

Ellos le dijeron: «Entonces, ¿por qué mandó Moisés darle carta de divorcio y repudiarla?». Él les dijo: «Por la dureza de vuestro corazón, Moisés os permitió divorciaros de vuestras mujeres; pero no ha sido así desde el principio». (Mateo 19:7,8).

Esa es la verdadera raíz de todos los divorcios y matrimonios infelices: el corazón endurecido. El divorcio no estaba en los planes de Dios. No era una opción cuando creó el matrimonio; sin embargo, por el corazón petrificado del ser humano, tuvo que tolerar –e incluso permitir– algo que Él tanto odia. ¿Puede imaginarlo? Cuando usted endurece su corazón, ¡ni Dios puede impedir el divorcio! Pero ¿no es que Él puede todas las cosas? ¿Cómo es que no evita algo que tanto odia? Y peor, ¡además lo legaliza! ¿No lo podría haber prohibido de una vez? Dios no es un tirano. Respeta nuestras elecciones, no va a invadir nuestro corazón y obligarnos a cambiar. Ni siquiera Dios le puede ayudar cuando usted endurece su corazón, ¡qué decir de su cónyuge! Solamente usted puede hacer algo para evitar el desastre.

Pero, primero, necesita entender lo que es un corazón de piedra. ¿Qué hace que se endurezca el corazón de una persona? ¿Será que su corazón está petrificado y no lo sabe?

Hay muchas cosas que pueden endurecer su corazón. Cuando hablamos de corazón nos referimos al centro de las emociones y sentimientos. Todo sentimiento negativo que no es debidamente procesado y eliminado del corazón acaba volviéndose una piedra. Uno de las principales es el orgullo.

El orgullo es el cemento de los corazones. La persona orgullosa está ciega ante sus errores. En general, se cree muy humilde y le parece que el error siempre está en los demás. Ella es la víctima incomprendida, tiene alergia a admitir sus fallas y prefiere sacarse un diente sin anestesia que pedir perdón. El orgulloso, por creer que siempre tiene razón, se queda esperando a que la otra persona se rebaje y ceda. Es incapaz de ver lo importante que es, para la persona herida, ver a la otra reconocer su error y pedir disculpas. Muchos problemas se resolverían si el orgulloso simplemente dijese: «Discúlpame, me equivoqué, no voy a hacerlo más». Pero prefiere endurecer todavía más su corazón.

Me acuerdo de una pareja mayor, que se habían casado cuando ella tenía catorce años. La familia, preocupada por el hecho de que ella tenía una personalidad muy fuerte, creía que el matrimonio sería una buena forma de «domesticarla». ¡Pobre muchacho! En la primera discusión, ya en la luna de miel (¿creía que iban a tardar más que eso?), él dijo una tontería, afirmando que la única mujer a la que había amado en la vida había sido una noviecita de la infancia a la que le regalaba las frutas cuando tenía diez años. Dolorida con aquella «revelación» fuera de lugar, ella se guardó durante décadas la información: «Él no me ama y nunca me va a amar». Él, pensando que ella estaba equivocada, nunca le pidió perdón. Ella, sintiéndose dañada, se empeñó en hacerle la vida un verdadero infierno.

¿Qué ganaron con eso? Un matrimonio en ruinas, una familia despedazada, años de sufrimiento inútil. Él encontró en la calle el aprecio que no tenía en casa y ella se tragó las diversas traiciones del marido, acumulando rencor hacia «la otra». Ninguno de los dos daba su brazo a torcer, aunque se amasen. La vida pasó muy rápida y solamente cerca del final se dieron cuenta de que habían perdido la oportunidad de ser felices durante todos aquellos años que estuvieron juntos.

¡Cuántas oportunidades está perdiendo el orgulloso! No sabe que si fuese menos duro sería mucho más feliz. Podría aprender cosas nuevas, descubrir una manera diferente de ver la vida... ¿Por qué cree que Dios determinó que dos criaturas tan diferentes como el hombre y la mujer viviesen juntas?

Pensándolo bien, el matrimonio parece incluso una broma de mal gusto de Dios. Puedo imaginar al Padre, al Hijo y al Espíritu Santo riéndose y frotándose las manos mientras dicen: «¡He tenido una idea! Vamos a crear al hombre. Va a ser así y así... ¡Listo! Ahora vamos a crear a la mujer...; ella será..., ¡exactamente lo opuesto! ¡Vamos a ver qué pasa! Van a tener que vivir en la misma casa. ¡Ah!, y algo más: ¡no pueden separarse!». ¡Parece broma! Pero está claro que, felizmente, hay un propósito.

Dios permite que dos personas, totalmente diferentes, estén juntas, no para torturar a Sus criaturas, sino para que una desafíe a la otra a ser mejor persona. Él nos hizo tan diferentes para que podamos complementarnos, pero solo es posible mejorar como persona, a través de la convivencia como cónyuge, si su corazón está abierto y es maleable. Es necesaria una buena dosis de humildad para matar esa raíz y aprovechar lo mejor que tiene el matrimonio.

Volvamos al ejemplo de aquella pareja mayor. El problema empezó con una tontería dicha por el marido. Si él se hubiese tragado su orgullo y pedido perdón sinceramente a su mujer, habría evitado cincuenta años de infierno en su vida. O si, por lo menos, ella no se hubiese tomado en serio la tontería que él dijo y hubiese tratado a su marido con respeto y cariño, él no habría tenido otro remedio que hacerla feliz.

Pariente del orgullo es el egoísmo, también capaz de petrificar un corazón. El pensamiento del egoísta es esencialmente guiado por estas máximas: «Lo que yo quiero, lo que es bueno para mí, mis deseos primero». La persona egoísta no se preocupa por el punto de vista de la otra persona. Ella escucha, pero no oye; pues la voz de su yo habla más alto y oculta la voz de su compañero.

Al principio de mi matrimonio, no estaba preocupado por las necesidades de mi mujer; con tal de que yo estuviera satisfecho con mi trabajo, estaba bien. Me parecía que, mientras no faltase nada en casa, ella no tenía por qué protestar. Si cree que su cónyuge se queja por nada, porque usted le da esto, hace aquello..., entienda una cosa: no sirve de nada dar mucho de algo que la persona ya tiene lo suficiente y no dar nada de aquello que ella realmente necesita y sintiendo que le falta.

Conocí a un joven que creía que su mujer era muy feliz. Se espantó cuando, un bonito día (no tan bonito para él), la mujer le anunció que se iba de casa. Teorías conspiratorias invadían su mente. ¿Quién le habría «lavado el cerebro» a aquella mujer perfecta y sumisa con quien vivía desde hacía seis años? ¿Un hermano? ¿Una amiga? ¿Un pastor? ¿El hijo de su primer matrimonio, con quien nunca se llevó bien? Era injusto, él, un excelente marido, «que siempre le dio todo», que siempre estuvo a su lado, con quien se llevaba tan bien; ser abandonado, ahora, sin mayores explicaciones.

Lo que él no imaginaba era que ella se había sentido postergada la mayor parte de esos años de matrimonio. Me confesó que todo lo que el marido hacía y decía era en función de él mismo. Jamás se interesó en saber lo que a ella le gustaba, lo que quería. No se comunicaban. Él se creía mucho más inteligente –o por lo menos era así como ella lo interpretaba– y le imponía paseos culturales que no le interesaban. Ella también estaba equivocada, ya que nunca dejó que él supiese que nada de lo que hacían le agradaba. Pero si él hubiese mirado menos su propio ombligo, se habría dado cuenta de que, a su lado, había una mujer anulada e infeliz.

Entienda esto: usted perdió el derecho de pensar solamente en sí mismo el día en que firmó el certificado de matrimonio.

NO VOY A CAMBIAR

La dureza de corazón es básicamente una obstinación, insistir en algo que no funciona. Es lo que le hace al marido decir que no va a cambiar, incluso viendo el matrimonio irse río abajo. Es lo que hace a la esposa insistir en su manera de ser y permanecer sorda a los pedidos de su marido. Si su forma de ser no es buena para su matrimonio y no quiere cambiar, sepa que su destino es morir solo.

Muchas veces endurecemos nuestro corazón por autodefensa. Después de sufrir mucho, tal vez seguido de alguna traición, mentira, palabras duras u otra experiencia dolorosa a manos de nuestro compañero, es normal que nuestro corazón se endurezca. Nos apartamos, nos desligamos emocionalmente para que nunca más aquella persona nos vuelva a herir. El problema es que levantar murallas para proteger nuestro corazón no es inteligente, a no ser que quiera quedarse atrapado allí dentro, solo, con todos aquellos sentimientos malos, como un prisionero en la casa de los horrores. Quien construye murallas acaba en una prisión construida por sí mismo.

Piense en esto: si su pareja está realmente determinada a herirle y cree que no hay nada más por lo que luchar en ese matrimonio, entonces salga de él de una vez por todas. Pero si todavía está intentándolo es porque cree que hay esperanza, así que tiene que derrumbar esas murallas y ablandar su corazón. Vivir al lado de su compañero y mantener las murallas entre ustedes es disfrutar con el sufrimiento. Recuerde: si la dureza de corazón permanece, ni Dios podrá ayudarle.

Vea si estas piedras están en su corazón:

- Orgullo.
- Egoísmo.
- Inflexibilidad en su forma de ser.
- Estar siempre a la defensiva.
- Permanecer preso de un punto de vista.
- Ser incapaz de perdonar.
- Resistirse a la intimidad física.
- Falta de deseo de cambiar.
- Pensar que nunca está equivocado.
- Le gusta recibir, no dar.
- Permanecer preso del pasado.
- Ha construido murallas que su compañero no puede atravesar.
- No es sincero, oculta sus sentimientos.
- Acostumbra a enfocarse en los puntos negativos del compañero.
- Raramente pide disculpas.
- No se preocupa por los sentimientos del compañero.
- No quiere oír.
- Intenta imponer cambios al compañero.
- Tiene una opinión formada (que es la única correcta, claro).
- Hace chantajes emocionales.
- Intenta controlar al compañero.
- Utiliza «esa es mi forma de ser» como excusa para todo.
- No reconoce que necesita ayuda para sus problemas personales.
- Emplea palabras hirientes.

- Frialdad y distancia emocional.
- No consigue abrirse y compartir con el compañero.

Analícese a sí mismo en función de los puntos anteriores. Haga un examen honesto de su corazón. ¿No hay algunas piedras que necesitan ser rotas? ¿Qué diría su cónyuge al respecto, si alguien le preguntase? Mientras mantenga la dureza de corazón, nunca podrá ser feliz en su vida sentimental.

Cristiane:

Para complicar todavía más la situación, existen dos tipos de corazones duros: aquel que está claramente a la vista, que todos ven, cuya dureza se nota fácilmente, y aquel que piensa que es la víctima. Ambos están endurecidos y ambos están acusándose el uno al otro.

Así sucedía conmigo y con Renato. Durante los primeros doce años de nuestro matrimonio yo le culpaba por no ser el marido que necesitaba que fuese. Su forma de resolver nuestros problemas era terrible. Permanecía con cara de enojado durante días y, al final, era yo quien tenía que pedir perdón. Yo se lo pedía, porque si no el matrimonio no seguía adelante; pero, en realidad, no pedía disculpas de corazón. Continuaba pensando que él era el problema, tanto es así que vivía orando por él (era justa a mis propios ojos). Me veía como una esposa desaprovechada, porque le daba todo de mí y recibía poco. Llegué hasta a componer una canción muy triste y sentimental para la banda sonora de nuestra historia de «amor». Hasta que llegamos a la época de la llamada telefónica, que explicamos en el capítulo 9. Cambié mucho, me enfoqué más en lo que podía hacer y descubrí que, durante todos aquellos años, yo también había tenido un corazón duro. El mío era aquel que se llamaba víctima.

Sí, Renato me debía la atención de marido. Sí, no debería castigarme durante días sin hablar conmigo por cualquier cosa que no le gustaba que hiciera. Pero, ¿de qué sirve saber que su cónyuge no hace lo que debería, si usted tampoco hace lo que debería hacer?

Al principio, me asusté con esa revelación. Siempre me había considerado una óptima esposa para Renato, siempre dándole lo mejor. ¿Cómo podía yo también estar siendo dura y mala con él? Es por eso por lo que muchos continúan en el círculo vicioso del desamor. Amar es dar. Pero cuando llega el punto en el que ambos dejan de dar para ver quién da primero, ¡se acabó! Permanecen dando vueltas y más vueltas, ¡un verdadero «cambio» de 360 grados! Cambian los primeros meses pero, en poco tiempo, vuelven a estar en el punto de partida.

Mi corazón duro insistía en demandar el cambio de Renato. Le reclamaba constantemente. Cuando hacía algo que él me había pedido, enseguida esperaba ver lo que él iba a hacer por mí. Y, cuando no veía nada en el horizonte, volvía a reclamarle. Y usted sabe que hay varias formas de reclamar. Reclama, pone mala cara, suelta algún comentario verde para ver si él cosecha algo maduro, hace chantaje emocional, hace comparaciones y así sucesivamente. Todas esas cosas derivan de un corazón duro que cree ser la víctima.

Yo creo que ese es el peor de los corazones duros, porque no conseguimos verlo. Pensamos que tenemos la razón, izamos la bandera de «¿Hasta cuándo tendré que dar?», pero ¿de qué sirve dar con una mano mientras se cobra con la otra?.

Yo tenía ese corazón duro y por eso nuestros problemas duraron más de lo que deberían. Soy totalmente consciente de eso, tanto es así que que ni bien ablandé mi corazón, Renato cambió y mi matrimonio se transformó; como si yo hubiera estado bloqueando todas mis oraciones y nuestros intentos de cambio.

Mi cambio fue bien sencillo. Por cierto, creo que, para la víctima, el cambio no es tan complicado como para el «culpable». Simplemente dejé de imponer. Sacrifiqué lo que yo creía que él debería hacer, dejé de señalar, dejé de reclamar. ¡Ya ve qué simple!

Solamente eso fue suficiente. Y lo que yo gané a cambio... ¡estamos aquí escribiendo un libro sobre ese tema para que usted pueda ver cómo vale la pena!

Quien cede primero tiene el privilegio de decir lo que yo digo hoy: yo cambié primero para que mi marido cambiase. Eso no es para cualquiera.

LIBRÁNDOSE DE LAS PIEDRAS

Si reconoce que hay piedras y murallas en su corazón y quiere cambiar, el primer paso es pedir ayuda a Aquel que odia el divorcio. ¿Se acuerda de Él? Ahora podemos concluir que, si Dios odia el divorcio y la dureza de corazón es la responsable de los matrimonios destruidos, entonces, Dios le quiere ayudar a vencer eso. Mire lo que Él dice:

Además, os daré un corazón nuevo y pondré un espíritu nuevo dentro de vosotros; quitaré de vuestra carne el corazón de piedra y os daré un corazón de carne. (Ezequiel 36:26).

Para que Dios pueda ayudarle, necesita asumir su error. Puede empezar haciendo una oración sincera, con humildad: «Mi Dios, quiero cambiar de corazón. Saca mi corazón de piedra y dame un corazón de carne. Muéstrame cómo tengo que ser. Ayúdame a ser la persona que Tú quieres que sea».

Si le parece que «no está bien así» y quiere continuar haciendo las cosas a su manera, olvídelo. Ni Dios puede ayudar a quien no quiere renunciar a su corazón petrificado. Si tiene ese deseo sincero de entregarse y permitir que Dios le moldee en la persona que debe ser, Él le ayudará a quebrar su corazón, recuperar su matrimonio y evitar, incluso, un futuro divorcio.

Pero no piense que tener la ayuda de Dios significa que podrá quedarse de brazos cruzados mientras Él trabaja. No funciona así. La acción de Dios exige sociedad. Él le va a ayudar en aquello que no puede conseguir solo, pero su esfuerzo es necesario en este proceso. Dios le dará las herramientas para que usted mismo quiebre su duro corazón. Quebrar piedras nunca es una tarea fácil, pero le vamos a decir qué hacer –y qué no hacer– para conseguirlo.

Reconocer sus errores es muy doloroso, pero tendrá que hacerlo para empezar. Sienta ese dolor ahora y tendrá un alivio durante toda la vida. La alternativa es aferrarse a sus errores y hundirse con ellos, sintiendo dolor en cuotas durante años. ¿Cuál prefiere?

 ## TAREA

Ustedes tendrán una conversación. Haga la siguiente pregunta a su cónyuge: ¿qué me hace una persona difícil para convivir? Anote las respuestas. Después cambien: usted responderá a la pregunta y su cónyuge anotará sus respuestas. Aunque su cónyuge no quiera hacer esta tarea, acuérdese de las principales quejas que suele oír y anótelas. No lo olvide: el más inteligente es el que da el primer paso para el cambio. Atención a las reglas: papel, lapicera, oír y escribir. No debe rebatir, ni defenderse ni cuestionar. Cero sentimientos en esta tarea. Apenas explore el punto de vista de la otra persona, aunque esté en desacuerdo con ella. Lo importante es entender lo que él (ella) está sintiendo.

No lo lleve hacia el lado personal. Acuérdese de guardar sus emociones en el cajón antes de empezar esta tarea. Aunque no esté de acuerdo, respire hondo y continúe. No ataque al carácter, intente expresarse de manera que enfoque el problema. Guarde esta lista con toda su vida. No la pierda. Demuestre a su cónyuge que lo está tomando en serio.

Si aparta la emoción y sabe mantener la atención, tendrá en esta lista algo muy útil para ayudarle a cambiarse a sí mismo. No es una competencia. No se preocupen por cuál lista será la más larga. Lo que importa es sacar todo hacia fuera. Otro punto crucial: a partir de este ejercicio ya no va a señalar más esos ítems a la otra persona, ni reclamarle que haga algo con la lista. Usted es responsable tan solo de su propio trabajo.

Manos a la obra, agarren sus martillos. Hoy empezarán a quebrar las piedras.

 /MatrimonioBlindado

Publique esto:
Comencé a quebrar
las piedras de mi
corazón.

 @matrimonioblind

Tuitee esto:
Comencé a quebrar
las piedras de mi
corazón
#matrimonioblindado
@matrimonioblind

CAPÍTULO 14
EL ORDEN DE LAS RELACIONES

En el colegio aprendemos que «el orden de los factores no altera el producto». Eso puede servir muy bien a la hora de la multiplicación pero no siempre esa máxima puede aplicarse en nuestra vida. Dentro del matrimonio el orden de los factores altera –y mucho– el producto. Después de una competencia olímpica, los vencedores se sitúan en el podio por orden de importancia y reciben las recompensas de acuerdo con sus posiciones finales. Nadie daría la medalla de oro al tercer lugar ni, mucho menos, dejaría al primer lugar con la de bronce, pero usted puede estar haciendo eso en su casa en este momento, simplemente por no saber a quién pertenece cada una de las tres posiciones del podio dentro del matrimonio.

ESTE JUEZ NO ES LADRÓN

Dios dejó bien claro que Él debe estar en primer lugar en la vida de todos nosotros. Eso no es egocentrismo de Su parte, Él sabe lo que está haciendo, conoce muy bien al ser humano y sabe por qué el caos es inevitable cuando esa regla no se sigue. Si no pone a Dios en primer lugar, naturalmente, quien ocupa ese lugar es usted mismo. Y, cuando usted se pone en primer lugar en su vida… ¡Prepárese! Nadie lo aguanta. Hace un montón de tonterías y acaba cayendo en el egoísmo del que hablamos en el capítulo anterior, endureciendo su corazón y echándolo todo a perder. Dios sugiere que Lo coloquemos en primer lugar para que haya un árbitro en nuestra vida. En el matrimonio es esencial tener un árbitro entre ustedes dos.

Sin lugar a dudas, puedo atribuir mi matrimonio al hecho de que, nosotros dos, ponemos a Dios en primer lugar. Si no fuese así, no estoy seguro de que estuviésemos juntos. El matrimonio es la unión de dos personas completamente diferentes; por lo tanto, es natural que, a pesar del amor, haya momentos en los que no estén de acuerdo. Uno va a decir A, el otro va a decir Z, y los dos van a pensar que tienen razón. ¿Cómo resolver esta situación? Solo hay una solución: alguien por encima de ustedes, establecido como árbitro, juez. Es Su ley, imparcial, la que va a decidir.

Hubo veces en las que tuve que retirar mis razones y Cristiane también tuvo que apartar las suyas y dejar que las razones de Dios prevalecieran. Ya no era lo que yo quería, lo que me parecía correcto o lo que a ella le parecía adecuado, sino lo que Dios dice y determina que debe ser. Usted no puede imaginar cómo eso simplifica la vida del matrimonio, resuelve una parte de los problemas.

¿No fue eso lo que Jesús determinó cuando se Le inquirió sobre cuál era el mandamiento más importante de todos? *Amarás al Señor tu Dios de todo tu corazón, con toda tu alma y con todo tu entendimiento. Este es el gran y primer mandamiento. Y, el segundo, semejante a este, es: Amarás a tu prójimo como a ti mismo.*[13] Primero, Dios, después, su prójimo, en este orden. ¿Y quién es la persona más próxima a usted? ¿No es su marido o su mujer?

Cuando trabajábamos en Texas la deficiencia espiritual era muy visible. Algunos matrimonios se entusiasmaban mucho con el curso Matrimonio blindado, se lo contaban a todos sus amigos e, incluso, veían cambios en la relación. Sin embargo, esos cambios no conseguían transformar sus matrimonios de forma permanente. Aunque la mayoría perteneciesen a alguna iglesia, ya que el Estado es prácticamente evangélico, no man-

---

[13] Mateo 22:37-40.

tenían una relación real con Dios. Hay una gran diferencia. Mantener una relación real con Dios, tratarlo como la persona más importante en su vida y con actitudes, no tiene nada que ver con la religión o las prácticas religiosas. Me gustó la forma en que mi compañero Marcus Vinícius habló sobre cómo el matrimonio debe mirar hacia Dios, en uno de nuestros cursos en São Paulo:

Al mirar a Dios, intente quitar el preconcepto religioso. Vea a Dios como la justicia, como la verdad. No su verdad, ni la de su cónyuge, sino como la verdad que les va a ayudar a los dos a superar juntos el problema. No tiene nada que ver con religión y sí con los verdaderos valores que todo ser humano necesita y aprecia. No es inteligente no tenerlo en primer lugar en su vida. Si la justicia de su compañero es una y la suya es otra, ¿cuál se va a imponer al final? Solamente la justicia que viene de lo Alto, es decir, la justicia perfecta es la que puede traer el verdadero equilibrio y justicia para ustedes, ya que sin justicia no puede haber amor.

Si no hubiera esa justicia mayor mediando en los conflictos, se acaba atado a las especulaciones. ¿Quién tiene la razón? Ella cree que es ella, él cree que es él; pero creer no significa nada, no prueba ninguna cosa. Por eso, todo deporte tiene reglas, todo país tiene su constitución. Usted no puede ir a trabajar en bermudas –a menos, claro, que sea guardavidas–. Es decir, las cosas están organizadas o se forma un lío. ¿Por qué en el matrimonio sería diferente? Pueden no gustarle las reglas, pero existen para regular las relaciones.

Si no hubiese un juez en el campo de fútbol, el juego nunca se acabaría, las faltas no se reconocerían y la confusión sería inevitable. Los dos equipos jugarían hasta la extenuación, nunca llegarían a un acuerdo. Inclusive no gustándole el juez, los equipos (y la hinchada) entienden que él es necesario para mantener el orden. Cuando Lo tenemos en primer lugar en nuestras vidas, Él se convierte en el Juez de nuestro matrimonio.

Es muy importante en aquellos momentos en los que no conseguimos llegar a un acuerdo… Es entonces cuando buscamos saber lo que Dios cree al respecto y hacemos Su voluntad, con la confianza de que será lo mejor. A fin de cuentas, Él no es un juez ladrón. Es muy difícil tener un matrimonio feliz sin obedecer las reglas establecidas por Dios.

Y LA MEDALLA DE PLATA ES PARA...

Con Dios recibiendo la medalla de oro, ahí está usted, con la medalla de plata en las manos, esperando ponerla en su propio cuellito , en el cuellecito de su hijo, en el cuello de su madre. La respuesta está en el pasaje bíblico que cita la creación del matrimonio. ¿Se acuerda de él?

Por tanto dejará el hombre a su padre y a su madre, y se unirá a su mujer, y serán una sola carne (Génesis 2: 24).

El matrimonio viene con esa reglita en el manual de instrucciones. Para que el hombre (y la mujer) se casen, primero tienen que dejar a su padre y a su madre, salir del nido. Si debemos dejar a los padres que son los más influyentes en nuestras vidas, ¡cuánto más a los hermanos, amigos, el Facebook de la ex novia! «Y serán una sola carne» muestra el inicio de una nueva familia. Cuando se casa, deja a su familia de origen y forma una nueva familia. Su nueva familia es su cónyuge. Sus padres y hermanos, toda su familia de origen, se convierten en parientes como en el diagrama siguiente:

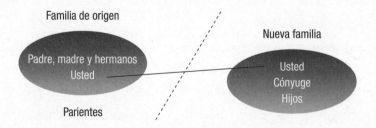

Después de que usted se case los miembros de su familia de origen pasarán a ser sus parientes.

No estoy diciendo que sus padres y hermanos dejarán de ser importantes, pero usted ha emigrado para hacer su propio nido y, ahora, tiene una nueva familia –es necesario establecer unos límites claros para mantener una relación saludable con todos–. Si esa línea no queda bien clara, comienza a haber interferencias.

Uno de los errores comunes cometidos por los recién casados y sus parientes es creer que, mientras el matrimonio no tenga un hijo, no se es visto como una familia. Es muy común oír: «Ahora sí, nuestra familia está completa», con la llegada de un bebé; pero eso es despreciar el hecho de que la familia ya estaba completa desde el día en que se casaron. Tener hijos es una elección y no un paso obligatorio en la relación (y, por favor, nunca tome esa decisión con el objetivo de resolver algún problema entre ustedes o de completar alguna laguna. No funciona).

El hombre se une a su compañera y se convierten en una sola carne. La familia está creada, completa y cerrada, sin espacio para la intromisión de terceros. Quitando a Dios, en su vida no existe otra cosa ni persona que pueda ser más importante para usted que su marido o su mujer. Si son una sola carne, cuando cuida de su cónyuge está cuidando su propio cuerpo. Al priorizar al otro, se está priorizando a usted mismo, a su parte más importante.

Por desgracia, muchas mujeres piensan que ese es el tipo de relación que deben tener exclusivamente con sus hijos, que son sangre de su sangre. Llevan a los bebés durante nueve meses dentro de sí y se sienten unidas a ellos para el resto de sus vidas, más que hasta al propio padre del niño. Pero esas criaturas, que salieron de adentro de ellas, crecen y van a querer vivir sus propias vidas y formar sus propias familias. No tiene sentido volverse una sola carne con alguien que, inevitablemente, se irá de su casa en pocos años. Es receta para la frustración y el sufrimiento. Los hijos necesitan encontrar una base firme en el matrimonio de sus padres para formar sus propias bases en el futuro.

La fuerza de la relación está en la unión de la pareja, y la única manera de conseguir eso es estableciendo las prioridades correctamente. Quien pone el trabajo por encima del cónyuge crea un abismo en su relación. El problema es que es muy fácil dejar que otras cosas o personas se instalen por encima de su marido o su mujer, aunque usted no admita eso verbalmente. Con seguridad, si alguien le pregunta, usted siempre va a decir que su cónyuge es más importante pero, en la práctica, ¿cómo demuestra quién –o qué– está en primer lugar?

El grado de importancia de algo o de alguien en su vida se mide en función del tiempo que le dedica y por lo que hace, no por lo que dice. Observe sus actitudes. ¿A quién le ha dedicado la mayor –o mejor– parte de su tiempo, esfuerzo, atención y pensamientos? Su tiempo debe ser, preferentemente, para su cónyuge. Si tiene más tiempo para estar en casa de mamá, de los amigos o en el trabajo y pone esas cosas por delante de su compañero, está poniendo a su matrimonio en riesgo y sin equipo de protección. Eso exige mucha atención de su parte, día a día. Mida sus actitudes.

Yo le decía a mi mujer: «Te amo»; pero la manera como la ignoraba y no le prestaba atención invalidaba mis palabras. Era lo que yo hacía lo que le mostraba que, en mi vida, lo más importante era mi trabajo. En mi caso, es todavía más difícil porque mi trabajo es servir a Dios. Es mucho más fácil mezclar las estaciones y creer que, si Dios está en primer lugar, todo lo que está relacionado con Él también debe estarlo. No confunda a Dios con la Obra de Dios.

Incluso trabajando como pastor, sirviendo a Dios, no podía poner el trabajo para Dios por encima de mi mujer. Es lo que Él deja claro cuando habla de los pastores, de los obispos, de los que Le sirven, al decir que deben estar bien casados, cuidar primero de la casa para, después, cuidar de la iglesia. Dios no Se está contradiciendo al afirmar que el pastor debe cuidar, primero, de su familia. Él continúa en primer lugar, pues la Obra de Dios no es Dios. ¡Observe cómo Él valora su matrimonio! Él no quiere que haga Su obra si dentro de casa no da ejemplo y no hace de su cónyuge la primera oveja. El matrimonio, en realidad, sirve como un termómetro que mide nuestra relación con Dios. Si estoy bien con Dios, tengo que estar bien en mi matrimonio; si estoy mal en mi matrimonio, no puedo estar bien con Dios.

Para que un matrimonio funcione es necesario que ambos, marido y mujer, se preocupen el uno por el otro, por encima de todas las demás personas y cosas; si eso no sucede, de hecho, no hay matrimonio. En la posición correcta en el podio, la mujer se siente especial por haber sido escogida por encima de todas las demás mujeres. Si se la pone en un rincón, será una mujer amargada e infeliz. Una mujer infeliz hace un hogar infeliz y –estamos de acuerdo– no es eso lo que usted desea. El marido, puesto en el lugar correcto, se siente respetado por su responsabilidad de cuidar a su mujer como si fuese su propio cuerpo.

Ahora que usted sabe todo esto, y siendo los dos una sola carne, saque de la ecuación a los terceros. Ustedes tienen que estar tan juntos que parezcan pegados, inseparables. No puede haber una tercera persona entre ustedes, ni siquiera el propio hijo.

Salvo raras excepciones, por supuesto. Supongamos que su marido es agresivo, consumidor de drogas; este comportamiento genera un riesgo para toda la familia. En este caso, usted y sus hijos –si existieran– se convierten en la prioridad, pues las actitudes de su marido hacen que se haya convertido en un riesgo para la seguridad de la familia. En esta situación puede ser necesaria una separación temporal para que él se ponga en tratamiento. Está claro que si Dios estuviese en primer lugar en la vida de este marido, él no sería toxicómano, pero eso es un tema para otro libro.

Con el primero y el segundo lugar debidamente ocupados por Dios y su cónyuge, el tercer lugar queda para el resto de la humanidad: sus hijos, parientes, amigos y demás personas. Organícenlos ahí.

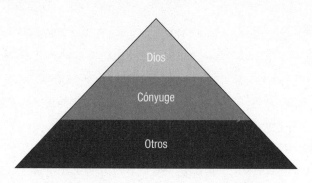

El orden de las relaciones según está determinado por Dios.

¿QUÉ HACER CON LOS CURIOSOS?

No es fácil trazar las líneas que sus amigos y parientes no podrán atravesar, principalmente si ellos ya tenían la costumbre de entrometerse en su vida antes de que usted se casara. Pero, antes de pedir cuentas a sus familiares, deje de alimentar la intromisión. Cuando usted lleva sus problemas a parientes o amigos, les da la autorización para realizar juicios respecto a su cónyuge, formarse opiniones parciales y tratar su vida como si fuese la de ellos. Si expone su vida como la novela de las ocho a todos sus parientes, no sirve de nada protestar después.

Si su relación ha sido invadida por parientes entrometidos, ¿qué hacer? No sirve de nada pelear, ni patalear. Actúe con la mente. Aquel que no pertenecía a la familia de origen –y que está siendo visto como el invasor– necesita entender que los parientes serán siempre parientes. No es inteligente pelear contra ellos, ya que estará atacando a los orígenes de su compañero y creará un problema todavía mayor. Lo ideal es tratarlos de la mejor manera posible e intentar conquistarlos.

Corte el mal de raíz y no lleve nada hacia el lado personal. Muchas veces, la raíz del mal humor de la suegra con la nuera, por ejemplo, está en la inseguridad. Si trata bien a la madre de su compañero, dejando claro que no está ahí en el papel de rival y que su objetivo es hacer de él la persona más feliz del universo, le transmitirá seguridad y eliminará los problemas. Ella debe ser una aliada suya, alguien a quien ama y respeta, nunca una enemiga. Aprenda a amar a su suegra, aunque en este momento crea que será misión imposible. Si usted leyó este libro hasta aquí, sabe que no lo es. ¿Se acuerda de Dian Fossey y los gorilas?

Si son sus parientes a quienes les gusta entrometerse en su matrimonio, debe saber priorizar a su nueva familia y mostrar eso en sus actitudes. Sea educado, no agreda a nadie, pero establezca unos límites claros para que los parientes sepan que su familia es sagrada y que quien habla de ella, habla de usted. Aquel a quien le caiga usted bien tendrá que aprender a que le caiga bien su cónyuge, pues ahora son uno.

Los casos en los que la pareja quiere ayudar a un pariente que necesita ayuda económica tienen grandes probabilidades de generar conflictos; sin embargo, si antes de decidir, ambos conversan y se ponen de acuerdo, no hay ningún problema. La pareja debe ser equilibrada y priorizar sus necesidades para, después, ayudar a quien lo necesita.

Conocemos a una pareja que pasó por serios problemas económicos. Después de casarse, ambos contrajeron una deuda. Tras tres años de matrimonio, todavía estaban esforzándose por pagar. En esa época, la mujer se compadeció de la madre, que tenía varias cuentas atrasadas, y, llevada por la emoción, convenció al marido para hacerle un préstamo bastante alto para ayudarla. Fue hasta él con el tema decidido, sin alternativa, valiéndose del viejo chantaje emocional. Incluso no pudiendo, el marido cedió, pero aquella actitud –además de aumentar la deuda– provocó un gran deterioro en la relación. El marido se sintió desvalorizado al ver que la mujer no había priorizado las necesidades de la nueva familia, ni consideró el esfuerzo de él en quitar la deuda inicial.

Muchos matrimonios hacen lo que está bien, pero en el orden equivocado. No está mal ayudar a la familia de origen, siempre que sea hecho en el momento adecuado y de la manera correcta, sin pasar por encima del otro. Si eso hace que su compañero se sienta despreciado, usted sembrará problemas.

Cristiane:

Nunca voy a olvidar lo que mi padre, que celebraba mi ceremonia de matrimonio, me dijo en el altar: «Ahora no tienes más madre, ni padre, hija mía. Tus problemas tendrán que ser resueltos entre tú y Renato». De todo lo que él dijo aquella noche, eso fue lo que se me quedó más grabado; pienso que se debió al hecho de ser muy joven todavía y de estar muy apegada a mi familia.

Aquella palabra dura y directa me llevó a aprender sobre el nuevo orden en el que yo estaba entrando al casarme. Ahora mi familia era Renato, y su familia era yo. Nuestros padres se convirtieron en nuestros parientes. Los problemas que tuvimos al principio de nuestro matrimonio quedaron entre nosotros dos. Eso no es nada fácil, especialmente para nosotras, mujeres, que tenemos la necesidad de sacar hacia fuera lo que sentimos...

No es tan difícil de entender que, cuando estamos formando una nueva familia, tenemos que dejar la anterior; pero hoy en día ese hecho ha sido uno de los mayores problemas de los matrimonios. No era tan habitual hace algunos años. Las personas ya se casaban con el objetivo de formar su familia; tanto es así que la mujer que no se casaba estaba mal vista, no solamente por la sociedad, sino también por la propia familia.

En aquella época, muchos matrimonios se realizaban sin ningún sentimiento. Era un deber casarse, y punto. No siempre se amaba a la persona con la que se casaba. Con los años, muchos matrimonios que se habían casado sin sentimientos desarrollaban el verdadero amor porque partían de la base de que, ahora, eran una familia y debían actuar como tal. Es decir, actúe como alguien que ama a su marido o mujer, y serán un matrimonio. Y si en ese matrimonio se tratan el uno al otro como el primero en sus vidas, se volverán una familia y nadie podrá meterse en medio para separarlos.

TAREA

¿Qué ajustes tendrá que hacer para seguir el orden correcto en sus relaciones? Escriba lo que va a poner en práctica, especialmente lo que hará de diferente para que su cónyuge se sienta la persona más importante para usted, después de Dios.

 /MatrimonioBlindado

Publique esto:
Puse en orden
mis relaciones.

 @matrimonioblind

Tuitee esto:
Puse en orden
mis relaciones
#matrimonioblindado
@matrimonioblind

CAPÍTULO 15

CÓMO FUNCIONAN LOS HOMBRES Y LAS MUJERES

Para empezar este capítulo hice una rápida averiguación a fin de ilustrar cómo la mente de los hombres funciona de forma diferente a la de las mujeres. Paré de escribir durante un momento, salí del despacho y fui a la habitación donde Cristiane estaba secándose su bonito pelo mientras en su iPad se escuchaba una canción. Sin que supiera lo que yo estaba haciendo, entré como si nada, me lavé las manos, la miré en el espejo y le pregunté:

—¿Qué estás pensando?

Sin dudar, ella respondió:

—Estoy pensando que Rafaela no puso en mi blog la reseña de la película que vimos la semana pasada. Tengo que mandarle un email. Estoy pensando también en que esta canción es buena para que la usemos en el programa *The Love School*, solo que, probablemente, no haya un clip oficial en YouTube, pues es muy antigua. Entonces, pensé que nuestro equipo de producción podría usar imágenes de entre bastidores para montar un clip. Y, pensando en nuestro equipo, me acordé de que cuando entré en su oficina, antes de ayer, me di cuenta de que necesitan más sillas, siempre hay alguien que tiene que trabajar de pie. ¡Ah!, también estaba pensando que mi pelo está reseco y que prefiero pagar a alguien para que me peine a quedarme aquí haciéndomelo yo misma».

—¿Algo más? –me atreví a preguntar.

—No, solo eso.

Solo eso. Mi esposa estaba pensando en cinco cosas al mismo tiempo y la canción ni siquiera había acabado… Y yo aquí, pensando solo en una cosa: ¿cómo voy a escribir este capítulo?

Uno de los hechos más ignorados por los matrimonios es la diferencia entre los sexos y cómo afecta a la relación. Los hombres lidian con sus mujeres como si ellas fuesen ellos. Las mujeres hablan con sus maridos como si ellos fuesen mujeres. Y cada experiencia de esas abre una latita de lombrices.

Cuando ambos entienden esas diferencias todo cambia sin cambiar nada al mismo tiempo. Cambia porque empiezan a ver que su cónyuge no está haciendo esto o aquello porque él es malo o porque ella ella quiere irritarlo; están siendo simplemente lo que son: hombre y mujer. No malos, sino muy diferentes.

Cristiane:

«De haber sido yo en lugar de él, no lo habría hecho así», es lo que yo pensaba, de vez en cuando, respecto a Renato. Además, vivía criticando a los hombres cuando veía en ellos la falta de la tan querida consideración hacia los demás. Entraba en un lugar cargada de bolsas, cada una más pesada que la otra, y los hombres que estaban allí ni se fijaban en lo necesitada que estaba de ayuda, así que pensaba: «¡Ah, si los hombres fuesen un poquito más caballeros!».

Vivía comparándome con Renato y viendo lo grandes que eran las diferencias. Usted puede imaginarse la constancia de esos pensamientos. Él no se daba cuenta de mi ropa nueva mientras que mis amigas lo veían desde lejos. ¿Cómo puede ser? Yo le preguntaba y él no conseguía entender por qué aquello era tan importante para mí. ¡Parecía que éramos de planetas diferentes! Hasta que, un día, descubrí que estaba siendo injusta al querer que él pensase como yo. A fin de cuentas, él es un hombre.

Ese es un defecto horrible del ser humano, querer que los demás piensen como usted. Incluso en nuestros gustos: cuando alguien no tiene los mismos gustos nos parece horrible, como si eso importase. ¿Importa algo si a mí me gusta su color de pelo si el pelo no es mío? Pero es eso lo que hacemos con nuestro compañero, siempre lo criticamos por no pensar como nosotras y no hacer las cosas como las haríamos nosotras.

En esta batalla, en el mejor de los casos, nadie sale ganando, sino que, al contrario, el matrimonio se llena de roces. Yo quería que él tuviese conmigo la misma consideración que yo tenía con él y él quería que yo fuese tan fuerte como él para aguantar las cosas. Él quería que yo fuese un hombre y yo quería que él fuese una mujer.

Está claro que, al principio, no nos dimos cuenta. ¡Nunca pensé que estaba pidiendo a mi marido que fuese una mujer! Pero, si hiciese una lista de todo lo que yo idealizaba respecto a él, con seguridad sería una versión mía en masculino. Incluso parece que yo iba a aguantarme a mí misma.

Pura realidad. Pida a cualquier mujer que describa al «hombre ideal» y describirá a otra mujer…

El hombre y la mujer difieren de muchas formas. Genéticamente, el cromosoma 23 determina la diferencia de los sexos. Físicamente, el cuerpo masculino y el femenino son, de un modo obvio, distintos. Pero una de las diferencias más determinantes está en el cerebro de ambos.

El cerebro masculino es en promedio un 10 % más grande que el femenino y con un 4 % más de células. Pero antes de que usted, hombre, empiece a fanfarronear por tener un cerebro mayor que el de la mujer, sepa que el cerebro femenino tiene más células nerviosas y conectoras sinápticas, lo que la posibilita para tener un cerebro más eficiente y eficaz. Esto significa que, de modo general, los hombres tienden a realizar las tareas utilizando el lado izquierdo del cerebro, que es el lado lógico y racional. Las mujeres, a su vez, tienden a usar los dos lados simultáneamente debido a su habilidad para transferir la información más rápidamente entre el lado izquierdo y el derecho del cerebro. El resultado es que los hombres tienden a centrarse más en cosas, sistemas y en resolver problemas, mientras que las mujeres son más sensibles a los sentimientos de todos a su alrededor y más creativas. Los estudios al respecto reconocen que hay excepciones y que es posible, a veces, que un hombre tenga un cerebro «más femenino» y viceversa –lo que no tiene que ver necesariamente con la sexualidad de cada uno, ¡no se preocupe!–. Tan solo significa que hay hombres que son más emotivos y mujeres que son más racionales, pero no son la mayoría.

Louann Brizendine, en su libro *The Female Brain (El Cerebro Femenino)*, habla sobre cómo los dos cerebros son muy diferentes ya desde el nacimiento. La bebita se convierte en una niña a quien le encanta hacer amistades y relacionarse con sus compañeras. Consigue, incluso, darse cuenta cuándo las cosas no van bien en casa. Pero, cuando el bebote se convierte en un niño, no es así. Quiere jugar y, si hace daño a alguien en el proceso, no le preocupa , pue adora los desafíos y las aventuras. Él es un conquistador ya desde pequeñito y ella, una compañera cariñosa.

UNA CAJITA PARA CADA COSA

La forma como Mark Gungor expresa esas diferencias es mi preferida. Él explica que es como si el cerebro masculino estuviese formado por varias cajitas. En su cabeza hay una cajita para cada asunto de su interés: una para el coche, una para el trabajo, una para usted, otra para los niños, otra para la suegra en algún lugar del sótano y sellada con un aviso de «¡Peligro!»...Y un detalle muy importante es que esas cajitas no se apoyan las unas en las otras. Cuando un hombre quiere discutir sobre algo, saca tan solo la cajita de aquel asunto, la abre, discute solamente sobre lo que está dentro de aquella cajita y, cuando termina, la cierra y la pone en el mismo sitio –con mucho cuidado para no tocar ninguna otra–.

Y aún hay más: ¡mujeres, mucha atención a esta información!

Dentro del cerebro del hombre hay una cajita que la mayoría de las mujeres desconoce. Esa cajita no tiene nada dentro. De hecho, se llama «cajita de la nada». Y, de todas ellas, esa cajita es la favorita del hombre. Siempre que tiene oportunidad, corre a esa cajita. Es por eso por lo que los hombres son capaces de entretenerse durante horas con actividades que exigen prácticamente cero uso del cerebro, tales como jugar a videojuegos, pescar, quedarse cambiando de canal frente a la televisión sin ver nada. Si nos dejan, cuando no estamos trabajando, totalmente concentrados en algo, gravitamos, automáticamente, hacia la cajita de la nada.

La mujer no consigue entender eso pues, simplemente, no consigue quedarse sin pensar en nada. Cuando ve a su marido en ese estado vegetativo, callado, ido, como un muerto viviente, se queda intrigada y no resiste preguntar:

—¿En qué estás pensando?

Y él responde, sin ninguna expresión:

—En nada.

—Con seguridad estás pensando en *algo.* No es posible que no estés pensando en nada.

—Te lo estoy diciendo, no estaba pensando en nada –insiste él, en vano.

—Me estás mintiendo. Lo que no quieres es decírmelo. ¿Por qué no me lo cuentas?

Todo hombre ya ha tenido esta conversación y le da miedo el resultado porque sabe que no hay forma de que termine bien. No importa lo que diga, ella no le va a creer. Si dice que no estaba pensando en nada, ella no cree que eso sea posible. Si inventa que estaba pensando en alguna cosa solamente para satisfacerla, ella cree que no era eso exactamente lo que estaba pensando (sin saber que, ahora, ella tiene razón, no es en eso en lo que estaba pensando).

Lo que ella no entiende es que, cuando el hombre está estresado o, simplemente, apartado de su trabajo, la manera de relajarse es correr a la cajita de la nada. Quiere estar en paz, sin hablar, quedarse callado durante algunos instantes. La última cosa que quiere hacer es hablar sobre sus problemas y frustraciones. El hombre solo le cuenta sus problemas a otro hombre si cree que le puede ayudar a resolverlos. Si no, se queda callado. Sin embargo, la mujer, cuando está estresada, tiene que hablar con alguien, no necesariamente porque esté buscando un consejo, sino porque, si no, su cabeza explota...

UNA BOLA DE CABLES PELADOS

Si el cerebro del hombre está formado por cajitas desconectadas, el cerebro de la mujer es como una bola de cables, un enmarañado de cabos, todos entrelazados. Todo está conectado con todo: el coche está unido a su trabajo, que está unido a los hijos, que están unidos a su madre, que está relacionada a la gotera en el baño... Todo está unido entre sí, y nada es por casualidad. Y la energía que corre por esos cables se llama emoción. Es por eso por lo que la mujer se acuerda de todo, de los detalles de una conversación que el hombre jura que nunca ocurrió. Es que cuando usted junta un acontecimiento con una emoción aquello funciona como un rayo láser que imprime aquel recuerdo en el cerebro, y la persona no se olvida nunca más de aquel hecho. El hombre también tiene esa capacidad, pero la verdad es que casi nunca la usa porque la mayoría de las veces él ni se preocupa por los pequeños acontecimientos. Por su parte, la mujer se preocupa por todo...

Cuando ella está estresada y necesita a alguien con quien desahogarse; el hombre, erróneamente, piensa que tiene que resolverle los problemas (los de ella). Ella dice:

—No sabes lo que me ha pasado hoy. La caradura de Pamela se ha llevado todo el reconocimiento por el trabajo que yo había hecho.

—¿Quién es Pamela? – pregunta el «desconectado».

—Amor, ¡es mi compañera de oficina! –le explica ella por vigésima vez. Y continúa–: Va al jefe, le da el proyecto que yo había entregado hace dos semanas, matándome para hacerlo, solo lo firma y da a entender que ella lo ha hecho todo.

—Ups, tienes que hablar con ella y decirle que eso no se hace. O, si no, busca una manera de informar al jefe de que también tú participaste. Y, si no, olvídalo, no te enojes por eso.

Aquí, el marido piensa que está siendo magnífico dándole un gran consejo a su mujer. En realidad, está haciendo que ella se sienta una idiota, como si no supiese lo que podría hacer en esa situación. Lo que realmente necesita no es un consejo, sino tan solo un oído. Necesita hablar porque en su mente están ese y otros muchos pensamientos y frustraciones. En ese preciso momento lo que el hombre debe hacer es tan solo cerrar el cierre de los labios y oír. Si no tiene esa sabiduría y paciencia, ella recurrirá a su madre, hermana, amigas, o –lo que es peor– al «Don Juan» de la oficina. Si la mujer entiende el cerebro del hombre y, él, el de ella, los dos podrán ajustarse y no irritarse el uno al otro o frustrarse con la forma de ser de su compañero.

¿SERÁ QUE ES SORDO?

Debido a esas diferencias, las mujeres suelen ser multitareas –hacen varias cosas al mismo tiempo–. Los hombres suelen ser monotareas –hacen una sola cosa a la vez–. Nuevamente esto es fuente de irritación, pues la mujer, muchas veces, culpa al hombre de no prestar atención a lo que le dice, por ejemplo. El marido está leyendo el periódico mientras que ella está preparando el desayuno, vigilando al niño haciendo los deberes de casa y hablando por teléfono al mismo tiempo. En un determinado momento ella finaliza la llamada y le dice al marido: «El sábado que viene es la fiesta de cumpleaños de mi sobrina. Tenemos que estar a las tres de la tarde». Él murmura desde el living: «Ajá».

Pasa una semana, ve a su mujer arreglándose y le pregunta: «¿Dónde vas?». Ella ya responde frustrada: «Te olvidas de todo, ¿no? O no prestas atención a lo que te digo». La verdad es que él estaba totalmente concentrado en la lectura del periódico cuando usted le habló. No quiere decir que a él no le importe usted, tan solo significa que así funciona su cerebro. Si quiere disminuir este tipo de frustración, asegúrese de que su marido está totalmente concentrado en usted cuando le esté hablando. Esto es, mirándola sin hacer nada más. Si no, espere el momento adecuado.

Pero las diferencias entre los sexos van mucho más allá de estas reglitas de convivencia y comunicación. A lo largo de los siglos, hombres y mujeres fueron naturalmente programados para esperar cosas específicas el uno del otro. Por desgracia, hoy más que nunca esas expectativas no siempre están tan claras entre los dos. Ahora usted va a entender cómo se desarrollaron y cuáles son, y cómo cumplirlas.

CAPÍTULO 16
NATURALMENTE PROGRAMADOS

Desde el principio de la humanidad, la diferente estructura física, genética y mental del hombre y de la mujer determinó otras diferencias entre ellos, de relación y culturales. La fuerza física del hombre, así como sus habilidades naturales para construir armas y navegar lo cualificaron para ser el proveedor y protector de la familia. Las características inherentes a la mujer la hicieron la cuidadora y organizadora del hogar.

Desde el principio, durante millares de años, los papeles de los dos estaban bien diferenciados, claros y específicos. La rutina típica de un matrimonio era más o menos como describo en los siguientes párrafos.

Antes de que amaneciera, el hombre salía con sus armas para cazar, solo o en grupo, arriesgando su vida para traer el alimento a la casa. La mujer se quedaba en casa, esperando ansiosamente a que él volviese al final del día, no tan solo con la comida, sino sano y salvo. Él era su héroe, que arriesgaba su vida por ella y por sus hijos. Mientras cazaban, los hombres no hacían un gran uso de la comunicación verbal, también porque un pequeño barullo les podía costar la caza. Tenían que moverse furtivamente y comunicarse por gestos. No podían tener miedo a matar —ni a fieras ni a otros hombres, en caso de ser atacados—.

Por su parte, la mujer, al quedarse en casa en compañía de los hijos y las vecinas, desarrolló una mejor habilidad de comunicación verbal.

Como organizadora y enfermera de la familia se convirtió en experta para percibir los detalles y expresiones faciales, siempre unida al estado físico y emocional de las personas. Se volvió la arquitecta de las relaciones, el pegamento entre su familia y la comunidad.

Ahora entiende por qué el hombre se volvió menos emocional, no tan apto para «leer los sentimientos» de los demás como la mujer, naturalmente lo hace, menos hablador que ella y más directo en las palabras.

Además de las tareas domésticas, la mujer era considerada por la habilidad, casi divina, de generar hijos. Cargaba en sí la simiente de la vida; por eso, el hombre la protegía y valoraba. Ella, a su vez, lo respetaba como líder natural de la familia y lo cubría de valoración por el riesgo que corría diariamente para la supervivencia de ella y de los hijos.

Todo eso dejaba bien claro cuál era el papel del hombre y el de la mujer en relación uno al otro. No había discusión entre ellos sobre eso, ni competitividad. Cada uno sabía bien cuál era su papel y no existía el sentimiento de que uno fuera mejor que el otro. Y así fue durante miles de años. A través de los siglos, esos papeles no cambiaron mucho. Tradicionalmente, el hombre fue siempre el proveedor y protector de la familia, y la mujer, la cuidadora del hogar y la arquitecta de las relaciones.

Sin embargo, algunos factores han ido cambiando esta realidad desde hace unos cincuenta años para acá. Podríamos citar varios, pero mencionaremos tan solo los dos principales y sus efectos en el matrimonio.

LOS PAPELES SE CONFUNDEN

Dos fenómenos, compañeros el uno del otro, han transformado el concepto tradicional del papel del hombre y de la mujer en la sociedad: el movimiento feminista y la Revolución industrial. Está fuera del alcance de este libro entrar en detalles sobre esos dos puntos. Siéntase libre de investigar más, si quiere. En resumen, para nuestros fines, aquí está lo principal y por qué nos importa:

La Revolución industrial

La mujer empezó a salir de la casa hacia el trabajo, aunque tímidamente, a mediados del siglo XIX. El desarrollo de la tecnología maquinaria dio origen a las fábricas, que abrirían oportunidades de empleo, hasta entonces inexistentes, para las mujeres. Pero no fue hasta el siglo pasado, especialmente a partir de la Segunda Guerra Mundial, cuando la mujer empezó a ganar su espacio en el mercado de trabajo. Se mostró tan capaz como el hombre en muchas profesiones. Conquistó iguales derechos y superó en número a los hombres en las universidades. Con la explosión del crecimiento de las grandes industrias, de la tecnología, del funcionariado público y los servicios de salud, la mujer, hoy, es una parte esencial de la economía global. El nuevo poder adquisitivo de la mujer, unido al del marido, posibilita al matrimonio el acceso a una vida material mucho mejor que la de sus padres y abuelos. La actual cultura consumista –la publicidad incansable de productos y bienes que prometen la «felicidad» de quienes los consumen– prácticamente imposibilita a un hombre de ingresos medios o bajos a sustentar a su familia sin el ingreso extra de la mujer. Esto significa que la mujer ya no es la madre y esposa que tan solo cuidaba de la casa y recibía al marido al final del día con una torta calentita esperando en el horno. Ella es tan activa como él, allí fuera, gana tanto o más que él, siendo, por lo tanto, muy diferente de la mujer tradicional. Ella se está volviendo cazadora también.

El movimiento feminista

La americana bell hooks,[14] una activista feminista con gran influencia, define bien la esencia del feminismo: «El feminismo es una lucha contra la opresión machista». Sin duda, muchos hombres a lo largo de la historia hicieron una gran descortesía, no solamente a las mujeres, sino también a todo el género masculino. Por lo tanto, la lucha por los derechos de la

---

[14] No escribe su nombre con mayúsculas de forma deliberada. Curiosamente, a los cincuenta y nueve años, hooks sigue soltera.

 178

mujer tiene un valor innegable; sin embargo, a pesar de que las feministas han conseguido grandes avances en la búsqueda del equilibrio de los sexos, un subproducto de eso ha sido el sentimiento casi de odio contra los hombres. El feminismo ha llevado a muchas mujeres a ver al hombre, de modo general, como un opresor, un enemigo que está listo para oprimirlas a la primera de cambio. Mientras que eso puede ser verdad en algunos casos, esta generalización conduce a que muchas mujeres se resistan al papel tradicional del hombre como proveedor y protector por miedo a quedar por debajo de él. Además, izando la bandera de la igualdad de los sexos, el movimiento genera confusión entre la igualdad de derechos e igualdad de géneros. Y es precisamente cuando la mujer empieza a mirar al hombre como su igual, especialmente dentro del matrimonio, cuando los innumerables conflictos empiezan a existir.

Quiero dejar clara una cosa: estoy totalmente a favor de la igualdad de derechos entre los sexos; pero decir que los hombres y las mujeres son iguales en su naturaleza y forma de ser es un error gravísimo que ha tenido serias consecuencias en las relaciones sentimentales. Una cosa es tener los mismos derechos, otra cosa es querer cumplir los mismos papeles. Hombres y mujeres siempre tuvieron los mismos derechos a ojos de Dios, ya que Él no creó a uno mejor que el otro; pero los papeles que les fueron asignados son muy diferentes. El problema comienza cuando la mujer quiere llevar a cabo el papel del hombre en el matrimonio y en la familia.

Esos dos factores se resumen en uno solo: el ascenso de la mujer. Y, como resultado, los papeles no están tan claros, definidos y específicos como lo estaban hace poco tiempo atrás. Por primera vez en la historia de la humanidad, el hombre empieza a tener una crisis de identidad.

¿QUIÉN SOY? ¿DÓNDE ESTOY?

¿Quién es esta «cazadora» que está a mi lado? Los hombres todavía no han conseguido situarse dentro de este nuevo escenario. Son exactamente esos nuevos cambios los que están causando problemas en el matrimonio. Las mujeres se han vuelto independientes; por lo tanto, menos inclinadas a implicar a sus maridos en sus decisiones; chocan de frente con ellos –a fin de cuentas, ellas «pueden»–. Los hombres se han sentido intimidados ante el crecimiento de la mujer, se han retraído y, en algunos casos, incluso se sienten inferiores a ella. La firmeza ha dado lugar a la indecisión o a hacer cualquier cosa que no desagrade a la mujer, con tal de mantener la paz. Ella, a su vez, se frustra con la falta de iniciativa de él y termina poniéndose al frente, completándose así el círculo vicioso. En fin, ella acaba pareciéndose a él, y él a ella.

Las consecuencias de eso pueden verse en el paralelismo que hay entre el ascenso de la mujer y el gran aumento en el número de divorcios de los últimos cincuenta años. ¿Cómo puede algo tan bueno para las mujeres ser tan malo para nuestras relaciones?

No estamos sugiriendo que el avance de la mujer sea malo ni queremos que la sociedad retroceda. Tan solo queremos señalar el hecho de que, aunque la sociedad haya cambiado, las necesidades naturales de los hombres y de las mujeres continúan siendo las mismas de hace miles de años. El hombre todavía es hombre y, la mujer, no dejó de ser mujer. Fuimos creados así y nuevos derechos y maneras de vivir no van a cambiar nuestro ADN. Estamos naturalmente programados, es decir, tenemos una predisposición a esperar ciertas cosas de nuestro cónyuge.

Hombre y mujer pueden crecer y evolucionar en la sociedad. Que la mujer gane más que el hombre no es el problema, ni que el hombre lave los platos o ayude a cambiar los pañales. Lo que los dos necesitan saber hacer es atender las necesidades básicas el uno del otro. Es decir, sin tirar por la ventana el progreso y avance conquistado por la mujer, vamos a rescatar los valores y principios que rigen un matrimonio feliz.

Cristiane:

Yo estoy a favor de que la mujer tenga derechos; a fin de cuentas, a mí me gusta conquistar también. El problema es que necesitamos saber cómo lidiar con nuestros hombres ante tantos cambios en la sociedad.

Mis padres ya pasaron los cuarenta años de casados y su manera de pensar es muy distinta de la de las parejas que se casan hoy. Cuando mi padre se casó con mi madre, él tenía en mente trabajar duro para mantenerla. Hoy en día, muchos hombres ya no tienen esa preocupación. La mujer también trabaja y, a veces, puede incluso mantenerlo. Eso, en el pasado, era humillante para el hombre, pues mostraba su debilidad. Si sacaba a una mujer de la casa de sus padres, tenía la obligación de cuidarla y proveerla de todo lo que necesitase.

Mientras tanto, la obligación de ella era cuidar de su marido, su casa y criar a los hijos. A ella le gustaba eso, lo que ya no se ve tanto hoy en día. La mujer actual no siempre siente placer en cuidar de su marido y, mucho menos, de la casa. Si tiene hambre, que se las arregle. Los hijos pueden quedarse la mayoría del tiempo en la escuela, en clubs deportivos, para que ella tenga más tiempo para su carrera y otros intereses. Y, cuando llega a casa, no quiere tener el trabajo de cocinar, ni de limpiar nada; entonces se molesta con su marido por haber dejado los zapatos en medio del living. Es decir, cosas que en el pasado no eran un problema, hoy son motivo de conflicto.

Hombre y mujer no fueron creados para competir el uno con el otro. Somos muy diferentes y nuestras diferencias son precisamente para mejorar la vida el uno del otro, no para empeorarla.

Los medios de comunicación, para contribuir con este desastre, también ponen la imagen del hombre allí abajo. Reflexione solamente en la mayoría de las comedias, y en algunos otros géneros de películas, donde el hombre es siempre aquel personaje débil que teme a la mujer, que lo hace todo mal, que no tiene mano dura, ni da ninguna seguridad, mientras que la mujer es muy inteligente, sabe lo que quiere, hace todo bien y es siempre el brazo fuerte de la familia.

Esta imagen acaba haciendo un lavado de cerebro en las personas: el hombre es débil, la mujer es fuerte; el hombre es bobo, la mujer es inteligente. El resultado en los hogares es que los hijos no tienen respeto a sus padres, las mujeres no respetan a sus maridos, y el pobrecito acaba largando de aquella familia. La mujer rápidamente lo acusa de alguna incapacidad y los hijos se decepcionan con él, diciéndose a sí mismos que nunca se van a casar.

Ahí tiene una foto de lo que ha sido la familia del siglo XXI. Si la sociedad no valora el papel del hombre en la familia, el hombre, a su vez, tampoco valora el de la mujer y lo que sucede es lo inevitable: nadie valora a nadie, cada uno por sí mismo, Dios por todos y abundan las actitudes egoístas en el día a día.

Si quiere formar parte de la cultura del matrimonio feliz y duradero no podrá seguir las normas de la cultura actual. Tendrá que andar a contramano y crear su propia cultura dentro de su relación. Cristiane y yo tenemos la nuestra y ya determinamos que nada del exterior que sea nocivo podrá entrar. Por eso, conseguimos mantener los valores y principios que necesitamos para conservar nuestra intimidad, y no nos olvidamos de satisfacer las necesidades básicas del otro, predeterminadas por nuestras naturalezas distintas.

Y usted ¿sabe cuáles son esas necesidades? Vamos a conocer más de ellas.

LAS NECESIDADES BÁSICAS NATURALMENTE DETERMINADAS

Estamos programados por nuestra naturaleza humana a tener ciertas necesidades cubiertas. Y no hay necesidad más básica que comer, beber, vestirse y tener vivienda. Saque esto del ser humano y su comportamiento se vuelve como el de un animal. Eso puede observarse cuando los grandes desastres naturales afectan a una ciudad. De repente, las personas se ven sin alimentos, agua, abrigo y seguridad. Si no hay una intervención rápida de los servicios de emergencia, caen en la desesperación y adoptan un comportamiento incluso agresivo por la supervivencia. La búsqueda por el qué comer o beber y dónde vivir hace que las personas actúen como si volviesen a la época de las cavernas. Cuando las necesidades básicas se ven afectadas, afloran las reacciones primitivas.

Minutos antes de que sucediese el desastre, la mayoría estaba preocupada con banalidades, tales como si el dobladillo del pantalón está demasiado alto, si el mejor color para las paredes de la habitación es el beige o el blanco, si va a hacer un *upgrade* del celular, etc.; tras la catástrofe, a nadie le importa ya eso. La única preocupación es salvar la propia vida. Lo que las personas antes veían como «necesidad» queda reducido al más alto capricho frente a las cosas más básicas como el agua, el pan y el abrigo. Personas que nunca robaron, nunca agredieron a nadie ni violaron las leyes son capaces de hacerlo. Es el instinto natural del ser humano, y ¿cuál es la mejor manera de contener ese comportamiento animal? Satisfaciendo nuevamente las necesidades básicas de esas personas.

Hay otra cosa muy importante que usted debe saber al respecto:

No se discute sobre las necesidades básicas de una persona. La única cosa que se puede hacer es satisfacerlas.

A nadie se le culpa de tener hambre. Nadie es malo por querer dormir una noche. Nadie es delincuente por tener sed. Nadie puede ser acusado por querer tener un lugar donde vivir. Malo es quien puede suplir esas necesidades de alguien pero no lo hace.

Ahora, traslade ese hecho hacia el interior de la relación. Hombre y mujer también tienen, por sus naturalezas masculina y femenina, sus necesidades básicas que necesitan ser satisfechas. Para que un matrimonio funcione, hay ciertas cosas mínimas que deben existir. Muy bien, el marido no puede ser tan romántico como un personaje de Robert Redford; la mujer no puede ser la más perfecta dama de un cuento de hadas; pero ambos tienen que ofrecer, el uno al otro, por lo menos lo esencial.

Las necesidades básicas, del hombre y de la mujer, son de extrema importancia. Si no son cubiertas, su marido o mujer empezará a actuar irracionalmente. Y no sirve de nada criticar o preguntarse «¿por qué él es así?» o «¿por qué ella actúa así?» Lo mejor que puede hacer al respecto de las necesidades básicas de su pareja es satisfacerlas. Sobre necesidades no se discute. Cuando se tiene hambre, la única cosa útil que se puede hacer al respecto es comer.

Cuando usted adopta una mascota, la primera cosa que hace, antes incluso de llevarlo a casa, es averiguar lo que come, bebe, le gusta y no le gusta. No discute con quien le dio el animal, ni intenta cambiar al bichito después de llevárselo a casa. Si quiere un animalito feliz, tan solo satisfaga sus necesidades, por más molestas que sean. Para tener un marido o mujer feliz descubra sus necesidades básicas y cúbralas. No discuta.

CAPRICHOS Y COMPARACIONES

Una aclaración: estamos hablando aquí de necesidades básicas, no de caprichos ni fantasías. Para las mujeres, un aviso: amor verdadero no se resume en un romance o un beso cinematográfico. Es un gran error de la mujer comparar al hombre real con el hombre de la pantalla. Cierta vez una mujer casada dejó un comentario en uno de nuestros vídeos en YouTube sobre lo que esperaba de un hombre ideal:

... me gusta el hombre que se cuida, se preocupa con los sentimientos, que sea romántico, al estilo de Brad Pitt o Tom Cruise; pero que sea un galán como James Bond y proveedor y protector como Conan el Bárbaro o los hombres del Viejo Oeste. Pienso que el hombre ideal es aquel vampiro de Crepúsculo. Me gusta aquel hombre de Lo que el viento se llevó*, o aquel bailarín de* Cantando bajo la lluvia*..., ah, sería un poco de cada. También están los samuráis...*

Mi primer consejo para aquella mujer fue: ¡deje de ver películas!

Si usted no sabe lo que quiere, ¿cómo exigirle a su marido que lo sepa? Esta ilusión del amor hollywoodiense ha llevado a muchos matrimonios al fracaso. Ese amor, de guión, ensayado, con el director dirigiendo al actor, no existe en la vida real. En la vida real aquel galán de la novela, seguramente, ya se casó tres o cuatro veces; tiene una vida sentimental infeliz y, tal vez, incluso le haya pegado a su mujer. No podemos vivir la realidad basada en la fantasía.

Una de las peores cosas que puede hacer es comparar a su cónyuge con alguien, sea ese alguien real o imaginario. Esto es capaz de matar el matrimonio. Si compara a su marido con el de la televisión, prepárese para frustrarse.

Lo mismo se aplica a los hombres. Usted, hombre, pasará por lo mismo si se embarca en la plaga llamada «pornografía». Dejando a un lado la parte moral de la cuestión, el resultado de ese vicio es que muchos hombres ya no consiguen ser estimulados por sus mujeres, sino solo por la pornografía y la masturbación. Es decir, aquello que es real, la intimidad con la mujer, ya no sirve. Deja de ser ese hombre que su mujer necesita, se frustra porque su mujer no es aquella que vio en un vídeo producido, y acaba viviendo de fantasías, creando así una fecha de vencimiento para su matrimonio.

A ninguna mujer le gusta ser comparada de esta forma, para ella es humillante saber que su marido solo se siente realizado viendo este tipo de videos. Ella no se excita como él y ambos no logran llegar a la intimidad total. El hombre que se vuelve dependiente de ese estímulo está desmoralizando a su mujer, haciendo que se sienta insuficiente para él, exactamente lo contrario de la necesidad más básica que ella tiene.

PARTE IV

HACIENDO EL BLINDAJE

CAPÍTULO 17
NECESIDADES BÁSICAS DE LA MUJER

¿Cuáles son las necesidades más básicas de una mujer? Podemos resumirlas en una frase: ser valorada y amada. Fue así como la inteligencia espiritual definió la principal responsabilidad del marido respecto a su mujer:

Maridos, amad a vuestras mujeres, así como Cristo amó a la Iglesia y Se dio a Sí mismo por ella. Así también deben amar los maridos a sus mujeres, como a sus propios cuerpos. El que ama a su mujer, a sí mismo se ama (Efesios 5: 25-28).

Observe que, al principio, se hace una comparación entre el amor del marido hacia la mujer y el amor de Cristo hacia la Iglesia; es decir, Su amor es utilizado como modelo a seguir. Nuestro modelo de amor hacia nuestra mujer no debe proceder de películas, libros, padres, parientes o amigos. El Autor del matrimonio señaló el amor de Jesús por nosotros como referencia para los maridos. Y ¿qué tipo de amor fue el Suyo? Un amor marcado por la entrega de Sí mismo, el sacrificio, el cuidado y la renuncia –no por la emoción–.

Enseguida, el hombre es llevado a entender que amar a su mujer es amarse a sí mismo. Si yo trato bien a Cristiane, en realidad estoy cuidando de mí. Si me gusta maltratarla, es como si me estuviese haciendo daño a mí mismo. ¿Recuerda la idea de que los dos «serán una sola carne»? El hombre necesita ver a su esposa como la extensión de sí mismo y no descuidar sus necesidades.

La mujer es un regalo de Dios para el marido.[15] Dios creó a la mujer para el hombre y, en la forma en que Dios creó al hombre, también hizo de él un complemento para la mujer. Si el marido rechaza, maltrata o repudia a la esposa es como si estuviese rechazando el regalo de Dios (lo mismo sucede cuando la mujer rechaza al marido). Cuando se desprecia a la mujer diciendo que la «mujer solo quiere gastar» o se habla mal del hombre, diciendo que «todos los hombres son iguales», en realidad se está hablando mal de Dios, del Creador de ambos.

La mujer está bajo los cuidados del marido. El origen de la palabra «marido» en inglés (*husband*) se refiere a «cuidador, administrador». Este significado concuerda bien con el papel del marido, pues, cuando el hombre se casa, se convierte en el responsable de su mujer, de todo lo que sucede con ella y de cuidar de ella. Eso, en verdad, es amor. Amar es más una actitud que solamente sentir. El mundo dice: «Se acabó el sentimiento, se acabó el amor». Ese tipo de amor-sentimiento es lo que genera monógamos en serie –se acaba el amor hacia uno, se va con otro; se acaba de nuevo, va con otro, etc.–. El verdadero amor no se basa en el sentimiento, sino en el cuidado que el marido debe a la mujer por el compromiso que asumió con ella.

VALORARLA Y AMARLA, PERO ¿CÓMO?

En la práctica, la mujer se siente valorada y amada cuando:

El marido le ofrece seguridad. No se refiere tan solo a seguridad física o económica, sino seguridad en todos los sentidos de la palabra. El diccionario define la seguridad como:

---

[15] Proverbios 18:22.

Conjunto de acciones y de recursos utilizados para proteger algo o a alguien; disminuir los riesgos o los peligros; garantizar; aquello que sirve de base o que da estabilidad o apoyo; amparo, sentimiento de fuerza interior o de creencia en uno mismo; certeza, confianza, firmeza; fuerza o convicción en los movimientos o en las acciones.[16]

Hay varias formas de que el hombre transmita seguridad, o no, a la mujer. Cuando es fiel, por ejemplo. Una necesidad básica de ella es saber que el marido al ir al trabajo, o a cualquier lugar, se mantendrá fiel. Cuando el hombre empieza a coquetear con otras mujeres, quizá por ser muy extrovertido, transmite inseguridad a la esposa. Ese hecho de ser juguetón que, muchas veces, genera amistades inapropiadas con otras mujeres, tal vez deberá ser cambiado para transmitir seguridad a la esposa (los celos de la esposa, a veces, son consecuencia de la falta de seguridad que el marido le transmite). Si es irresponsable, inmaduro, indefinido, tiene un temperamento fuerte, gasta con facilidad o tiene un vicio… genera, también, inseguridad. A veces él quiere que ella confíe en él, mientras no le pasa ninguna firmeza a través de su comportamiento. El hombre que habla alto, grita, golpea la puerta, se altera, etc., puede creer que se está mostrando fuerte y seguro; sin embargo, ocurre lo contrario; si no muestra control de sí mismo ¿qué dirá del resto de la familia y de la situación? Muéstreme un marido «descontrolado», que vive lleno de rabia, y yo le mostraré una mujer insegura, desvalorizada y mal amada.

Cuando la mujer no se siente segura, inmediatamente levanta murallas para protegerse de lo que aquella inseguridad puede traerle. Su instinto dice que, si él no la está cuidando ni protegiendo, tiene que hacerlo ella por sí misma. Eso también genera un círculo vicioso donde él no se siente respetado, se retrae y, ella, entonces, se ve en la obligación

---

[16] Diccionario Priberam de la Lengua Portuguesa @ 2012.

de tomar decisiones, iniciativas y luchar por sí misma, aumentando así la falta de respeto hacia él.

El hombre debe ser equilibrado, seguro en todos los sentidos. Para proteger y cuidar de su mujer, tiene que ser fuerte, de la manera adecuada. No puede ser un vicioso o un indefinido. Ahora quiere una cosa, luego quiere otra. Si es inmaduro, irresponsable y no muestra un liderazgo firme, puede estar seguro: ella acabará poniéndose al frente, por su propia supervivencia… Hombres, ¡despierten!

Él la escucha: Eso es muy difícil para el hombre ya que, generalmente, no le gusta prestar atención ni escuchar detalles. Le gusta resolver los problemas y no solo oírlos; lo que, normalmente, la mujer hace cuando está con sus iguales. Que su desahogo sea escuchado por una amiga ya es suficiente para que se sienta bien. He ahí otro problema: usted quiere que su mujer comparta todo con usted pero no quiere oírla. Por eso, a veces, ¡la mujer tiene más intimidad con sus amigas que con el propio marido!

Es frecuente que el hombre se moleste al descubrir que su mujer ha contado algo que él considera privado a otra persona. ¿Qué puede hacer si el marido no quiere escuchar lo que tiene que decir? Ella se equivocó, pero él también. Si no encuentra oídos disponibles en casa, existe una gran probabilidad de que se abra hacia los oídos solícitos en la calle. Eso representa un gran peligro. Una mujer carente, con sus necesidades más básicas descuidadas… es un blanco fácil para el conocido «sinvergüenza», aquel muchacho del trabajo, siempre tan simpático y atento, que conoce intuitivamente esas necesidades y que ha dado a muchas de esas mujeres casadas lo que sus maridos no tienen tiempo de darles: oídos. Sin atención, esas mujeres caen como crías de foca en manos del depredador.

Hombres: límpiense los oídos, no la desprecien, especialmente si ella se está descargando. No intenten resolver sus problemas, solo oigan. Como ya explicamos anteriormente, la mujer lidia con el estrés de forma muy diferente a como lo hacemos nosotros, los hombres. Necesita hablar y sacar para afuera todo lo que la atormenta por dentro. Eso no quiere decir que necesite ninguna orientación sino, tan solo, unos buenos oídos y un abrazo para transmitirle la seguridad de que está a su lado.

La intimidad del matrimonio empieza por escucharse el uno al otro. Si no dialogan ni conversan, probablemente tienen una intimidad muy débil porque, ella, no se construye solamente del sexo. La intimidad está mucho más allá del sexo. Y otro consejo para los hombres: para evitar problemas después, cuando ella esté hablando, deje lo que está haciendo y ¡preste atención! Peor todavía que no escucharla es fingir que la está oyendo… Si no puede prestarle atención ahora, avísele, si no, eso se va a volver contra usted después.

Yo tuve que aprender a escuchar. A mí no me gustaba quedarme oyendo ni contando detalles. Cuando mi mujer me preguntaba: «¿Cómo fue tu día?», lo máximo que respondía era: «Fue bueno», dando por terminada allí nuestra conversación de la noche. Aquello estaba matando nuestra intimidad…, entonces, empecé a involucrarla más en mi vida para que se sintiera partícipe de mi jornada.

Se siente la escogida. Ella tiene la necesidad de sentir que, de entre todas las mujeres del mundo, usted la escogió y que es la única para usted. Hay muchas mujeres que podría haber escogido, pero la escogió a ella. Está por encima de la madre, los hijos, hermanos y amigos. Cuando visite a sus parientes, aunque exista un familiar al que no le guste su mujer, llegarán agarrados, tomados de la mano, demostrando que ella es importante y que la defenderá a cualquier precio. Si hay una mujer en su trabajo o en su círculo social que le hace a su mujer sentirse insegura, por cualquier razón, es su responsabilidad transmitirle seguridad con sus actitudes (no solo con palabras). Un marido que conozco hizo de eso una pequeña regla: llevar en el auto a otra mujer, por respeto a su esposa. ¿Imagina cómo se siente ella con eso? Como mínimo como la destinataria de esta bonita carta de Graciliano Ramos a su futura mujer:

He observado, en los últimos tiempos, un fenómeno extraño: las mujeres murieron. Creo que hubo una epidemia entre ellas. Desde diciembre, han ido desapareciendo, desapareciendo y, ahora, no hay ninguna. Veo, la verdad, personas vestidas con falda por las calles pero, tengo la seguridad, de que no son mujeres (…) Murieron todas. Y ahí se explica la razón por la que tengo tanto apego a la única sobreviviente (Cartas de amor a Eloísa, de Graciliano Ramos).

La mujer necesita sentirse única. Normalmente es bastante insegura por naturaleza. La sociedad también contribuye a ello bombardeando su imagen con lo que es bonito y feo en la mujer, siempre comparándola con lo que es aceptable: el cuerpo ideal, el pelo, la piel, el estilo de ropa, etc. No se ven los mismos ataques a los hombres, porque los hombres, normalmente, no se preocupan tanto con la apariencia como la mujer. Si un amigo le dice que está gordo, se ríen juntos; si una amiga le dice lo mismo a otra, automáticamente entra en la «lista negra»…

Es por eso que la mujer no se cansa de preguntarle a su marido si está bonita o si la ama. El hombre, que no entiende el razonamiento que hay detrás de eso, le dice: «Si me casé contigo es porque te amo, si cambia alguna cosa te aviso». Parece evidente para usted, pero para ella no es tan sencillo. Cuidado con la manera como habla a su mujer, eso también puede contribuir a su inseguridad respecto a usted.

Está siempre en su radar. El hombre debe mantener a su mujer siempre en su radar, es decir, estar siempre consciente y atento de cómo y dónde está, con quién, qué le preocupa, qué está haciendo o necesitando. El radar de él está normalmente en el trabajo, las cuentas, proyectos y preocupaciones; pero, aunque su objetivo esté en esas cosas, de vez en cuando mueva el puntero del radar y acuérdese de ella.

Si al terminar el día no se ha acordado de ella en ningún momento, cuando llegue a casa, seguramente, lo recibirá con cara fea. Como protector de ella, usted tiene que conocer todos sus pasos; no porque la esté espiando o controlando, sino para cumplir su papel de cuidador.

Muchos matrimonios están caminando hacia el divorcio precisamente porque se alejaron el uno del otro. No se preocupan por lo que el otro hace o dónde va. Viven indiferentes el uno del otro. Y así es como el amor se enfría. Toda relación necesita una inversión constante. Si él se olvida, debido al trabajo o a los nuevos proyectos, ella se siente desvalorizada y, muchas veces, no amada. Muchas mujeres viven sumergidas en celos y la raíz no es que el hombre le haya dado a entender que la está traicionando sino que no la ha hecho sentirse valorada.

Si está enferma, él espera que su madre o sus amigas la cuiden, mientras que lo adecuado es que lo haga él, siempre que sea posible. Si ella tiene nuevos proyectos, su responsabilidad es saber cómo están esos proyectos. Ella es su responsabilidad y no puede dejarla como si fuera cualquier mujer del mundo.

Cierta vez, una mujer nos contó que su marido no tenía nunca tiempo para ella debido a su trabajo. Entonces, decidió decidió preparar unas vacaciones para los dos, con tres meses de antelación, con el consentimiento de él. La semana anterior a las vacaciones, él le dijo que no podía ir debido al trabajo y ella tuvo que irse con una amiga y los niños. Ahora bien, ¿cómo cree que se sintió aquella mujer al ver que su marido ponía el trabajo en primer lugar?

Se siente atractiva. Cuando hace aquella pregunta que todo hombre teme: «¿Te parece que estoy gorda?», usted, hombre, no va a mentir, pero debe ser diplomático... La mujer tiene la necesidad de sentirse atractiva porque la competencia es grande: revistas, periódicos, televisión, mujeres por la calle... La presión es tan fuerte que incluso muchas modelos que son los referentes de la belleza se sienten feas. Esa necesidad la acompaña desde la infancia. A la muchacha le encanta el elogio, mientras que el joven no se preocupa por eso. La mujer necesita elogios; no se deben escatimar.

Debe tener un lenguaje que la haga sentirse mujer. Si se siente fea, tendrá una baja autoestima y eso no es bueno; ni para ella, ni para él. Cuando Cristiane engorda un poquito y me pregunta lo que me parece, siempre le digo: «¡Genial, así tengo más de ti para amar!».

Siempre va a haber una mujer más bonita que otra, no hay forma de ganar sola el trofeo de la mujer más bella del mundo, eso es imposible –incluso porque la belleza es algo muy subjetivo–. Pero, para los ojos del marido, su mujer tiene que ser la más bella del mundo. Debe tener ojos solamente para ella.

El marido tiene que aprender a ser amante de su mujer, mirando más allá de los defectos. Si hace eso, la mujer puede ser considerada «fea» ante los patrones de la sociedad e, incluso así, sentirse la más sexy del mundo debido a cómo su marido la hace sentirse. El hombre inteligente hace que su mujer se sienta atractiva para él.

Recibe afecto. El contacto físico es fundamental para la mujer. Muchos hombres tienen dificultades para tener contacto físico debido a su historia familiar. El niño crece con las expectativas de ser fuerte, no llorar, no necesitar de nada ni de nadie para crecer; pero el hecho es que la mujer no es así; el afecto significa mucho para ella.

La proximidad física del hombre y de la mujer habla mucho más que las palabras. Muchos matrimonios con el paso del tiempo se van separando, duermen en camas separadas, viven respetuosamente en la misma casa como hermanos pero son indiferentes el uno con el otro. Cuando quieren sexo, el hombre lo acuerda con la mujer y, por la noche, solo dice: «¡Vamos!». Entonces quiere que esté preparada mientras que durante todo el día, la semana o el mes entero no le dio ningún cariño.

A veces, el hombre se avergüenza de besar y abrazar a su mujer en público. A otros no les gusta ni darle la mano. La mujer siente esa necesidad, principalmente cuando está estresada, y, cuando él le niega ese contacto físico, se siente rechazada. Si usted quiere tener una mujer que se sienta valorada y amada, y loca por usted en la cama, debe saber que ese contacto físico tiene que estar siempre presente en su relación, principalmente en las horas en las que están en la cama.

Como consecuencia de traumas del pasado a algunas mujeres no les gusta el contacto físico. Casos así necesitan ser tratados específicamente.

Cristiane:

Siempre escuché decir que nosotras, las mujeres, somos complicadas, que no sabemos lo que queremos, que, para agradarnos, el hombre tiene que, prácticamente, dejar de ser hombre; pero, ahora, usted puede entender el porqué de ese mito. Muy bien, somos un poco complicadas (ok, bastante), pero eso se debe a nuestra inseguridad, que ya explicamos de dónde procede. Está en nuestro ADN. Sin embargo, no es por eso por lo que somos difíciles de agradar. El problema es que somos muy diferentes de los hombres. Lo que para un hombre no es tan importante, para la mujer sí lo es, y viceversa. Es fácil decir que la mujer no sabe lo que quiere. La cuestión es: ¿no sería eso una razón para darle mayores cuidados en vez de críticas?

Como mujer, ya vencí muchas inseguridades, pero, lamentablemente, por naturaleza tengo que luchar contra ellas casi a diario. Esa es una batalla femenina que nunca acaba. No sirve de nada que el marido crea que, solamente porque le dio un poco de cariño un día de la semana pasada ya hizo su parte. Amar es valorar a su mujer, es un conjunto de cosas que necesitan hacerse para que ese amor realmente se transmita a través de usted.

Cuando la mujer ama, se entrega. Además, adora entregarse a los demás, siempre piensa en todos, incluso en las personas a las que no gustan de ella. Usted, marido, gana mucho con esa manera de ser femenina; pero, cuidado, cuando la mujer se cansa de darse, puede ser demasiado tarde para que usted cambie.

TAREA

PARA EL MARIDO

¿Qué necesidades básicas de su mujer debe suplir con más dedicación?
¿Qué va a hacer al respecto a partir de ahora para que se sienta valorada
y amada?

PARA LA MUJER

¿Cómo podría ayudar a su marido a entender sus necesidades más básicas,
sin exigir ni imponer?

 /MatrimonioBlindado

 @matrimonioblind

Hombres, publiquen
esto:
Ya sé qué hacer para
que mi mujer se
sienta valorada y
amada.

Hombres, tuiteen esto:
Ya sé qué hacer para
que mi mujer se sienta
valorada y amada
#matrimonioblindado
@matrimonioblind

Mujeres, publiquen
esto:
Ahora entiendo al
hombre y lo que él
realmente quiere.

Mujeres, tuiteen esto:
Estoy ayudando a mi
marido a entender qué es
lo que más necesito de él
#matrimonioblindado
@matrimonioblind

CAPÍTULO 18
NECESIDADES BÁSICAS DEL HOMBRE

Antes de hablar sobre lo que los hombres realmente quieren (consejo de antemano para las mujeres: no es solo sexo), vamos a volver a nuestros amigos «edénicos», Adán y Eva. Ya vimos anteriormente cómo Dios los creó con autoridad compartida sobre toda la Tierra. No se les dio a entender que el hombre fuese mayor que la mujer, ni que ella fuese menor que él. La idea inmediata cuando Dios idealizó a la mujer fue hacerla una socia, más específicamente, auxiliadora del hombre, alguien útilmente adecuada[17] para él. Es decir, los dos juntos estarían más capacitados y serían más felices que solos.

Al crear a la mujer, Dios le dio atributos peculiares que el hombre no tiene: femineidad, delicadeza, sensualidad, el poder de ser madre, emociones más agudizadas, dulzura, ser el imán de la familia, detallista, organizadora nata –por citar solo algunas–. La combinación de todos los atributos únicos y primordialmente femeninos hace que la mujer tenga un atractivo natural para el hombre. Él quiere tenerla a su lado. Cuando Adán vio a Eva por primera vez, no resistió y exclamó: «¡Por esta vale la pena dejar al padre y a la madre!».[18] Hasta aquel momento él no había

---

[17] Génesis 2:18, 20.

[18] Génesis 2:24.

visto nada igual… Naturalmente, no quería perderla. Por eso todo hombre, dentro de sí, tiene un deseo natural de agradar a la mujer. Cuando la ama se queda embobado por ella. Y cuando la mujer no es sabia, eso puede ser algo muy peligroso –no solo para él, sino para los dos–. A fin de cuentas, lo que sucede con él la afecta también a ella.

Fue entonces cuando Eva, con sus modito de mujer, consiguió convencer y llevar a Adán a hacer lo que era malo. Obviamente, Dios enseguida vio que aquel poder necesitaba ser controlado. Si era capaz de llevar al hombre a tomar tal actitud y él no era capaz de resistirse, algo tenía que hacer para lograr el equilibrio. Es decir, Dios reconoció que la mujer, en realidad, era más fuerte que el hombre. Su aparente debilidad, sumada al hecho de ser deseada por él, la puso en una posición de gran poder e influencia sobre su marido; por eso, parte de la maldición que le cayó fue: «… y él te gobernará».

Nació entonces, allí, el concepto de que el hombre sería la cabeza de la mujer y ella, su cuerpo; es decir… (bajo música siniestra de una película de terror…) sumisa a él. Mujer, antes de cerrar este libro y tirarlo a la basura con rabia, déjeme explicar lo que eso realmente quiere decir. Sumisión al marido, probablemente, no es lo que usted piensa. Hago ahora uso del modito de la mujer y le paso la bomba a mi mujer para que la desarme…

EL ENVENENAMIENTO DE UNA PALABRA

Cristiane:

¡Muchas gracias, querido marido!

Mujeres, lean con atención las palabras dirigidas a nosotras:

Las mujeres estén sometidas a sus propios maridos como al Señor.
Porque el marido es cabeza de la mujer, así como Cristo es cabeza de
la Iglesia, no dominando, sino cuidando; pues ella es Su cuerpo. Pero,
así como la Iglesia está sujeta a Cristo, también las mujeres deben
estarlo a sus maridos en todo (Efesios 5: 22-24).

«Someterse», en el pasado, no tenía la connotación negativa que tiene hoy gracias al veneno inyectado en la palabra por hombres y mujeres que poco entendían del concepto. Algo que era perfectamente positivo y virtuoso se convirtió casi en una palabra maldita para las mujeres. Decir que la mujer debe ser sumisa al marido, hoy en día, implica ser llamado troglodita. Si las personas piensan que la sumisión al marido significa que la mujer debe ser su felpudo, que él es el macho y que, por eso, puede darle con un palo en la cabeza y arrastrarla por los pelos cuando quiera, entonces concuerdo con ellas en que realmente no deben someterse. Sin embargo, sumisión, en el sentido original de la palabra designado por Dios, no tiene nada que ver con eso.

Sumisión al marido no es ser una sufrida esposa, tampoco lo es la idea machista de mandar sobre la mujer; es, tan solo, una manera inteligente de lidiar con la sociedad del matrimonio. En la Biblia, la palabra está relacionada con humildad, suavidad, complicidad, confianza en el liderazgo, maleabilidad, docilidad y respeto. Es lo contrario de desafiante, rebelde, inflexible y testaruda. Quiero decir que la mujer necesita ciertas cualidades para trabajar en sociedad con su marido, a quien debe respetar como líder. ¿Se ha fijado en el versículo de arriba, cuando dice que la mujer debe dejar que su marido la lidere? ¡Mire solamente nuestro poder! Somos tan fuertes que Dios nos orientó para que «permitiésemos» que nuestros maridos nos lideren. Sí, permitir, porque si no acabamos mandando… Pero Él quiere que usemos nuestra fuerza de manera diferente, más sabia.

Primero tiene que entender que ser sumisa no quiere decir que sea inferior a su marido. Es tan solo un rol que usted debe cumplir para el funcionamiento de esa sociedad llamada matrimonio. En todo lugar donde dos o más personas se proponen trabajar juntas con un objetivo común, alguien tiene que liderar y alguien tiene que someterse. Todos los países tienen un gobernante, todo equipo deportivo tiene un capitán, toda empresa tiene un gerente, todo colegio tiene un director. En todo lugar, los conceptos de liderazgo y sumisión trabajan juntos. Eso no quiere decir que el líder sea mejor que el liderado como persona. Simplemente tienen papeles diferentes.

Ahora mismo, sea cual sea su situación como mujer en la sociedad, está sometida a varias autoridades y líderes —muchas de las cuales no conoce y, probablemente, no le gustan—. Pero tiene que someterse para el buen funcionamiento de la sociedad o del grupo al que pertenece. Esta es la parte práctica de la sumisión. Es algo necesario en toda sociedad con objetivos comunes. Ahora, observe qué extraño: ¿somos motivadas para someternos a todos esos líderes que ni conocemos pero, al mismo tiempo, a rebelarnos contra nuestros maridos, que nos aman? Vamos a usar nuestra inteligencia. Sumisión es una manera inteligente de lidiar con la sociedad del matrimonio.

Pero usted pregunta: «¿Por qué tengo que someterme yo y no él?». Sea honesta: ¿se sentiría realizada convirtiéndose en la líder de su marido, mientras que él se resigna a la posición de flojo en el matrimonio? No tendría un hombre a su lado. A ninguna mujer le gusta un hombre que no toma la iniciativa, que necesita ser mandado y dirigido todo el tiempo y que no tiene un brazo fuerte; es más, ella desprecia a los hombres así.

Créalo: nosotras no necesitamos liderar. Tenemos otra fuerza que es la influencia. Con ella podemos conseguir lo que queramos de nuestros maridos. Esta influencia no es más que la sumisión llevada a cabo con inteligencia. Acuérdese, el hombre ya está «vendido» para la mujer. Él anhela agradarla. Por eso, el marido puede ser el cabeza, pero la mujer es el cuello. Y, si es sabia, puede girar la cabeza hacia donde quiera… Es tan temible que debemos tener mucho cuidado con ese poder para no destruir a nuestros maridos y a nosotras mismas.

Una de las cosas que más escuchaba cuando atendíamos a los matrimonios en Houston era esa frustración de la mujer: «Mi marido no lleva las cosas adelante, soy yo quien tiene que resolverlo todo, ¡no lo aguanto más!». Mal sabían que la culpa era de ellas…

La mujer que no se somete a su marido acaba castrándolo, sin querer. No es su intención, pero lo hace un don nadie. Sin respeto, el hombre pierde su esencia masculina. Cuando no le cede ese papel en el matrimonio, él no se siente respetado y deja de cumplir su papel de hombre de la casa.

EL VERDADERO LÍDER

La otra cara de la moneda es que la sumisión bíblica de la mujer presupone el liderazgo bíblico del marido. Es decir, la mujer no está obligada a someterse a un líder que le haga mal, sino a uno que se sacrifica y se entrega por ella, que la trata como una extensión de sí mismo —el líder tipificado por el Señor Jesús—. El verdadero líder quiere el bien de sus liderados. Por eso, al emplear su liderazgo, intenta hacer lo que es mejor para quienes lidera. El marido sabio, que espera la sumisión de su mujer, debe dirigirla así. Debe hacerse digno de ser seguido.

El verdadero líder no es un dictador. Intenta escuchar las opiniones y necesidades de sus seguidores. Sus decisiones son para beneficiar a todos, no solamente a sí mismo. Por eso, su liderazgo gana respeto y no necesita ser impuesto por la fuerza. Hay una armonía en la relación: el líder busca lo mejor para sus liderados y estos, a su vez, confían en su liderazgo y, con alegría, se someten sin resistencia. Fue así como Dios lo designó: hombre y mujer, cabeza y cuerpo, en perfecta armonía.

Sin embargo fíjese bien: es la mujer quien tiene mayor poder para crear esa armonía en el matrimonio. Es ella la que es invitada a «dejar» al marido que lidere. Es decir, el poder está en las manos de ella y, si ella sabe usar ese poder, no querrá otra cosa. Lo que pocas entienden es que son raras las veces que la mujer verdaderamente sumisa se somete. Yo, por someterme a Renato, son raras las veces que hacemos las cosas solamente a su manera. La mujer que se somete al marido consigue todo de él. Él se queda tan feliz por el respeto que ella le da que su deseo es agradarla y, así, acaba haciendo lo que ella quiere. Mujer, si su cabeza está dándole vueltas ahora porque lo que está leyendo aquí es muy diferente de todo lo que ya oyó, respire un poco, pare y léalo de nuevo. ¡Este es uno de los secretos más simples y más despreciados en la historia de la humanidad!

Sin embargo, no tenga duda: así como es un sacrificio para el hombre mostrarle sus sentimientos a su mujer, también es un sacrificio para la mujer dejar a su marido que la dirija. Va en contra de su naturaleza y es ahí donde muchas han perdido en el amor. No quieren «salir perdiendo» en la relación; mientras que, en realidad, la mujer que se somete es la que sale ganando.

Es a tiempo: si usted, marido, no es un buen líder para su mujer, no le da seguridad, es egoísta con sus decisiones, se muestra irresponsable con su comportamiento (como cuando se deja llevar por los vicios, por ejemplo), no atiende sus necesidades, ni la cuida con todas sus fuerzas, ¿cómo espera que ella se someta? Por eso, la sumisión de la mujer al marido está limitada por el momento en que él comienza a actuar de manera que la hiera. Si insiste en ser un mal líder y quiere caminar hacia el pozo, ella no puede seguirlo. tTiene que dejarlo ir solo.

Por lo tanto, si el marido atiende las necesidades básicas de la mujer, que se resumen en hacerla sentir valorada, amada y segura a su lado, ella, a su vez, será sumisa a él como algo natural –aunque, a veces, tenga que frenarse a sí misma para dejarlo dirigir–. Ahora podemos entender y explorar la necesidad más básica del hombre: respeto.

EL HOMBRE QUIERE SU PAN DE CADA DÍA

En mis andanzas por las tierras del asesoramiento de matrimonios he visto casi de todo («casi» porque siempre hay alguien que nos sorprende con algún comportamiento que nunca habíamos visto). Pero, tratándose de hombres, específicamente, llegué a la conclusión de que el hombre es mucho más simple y fácil de agradar. He visto hombres aceptar de sus mujeres, sin protestar, falta de sexo, tener que comer afuera todos los días porque ella no quiere cocinar, hacer de niñera mientras ella sale con las amigas, gastar todos los ingresos dejándolo endeudado, crisis de SPM e, inclusive, ver con ella a un espectáculo de Celine Dion. Verdaderos héroes. Pero hay una cosa que todavía no he visto: hombres que aceptasen no ser respetados por su mujer.

Quítele todo al hombre, pero no le quite el respeto. Es su pan de cada día en la relación. Pensándolo bien, no pide mucho. Pero muchos no han recibido ni eso de sus mujeres. Y usted ya sabe lo que pasa cuando una necesidad básica no es cubierta. El sujeto se convierte en un animal y sale a la lucha por la propia supervivencia.

Cuando el marido no tiene el respeto que necesita dentro de su casa, va a buscarlo afuera. Y existen dos cosas principales que él normalmente busca para llenar ese vacío: el trabajo u otra mujer.

El éxito en el trabajo llena la necesidad de respeto de un hombre. Todos lo admiran, reconocen su valor, se hace necesario, y todo eso le hace sentirse apreciado. Por eso se entrega más al trabajo, para recibir más de ese respeto. Y, si aparece otra mujer, como acostumbra a aparecer para esos hombres de éxito, y ella lo aprecia de la forma en que no lo hace su mujer, tenemos la fórmula para el fin del matrimonio.

Por eso, la mujer sabia no discute ni es reacia sobre esa necesidad básica del marido, se limita a cubrirla. Y es así como ella lo hace, observe:

Exalta la fuerza del marido. Cuando la mujer hace al hombre sentirse fuerte, demuestra respeto hacia él. Por desgracia, muchas han caído en la agenda «hollywoodiana» de destruir la imagen masculina. Le critican por no ser «sensible», le ridiculizan públicamente, denigran su imagen y no hacen ningún secreto de ello. Hay mujeres que hacen ciertos comentarios y chistes maliciosos sobre sus maridos delante de los demás, hasta avergonzarlos delante de los hijos. Muchos hijos ya no respetan a su padre al ver que ni su madre le respeta. Es decir, sin querer, muchas mujeres le han quitado al hombre su fuerza.

Viéndose como un débil, ni siquiera intenta tomar iniciativas más osadas porque su mujer lo influyó a para pensar que es incapaz. Así, a la mujer le «sale el tiro por la culata». Él, con la autoconfianza destruida, se vuelve un fracasado. Las palabras le ofenden y entristecen hasta el punto de hacerle sentirse derrotado, debilitado. ¿Cómo puede un hombre así darle seguridad a ella?

La mujer sabia hace que su marido se sienta un héroe, como si él pudiese conquistar todo el mundo. Dentro y fuera de casa, lo levanta con palabras y actitudes, exaltando sus cualidades más fuertes. Así, lo prepara para el mundo y cosecha con él los beneficios de sus conquistas.

Le deja ser el cabeza. Ella practica el concepto de sumisión inteligente del que hemos hablado anteriormente. Las pocas veces en que no hay acuerdo entre ellos y una decisión de él la contraría, ella permite que él tenga la palabra final acuerdo (claro, nada que la hiera). La mujer debe respetar ese derecho de que él diga «sí» o «no». Incluso cuando sabe, o cree saber, cuál será la decisión de él, le consulta antes de hacer cualquier cosa, para reforzar la idea de que su decisión es valiosa e importante para ella.

Un problema común en los matrimonios actuales es el del marido anulado, que desiste. Debido a que nada de lo que dice, ella lo respeta, acaba dejando de opinar y de liderar. Si él está de acuerdo, o no, en alguna cosa, ella no le hace caso. Si ella quiere hacer algo, no importa lo que él piensa. Entonces él asume la siguiente posición: «Sigue adelante, haz lo que quieras. No importa lo que yo opino. Si estoy de acuerdo o no, lo vas a hacer de cualquier modo. Entonces, hazlo». Con reticencia y pesar, delega las decisiones en ella. La mujer piensa que está ganando pero, en realidad, está castrando al marido. La ironía es que tales mujeres viven reclamando que sus maridos no toman la iniciativa y no participan.

Mujeres, entiendan: a ningún hombre le gusta meterse en ninguna situación sabiendo que *siempre* va a perder. Simplemente, deja de participar.

La mujer sabia consigue prácticamente todo de su marido. Consiste solo en dejarle pensar que la idea fue suya… ¡Cristiane ya domina eso como un arte! El secreto está en llevarle la cuestión, darle la información que necesita para tomar la decisión y dejar que decida. Y si por casualidad la decisión no es la que esperaba, acátela, incluso así. La semilla está plantada. Más adelante, el deseo de agradar a la mujer le pasará la factura para que él haga algo por usted.

Es su admiradora número uno. Ella admira a su marido, inclusive con todos sus defectos, como una verdadera fan. Lo que caracteriza a un verdadero admirador es que, incluso cuando el equipo se está hundiendo, sigue apostando por él. Es como el equipo de su corazón, por ejemplo. El equipo puede perder diez juegos seguidos, parecer un chiste y ser descendido a divisiones inferiores; aun así, continúa apoyándolo, esperando que un día gane. Eso es ser admirador y seguidor.

Todo hombre carece de admiración, ya que sus realizaciones son muy importantes para él. Y, como todo hombre, también tiene sus defectos. Pero la mujer sabia no lo critica ni resalta sus defectos; en vez de eso, encuentra razones para admirarlo. Esa admiración trabaja en el subconsciente de él y lo acaba llevándolo a ser el hombre que ella siempre quiso. Ella exalta las cualidades positivas y finge que no ve las negativas. No hay nada más desmoralizante para un hombre que tener a su mujer como su crítica principal.

Lo reconoce delante de todos. A la mujer, de forma natural, le gusta desahogarse, contar la razón de su estrés a su amiga, madre u otra confidente. Ahí está el peligro: revelar los puntos negativos de su marido a otras personas. En vez de eso, sea una embajadora de su marido. Represéntelo bien y refuerce, así, el respeto por él.

Procura ser atractiva para él. Es una necesidad básica del hombre sentirse atraído físicamente por la mujer. El hombre se siente mucho más atraído por lo visual que la mujer y, por eso, la mujer debe cuidar su apariencia física. Lo interesante es que, antes de casarse, las mujeres son mucho más cuidadosas a este respecto que después, como si solo por el hecho de haber conquistado a un hombre, ahora, no necesiten más mantener la conquista. Si a él le gusta verla maquillada, debe maquillarse por amor, para mantener la química entre ellos. A veces, por saber que la mujer es sensible, el marido no le pide esas cosas; pero le corresponde a ella conocer las necesidades de él. La mujer tiene que cuidarse para mantener la llama de la atracción física. Sin embargo debe hacerlo para su marido y no para otras mujeres, como suele ocurrir. Intente saber lo que le gusta a su marido. A veces la mujer quiere ser flaquísima debido a la moda, cuando al marido no le gusta eso. Si la revista tal dice que la última moda es hacer desaparecer todas las arrugas y expresiones del rostro con bótox, ella lo sigue fielmente; pero si el marido le dice que le encantaría verla con un labial rojo, rápidamente le dice que no le gusta.

Lo que para muchas revistas femeninas y sus lectoras es muy importante estéticamente, no siempre lo es para el marido. Un ejemplo clásico de eso es la celulitis. La mujer tiene «paranoia» con ella, y la mayoría de los hombres ¡no sabe ni lo que es!

Cristiane:

Nosotras, mujeres, no debemos querer competir con las modelos «photoshopeadas» de las revistas. Debemos, sí, invertir en nuestra feminidad, que también llama mucho la atención de nuestros maridos. La feminidad forma parte de la belleza de la mujer, incluso aunque la moda ya no acentúe eso.

Hace algunos años, vivía quejándome de mi nariz solamente porque me di cuenta de que no era el tipo de nariz «perfecta», respingada, como la de las modelos. Empecé a indagar sobre la posibilidad de «arreglarla». Pero solo pensé en eso después de casarme, demasiado tarde. Renato nunca me dejó y, con el tiempo, me hizo que me gustase mi propia nariz. Descubrí que quería cambiarla por culpa de la sociedad y no porque realmente lo necesitara, también porque Renato siempre dice que ¡fue una de las cosas que más le llamaron la atención de mí!

A veces nosotras, mujeres, queremos embellecernos por motivos equivocados y acabamos ignorando lo que realmente interesa a nuestros maridos. Hace algunos años descubrí que lo que Renato encuentra más sexy de mí es mi autoconfianza, que no siempre estuvo alta. Es decir, en la época en la que me veía sin gracia y vivía intentando cambiar mi estilo de peinado o de ropa y mi maquillaje, ¡estaba dejando de ser sexy!

Con todas aquellas inseguridades, toda la inversión física no estaba consiguiendo nada para mi matrimonio.

La mujer segura se convierte en una caza interesante para el hombre; a fin de cuentas, él es cazador. Imagínese un cazador en el bosque, todo camuflado, con el rifle apuntando, moviéndose furtivamente en dirección a la caza… todo aquel ritual. De repente, el venado percibe al cazador y, en vez de huir, corre en su dirección diciéndole: «¡Mátame con ese rifle, mátame, llévame a casa!». Yo le garantizo algo: ¡el cazador perdería todo el interés! La gracia de cazar está en la dificultad.

De la misma manera, el misterio en la mujer es lo que encanta a su marido. Tiene que notarla segura de sí misma para motivarse a cortejarla. Segura, mujeres, no demasiado difícil.

Le deja su espacio. El hombre necesita espacio, un tiempo para relajarse y procesar su estrés. Se trata de la famosa «cajita de la nada», citada anteriormente. Muchas mujeres no les dan tiempo a sus maridos ni para que respiren. Tan pronto llegan a casa ya les arrojan todo el estrés del día. La esposa sabia escoge el momento adecuado para hablar, qué hablar y cómo hablar. Eso tiene un gran valor para el hombre. Se hace más atractiva para él pues ve en eso el respeto que la mujer le tiene y la autoconfianza de no estar atrás de él todo el tiempo.

Está claro que ese espacio tiene un límite. El marido que está siempre queriendo espacio y nunca tiene tiempo de conversar con su mujer está dejando su matrimonio morir poco a poco. Eso la hará sentirse insegura y frustrada y no podrá ser la esposa que necesita y quiere. Hombres, espacio es una cosa, pereza por cuidar la relación es otra. ¡Hay vida afuera de la cajita!

NADIE MERECE

Quiero enfatizar que lo que acabamos de contar en este capítulo hasta aquí son maneras de suplir la necesidad más básica del hombre, que es tener el respeto de su mujer. Tal vez usted, mujer, tenga un marido que no sea merecedor de ese respeto actualmente, por las cosas negativas que hace.

Sin embargo, acuérdese de una cosa: *La mejor cosa que se puede hacer sobre las necesidades básicas de alguien es suplirlas.*

La verdad es que nadie «merece» nada. La mujer puede decir que su marido no merece su respeto o el hombre puede decir que su mujer no merece su atención, pero el hecho es que si ustedes todavía están juntos y quieren blindar el matrimonio, tienen que cumplir sus deberes el uno con el otro. No espere a que él o ella lo merezcan, haga lo que *usted tiene que hacer* y verá que la otra persona acabará volviéndose merecedora.

Mujer: Respete a su marido porque así conseguirá todo de él.

Marido: Haga a su mujer sentirse amada y valorada y cosechará los frutos de esta entrega durante toda su vida.

CUANDO LAS NECESIDADES BÁSICAS DE ÉL SON LAS DE ELLA Y VICEVERSA

En uno de nuestros cursos en Houston, una mujer nos preguntó después de la clase en la que explicamos las necesidades básicas del hombre y de la mujer: «Yo creo que soy el hombre de la relación. Lo que dicen que yo necesito es lo que él quiere y lo que yo vivo insistiendo que él me dé, es respeto. ¿Qué hago?». Era una policía, acostumbrada a ser dura y poco sentimental y se había casado con un marido al que le gustaba… recibir atención.

Parece que este panorama se ha vuelto más común actualmente. No es difícil de entender, con todo el proceso de emancipación de la mujer y de la feminización del hombre en las últimas décadas. Lo que hemos visto es que, cuando el hombre es muy emotivo, la mujer acaba teniendo que ser la más racional, ya que dos emotivos no llegan a ningún lugar. Pero eso es algo de lo que ella misma acaba lamentándose, pues incluso a la mujer dura e independiente le gusta, en ciertos momentos, tener un hombre fuerte a su lado.

Este nuevo fenómeno ha dificultado todavía más la relación de algunos matrimonios. El hombre emotivo quiere respeto, pero no hay forma de dárselo, y la mujer racional quiere seguridad, pero tampoco encuentra cómo confiar en su marido…

Quien tiene una relación así, atención:

- Si usted es un marido sentimental, necesita vencer sus inseguridades para hacer a su mujer feliz; ser menos emotivo y más racional; intentar transmitir firmeza y madurez a su mujer.
- Si usted es una mujer muy independiente, racional, tal vez incluso mandona, necesita equilibrio en su manera de ser y dejar a su marido ganar más espacio en la relación. Invítelo a tomar decisiones junto a usted. Déjele tener la última palabra.

Si cada uno se pone en su lugar, los dos podrán andar juntos el resto de su vida.

Cristiane:

Yo soy más detallista que Renato y pienso en las cosas que él se olvida de pensar, mientras que él es más racional que yo, piensa en cosas en las que yo, por mi manera impulsiva de pensar, no reparo. Él es fuerte. Cuando estamos en situaciones difíciles, yo quiero llorar y esconderme en un rincón; él, con su fuerza, me abraza y me hace sentirme protegida.

La mujer sabia reconoce los atributos de su marido y viceversa.

Yo nunca habría imaginado que el capítulo sobre las necesidades básicas del hombre sería más largo que el de las de la mujer… ¿Por qué será? Esa es su fuerza, mujer. Necesita más palabras para convencer… Úselas con inteligencia.

TAREA

PARA LA MUJER

¿Qué necesidades básicas de su marido necesita cubrir con más dedicación?

¿Qué va a hacer respecto a eso a partir de ahora que él se sienta respetado?

PARA EL MARIDO

¿Cómo puede ayudar a su mujer a comprender sus necesidades básicas, sin exigir ni imponer?

/MatrimonioBlindado

Hombres, publiquen esto:
Estoy ayudando a que mi mujer entienda lo que más necesito de ella.

@matrimonioblind

Hombres, tuiteen esto:
Estoy ayudando a mi mujer a entender lo que más necesito de ella #matrimonioblindado @matrimonioblind

Mujeres, publiquen esto:
Ahora entiendo lo que el hombre realmente quiere.

Mujeres, tuiteen esto:
Ahora entiendo al hombre y lo que él realmente quiere #matrimonioblindado @matrimonioblind

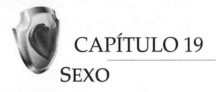

CAPÍTULO 19
SEXO

Antes de nada, quiero dar la bienvenida a los hombres que decidieron leer este libro: este es, probablemente, el primer capítulo que a ustedes les va a interesar leer. Y también a las mujeres que están frustradas sexualmente: hay una luz casi al final del túnel. Me gustaría, eso sí, recordarles que hay una razón especial por la que este capítulo está al final del libro. La práctica de todo lo que fue enseñado en los capítulos anteriores es lo que le proporcionará una vida sexual óptima. Si ignora lo que hemos hablado hasta aquí, probablemente sacará tan solo un provecho parcial de este capítulo; por lo tanto, haga el servicio completo y vuelva al principio del libro. ¡Le garantizo que valdrá la pena!

La vida sexual saludable es una de las principales herramientas de blindaje del matrimonio. Y nunca está de más enfatizar eso. La manera más rápida de descubrir la salud de la relación de pareja es intentar saber cómo les va en la cama. Si mi mujer y yo tuviésemos derecho a hacer una única pregunta para descubrir la situación de una pareja en nuestro consultorio matrimonial, sería: «¿Cómo está la vida sexual de ustedes?».

El sexo en el matrimonio es como un pegamento que mantiene al matrimonio unido. Es el misterio que hace que los dos se vuelvan uno –literalmente y también en todos los demás sentidos–. El sexo habla, y mucho. Comunica sentimientos y pensamientos que las palabras no pueden expresar. Cuando usted no busca a su compañero sexualmente, esa actitud habla en la mente de él o de ella cosas como: «No soy suficiente para mi marido/esposa… ¿Por qué me rechaza? ¿Será que tiene a otra persona? Tal vez haya algo malo en mi apariencia… Él/ella ya no me quiere cerca». Por otro lado, cuando el matrimonio mantiene una vida sexual activa y saludable, los mensajes no verbales son: «Mi marido me encuentra atractiva… Mi mujer está satisfecha conmigo… Somos suficientes el uno para el otro… No hay motivo para que mi marido/esposa mire a otra persona». Las consecuencias de esos mensajes en su mente pueden apuntalar o destruir su matrimonio. Ignore esto bajo su propia responsabilidad.

El sexo no solo habla como también cura muchos males Está científicamente probado que la actividad sexual actúa como una limpieza, una desintoxicación mental y física en la pareja. Por eso, cuanto menos lo practican ustedes, más distantes se sienten y más oportunidades dan para que haya problemas entre ustedes. En un matrimonio sin sexo, cualquier problemita se multiplica por mil. Por otro lado, es raro que una pareja tenga una mañana alterada después de una óptima noche en la cama… Cosas pequeñas se revelan, pues los dos tienen crédito suficiente en las cuentas emocionales –donde el sexo es la moneda más fuerte–.

Es posible detectar cuándo un matrimonio está bien y es activo sexualmente o no, observando sus temperamentos. Irritación, mal humor, frialdad y falta de consideración del uno hacia el otro son señales seguras de que la cama ha sido usada tan solo para dormir. Tal es el poder del sexo.

El recado es: practiquen sexo, practíquenlo bien y regularmente. Pero, para muchas parejas, es más fácil hablar que hacer. Vamos a develar este misterio.

DÓNDE COMIENZA Y TERMINA

Al contrario de lo que muchos piensan, el sexo no es solamente lo que sucede cuando el marido y la mujer se desnudan y mantienen relaciones sexuales. Para entenderlo mejor, piense en un sándwich. Cuando quiere comer un sándwich, piensa si va a quererlo de pollo, carne, chorizo, etc.; pero no piensa solo en lo principal que va dentro, piensa también en el tipo de pan, en la cebolla, lechuga, tomate, mostaza…, en todo lo que va a complementar y realzar el sabor de aquella carne. La carne pura en sí es comestible, pero con el resto del sándwich es mucho mejor.

Así es el sexo. Está claro que son dos cuerpos físicos que se involucran en el acto, pero el acto en sí tan solo es la carne del sándwich. Es lo que va en el medio. Sin embargo, antes y después es donde está el verdadero inicio y el fin de lo que llamamos un óptimo sexo. El antes y el después es trabajo de la mente. Sí, el sexo empieza y termina en la mente. El acto físico es el vehículo de expresión, pero la mente es su conductor y destino al mismo tiempo. La mujer generalmente hace eso mejor que el hombre. El sexo para ella está conectado con todo. ¿Se acuerda de los hilos conductores del cerebro femenino? Ella puede excitarse por cosas que nunca excitarían a un hombre, simplemente porque ella asocia todo con todo.

Por lo tanto, no se espante, marido, si usted un día saca la basura fuera de casa sin ella pedírselo, por ejemplo, y cuando vuelve ella le mira como si quisiera ir a la cama en aquel momento. No intente entenderlo, ¡simplemente aproveche!

Por su parte para el hombre, el sexo es algo muy simple. Para que él tenga deseo, es suficiente con que ella esté presente. El hombre es como si tuviese un único botón de encender y apagar para practicar sexo. La mujer es como una cabina de un Jumbo 787, llena de botones, y el hombre no sabe por dónde empezar. ¡Ha presionado un botón equivocado, apriétese el cinturón de seguridad y póngase la máscara de oxígeno!

Por eso, corresponde poner aquí un consejo especialmente para los hombres:

El sexo empieza del cuello hacia arriba.

Acostumbro a oír a los hombres que nos buscan para el asesoramiento decir: «Mi esposa nunca está dispuesta… Siempre con una excusa… Parece que solo a mí me gusta el sexo, a ella no… No quiero que se sienta como si me estuviese haciendo un favor… Para ella una vez al mes es suficiente, y ya está…».

Queridos míos: el sexo para la mujer es algo muy, muy diferente que para nosotros, hombres. El error de muchos maridos es pensar que la mujer ve el sexo como ellos, es decir, un placer físico, asociado a aliviar la tensión. Para usar otra analogía gastronómica (de aquí a poco me va a dar hambre), el sexo para la mujer es una frutilla en la torta de la intimidad. Es una expresión de cuán íntimos, amigos y amantes son ustedes –no solo en la cama, sino durante todo el día–.

No sé si usted ha comido alguna vez una frutilla sola, sin la torta. Es un poco ácida y sin gracia, ¿no? No satisface y, luego, apetece comer otra cosa para quitarse aquel gusto. Así es como la mujer entiende el sexo que no es precedido de intimidad. Ácido y sin gracia. No es algo que ansía hacer de nuevo. Pero cuando la frutilla viene encima de la torta, entonces es diferente. La torta es lo principal y la frutilla realza el sabor. Óptima combinación.

La torta es la intimidad que precede a la cama. Dígase de paso que, cuando la mujer escucha la palabra «intimidad», piensa principalmente en «conversación»; el hombre, sin embargo, piensa en poner las manos en ciertos lugares. Ella piensa en descubrir lo que el hombre está pensando, especialmente respecto a ella; y también le encanta cuando toda su atención está en ella, en lo que dice. Eso sí es lo que fortalece la intimidad de la pareja.

Por lo tanto, si usted solo le ha dado la frutilla a su mujer, ahora entiende la reacción ácida de ella. Sea mejor amante con su mujer volviéndose mejor oyente y mejor conversador. Esmérese en la torta. Conéctese con ella.

No estoy diciendo que se convierta en un canalla, que utiliza una pequeña charla solamente para conseguir lo que quiere. Esté seguro de que ella va a notar su falsedad y, ahí, ni frutilla ácida va a tener… Estoy hablando de un sincero interés en la persona que está dentro del cuerpo de su mujer.

Si entiende eso, que el sexo para la mujer empieza por encima del cuello, serán mucho más felices en la cama y en otros lugares. Y ahí les va a faltar torta para tanta frutilla.

NO ME GUSTA EL SEXO

Esta frase es casi tan imposible como decir que «no me gusta el aire». La única diferencia es que nadie se muere por falta de sexo, pero decir que no le gusta el sexo no es algo plausible. A no ser que haya algo físicamente mal en usted, el sexo *es bueno y óptimamente delicioso*. Fue creado por Dios, y Dios no hace nada malo. Si alguien dice que no le gusta el sexo es porque nunca supo lo que es o lo sabe, pero el compañero/a no. Por lo tanto, si al marido le gusta pero a la mujer no, es su responsabilidad de él ayudarla a descubrir cuán bueno que es para ella. Enfatizo aquí «para ella» porque el objetivo del acto sexual es dar placer al compañero. Por eso, a muchas mujeres no les atrae el sexo; porque se sienten usadas por los maridos tan solo para su propio placer.

Quiero dejar algo bien claro aquí: el orgasmo de la mujer es obligación del marido. El sexo es para dar placer a su pareja y no solamente para buscar el propio placer. Es esa actitud egoísta la que lleva a muchos a decir «no me gusta el sexo». A todo el mundo le gusta el sexo cuando se practica de la forma designada por Dios: para llenar al compañero de placer.

Para que eso suceda los dos tienen que poner el placer del otro como prioridad. El orden obvio y lógico de esta prioridad es el placer de la mujer primero y, después, del hombre. Debido a que ella, normalmente, es más lenta que él, si él busca primero su propio placer, ella se quedará esperando en vano.

Así que concluyendo el sexo es a la vez la necesidad y el placer que fortalece y protege al matrimonio. ¿Cuáles son los consejos para una óptima vida sexual? Tenemos cinco para usted.

CINCO INGREDIENTES PARA UNA ÓPTIMA VIDA SEXUAL

1. Limpie la mente. Primero limpie su mente de cualquier pensamiento sucio respecto al sexo. Tal vez tenga que desinfectar su mente de información contaminada que recibió en círculos de amigos/as, revistas, material pornográfico y otras fuentes dudosas. Hay mucha suciedad, distorsión y desinformación rodando por ahí al respecto. Entienda una cosa: cuando Dios creó al hombre y a la mujer, no necesitaron revistas pornográficas ni manuales para practicar el sexo. Él proyectó el sexo también para el placer de la pareja y les capacitó a ambos para satisfacerse el uno al otro sin la necesidad de la interferencia de terceros. Usted y su cónyuge son suficientes entre sí para alcanzar el placer sexual mutuamente. Por lo tanto, no vea el sexo como algo sucio ni prohibido. Es un regalo de Dios para ustedes. Es una de las únicas cosas que son exclusivas entre los dos. La amistad no es exclusiva del matrimonio, tampoco la fidelidad (puede ser fiel en su trabajo, por ejemplo), pero el acto sexual es algo exclusivo de la pareja; por eso, trátelo con la importancia, la pureza y el valor que merece.

2. Use la mente para conectar. Acuérdese de que el sexo, especialmente para la mujer, está unido a todo lo que antecede al acto. El sexo empieza y termina en la mente. Separe un tiempo en su mente para fijarse en las cualidades que admira de su cónyuge. Eso es una decisión consciente y voluntaria que tiene que tomar; si no, las preocupaciones sobre lo que no tiene que ver con su compañero ocuparán sus pensamientos. El estrés es el mayor generador de impotencia y frigidez. Tiene que separar un tiempo en su mente para conectarse con su compañero, no importa lo ocupado y estresado que pueda estar por el trabajo o cualquier otra razón. Desconéctese de lo que le está robando la atención a su cónyuge. Coméntele acerca de su ropa, su belleza natural, la parte del cuerpo que más le gusta; pregúntele sobre lo que está pensando, sus planes y proyectos, sus preocupaciones –oiga atentamente– y ofrézcale apoyo, seguridad y valor. La mujer no debe esperar que el hombre sea tan abierto como ella sobre sus pensamientos, él no necesita eso para sentirse «conectado». Pero debe regar su día con un comentario de admiración aquí y allí, un toque físico en un momento inesperado, una mirada sensual, un elogio sobre una característica masculina –como su fuerza, firmeza e inteligencia para los negocios–. Todo eso es el pre-sexo.

3. Enfóquese en su compañero. El placer de llevar a su compañero al placer debe ser tan placentero para usted como su propio placer. Guau… ¡intente decir esta frase con la boca llena de comida! Realmente aquí está uno de los principales secretos para conseguir que su marido o su mujer esté loco por usted. El objetivo es la otra persona, ¡no usted! Si ella alcanza el placer, el suyo será una consecuencia. Por eso, tenga en cuenta lo que es importante para la otra persona. Un punto crucial, que normalmente difiere entre el hombre y la mujer, es la cuestión de la privacidad. A él no le preocupa tanto si alguien en la habitación de al lado escucha gemidos y suspiros. Para él eso aumenta su virilidad. Sin embargo, a ella, si no le da un ataque de corazón al saberlo, nunca más va a mirar a la cara a aquella persona por vergüenza. Y ni mencione si el niño entra en la habitación para saber por qué están haciendo tanto ruido en la cama. Por lo tanto, hombres, enfóquense en lo que es importante para ella. La mujer tiene que sentirse absolutamente segura de tener privacidad para soltarse. Póngale llave a la puerta de la habitación. Invierta en aislamiento acústico en las paredes de la habitación si fuera necesario. Respétela y sea discreto. Además, la mujer tiene que sentirse segura no solamente respecto a la privacidad, sino también respecto a usted. Si acostumbra a mentirle, esconderle información, actuar irresponsablemente con el dinero y tener un temperamento imprevisible, no se sentirá cómoda ni segura con usted. ¿No le avisamos de que el sexo para ella está unido a todo? Ahora, un consejo para las mujeres: si su marido realmente se esfuerza para llevarla a las nubes, entonces, enseguida, llévelo a ver las estrellas. Es su turno de centrarse en él…

4. Descúbranse y explórense entre sí. Nadie es igual a nadie. Lo que a una mujer le parece lo máximo, otra lo detesta. Por eso, deben ser amantes el uno del otro, descubrir lo que les excita. ¿Qué partes del cuerpo le gusta que le toque? ¿Cuáles no le gusta? Trate de descubrir con su propia mujer, pregunte, explore, no confíe en fuentes externas como sitios web y revistas. Eso es algo muy personal. Algunos hombres quieren que sus mujeres se sometan a las cosas que les gustan (o que leyeron en algún lugar que a «las mujeres le gusta); por eso algunas mujeres se sienten incómodas con la práctica sexual. Es muy común encontrar en las portadas de revistas cosas como «Siete maneras de enloquecer a un hombre en la cama». Eso vende, pues las personas son ignorantes al respecto y, así, abren la mente para muchas barbaridades. Cuidado con lo que introduce en su mente y en su habitación. No todo lo que está en las revistas (es más, casi nada) es bueno para usted. El placer sexual empieza aprendiendo a explorar a la persona con la que está casado. No me interesa si la revista habla de que a la mujer le gusta esto o aquello. ¿Y si a mi mujer no le gusta? No todas las mujeres son iguales. No son robots ni fueron creadas en serie. La pareja tiene que dialogar, conversar, descubrir lo que a uno le gusta, lo que no le gusta, y adecuarse. También es importante saber cuál es la frecuencia ideal para su cónyuge. Por ejemplo, la mujer puede no sentir necesidad de practicar sexo, una vez a la semana está bien para ella. Sin embargo, el marido quiere todo el día. En ese caso, los dos deben encontrar un término medio. Tal vez ella tenga que ceder un poco más para que puedan relacionarse sexualmente tres veces por semana. Y él también tendrá que sacrificarse para que tres veces por semana sean suficientes. O dos. O cuatro. Lo importante es buscar ajustarse teniendo en cuenta al otro. No imponga algo sobre la otra persona, especialmente en el sexo. Si es forzado, si no es natural, no será placentero. Si no es bueno para uno, no lo será para ninguno. Respete los límites de la otra persona. Si a usted le gusta practicar el sexo oral, pero a su compañera no le gusta, no se lo imponga.

5. Invierta en los preliminares: ¿Cuál fue la última vez que se besaron apasionadamente, que le dio un largo masaje a su compañero, que tocó a su mujer con verdadero cariño, que pasó los dedos por sus cabellos, que le acarició el cuello, culminando con un abrazo? Todo el romance que se desarrolla durante el día y en las horas anteriores al sexo culmina en el momento en el que los dos de hecho se implican en el acto. Ese momento requiere un gran dominio propio del hombre. Los estudios indican que, en promedio, al hombre le lleva de dos a tres minutos eyacular después de la penetración. Por su parte, la mujer necesita, en promedio, de siete a doce minutos para llegar al orgasmo. ¿Puede ver el problema? Por lo tanto, el hombre necesita subir a la montaña con calma para no llegar a la cumbre mientras la mujer está todavía poniéndose las botas… Llegados a este punto, el hombre que es inteligente, que viene practicando todos los pasos explicados hasta aquí, lleva ventaja. La mujer que ha sido preparada veinticuatro horas al día por él no va a necesitar tanta preparación en el momento del acto sexual.

Aun así, él necesita controlar y acompañar el paso de ella, en vez de imponerle su paso. Mujer, usted podrá ayudar a su marido en ese punto manteniendo relaciones con él más periódicamente. Si él solo tiene sexo con usted una vez al mes, o menos, va a resultarle difícil controlarse cuando estén juntos.

ESPERE, ¡TODAVÍA NO TERMINÓ!

Hablamos de que el sexo empieza y termina en la mente y que el acto físico en sí no es más que la carne del sándwich. Eso quiere decir que, después de que los dos hayan tenido sus respectivos orgasmos (sí, ese es el objetivo), el sexo todavía no se ha acabado. Está claro que, a estas alturas, los dos estarán físicamente cansados; el hombre, principalmente, va a querer darse vuelta y dormir. ¡ Pero no el hombre que leyó *Matrimonio Blindado*! Este sabe que en el momento inmediatamente posterior al acto sexual es cuando la mujer se está sintiendo más próxima y conectada a él. Por lo tanto, este es el momento de mantener el contacto físico, el cariño, las palabras dulces y los elogios. Él no permite, de ninguna manera, que su mujer se sienta usada. Sabe que este es el mejor momento para hacerla sentirse amada y –honestamente– también para empezar a prepararla para la próxima vez.

LA SUEGRA QUE LE PEDÍ A DIOS

Cristiane:

Poco antes de casarme, muy joven e inexperta, mi madre me comentó algo sobre el sexo que he guardado siempre conmigo: «No siempre vas a tener el deseo de hacer el amor con tu marido, pero no actúes por lo que tú sientes. Hazlo incluso así. Una vez que empieza, acabas teniendo deseo. Nunca le digas que no para que no se sienta rechazado».

¡Y, hasta hoy, Renato lo agradece!

Tanto al hombre como a la mujer les gusta el sexo. Yo no creo en ese mito que dice que a la mujer le gusta menos que al hombre. El problema es que muchos hombres no saben cómo ve una mujer el sexo. Para ella, el sexo es el clímax de un día de amor productivo: el diálogo, las caricias, el cuidado, el mirar, la paciencia; en fin, todo lo bueno derivado del amor que presenció de su marido durante el día. Si el hombre practica eso, la mujer es capaz de querer tener más sexo que él…

Pero la verdad es que no todos los días estarán regados de romanticismo. Habrá días malos y días normales. No espere que todas las noches o todos los encuentros íntimos entre ustedes estén marcados por el fuego de la pasión. No es así. No viva de las fantasías de las películas. Muchas veces tendrán que empezar el acto sin estar muy excitados el uno por el otro. Otras veces su compañero la buscará y usted no estará preparada. Pero, cuando eso sucede, decida entrar en el clima. No le dé lugar a la pereza. Vaya adelante y participe. Nunca rechace a su compañero o compañera. Acuérdese, el sexo habla. Un rechazo sin una buena razón puede empezar a crear monstruitos en la cabeza de su cónyuge. Es por eso por lo que los matrimonios deben hacer el amor incluso cuando están cansados. Con el estilo de vida atareado en el que vivimos hoy, ¿quién no está cansado al final del día? Una cosa es segura: cuanto más lo hace, más lo quiere hacer; cuanto menos lo hace, menos lo quiere hacer.

El asunto es tan serio que la Biblia dice[19] que usted no tiene derecho a decir que no a su marido o mujer cuando él (o ella) quisiera mantener relaciones sexuales. Mujer, no se trata de volverse una esclava sexual de su marido. La explicación dada es mucho más bonita y profunda: su cuerpo no es suyo, es de él, y el cuerpo de él, no es de él, es suyo. Se pertenecen el uno al otro. Si uno niega el placer al otro, estará rompiendo la alianza del matrimonio, además de dejar espacio al diablo. (Hay muchos que le están abriendo las puertas del matrimonio a causa de eso).

La insatisfacción sexual porque uno de los dos no está nunca disponible para el cónyuge muchas veces culmina en adulterio, que es una de las principales causas de los matrimonios deshechos. Claro que si la razón para negarle el sexo a su cónyuge tiene que ver con dolores o con alguna otra dificultad física, conversen y busquen juntos un médico.

FASES Y ÉPOCAS

Una señal de aviso a las parejas en el camino de la sexualidad: permanezcan atentos a las fases y épocas del matrimonio y de su vida. Hay ciertos acontecimientos, factores y cambios que, inevitablemente, van a

---

[19] Corintios 7:3-5.

afectar a su vida íntima. No quiero decir que será necesariamente malo, pero tendrán que adecuarse y ser más comprensivos el uno con el otro. Una obvia consideración es que el sexo a los cincuenta años no será como a los veinte. Otra es si hay una gran diferencia de edad –él cuarenta y cinco, ella treinta y cinco, por ejemplo–.

Inmediatamente después de un embarazo, la mujer no estará dispuesta a tener sexo como antes. El marido tendrá que entender que la llegada del niño cambia todo en el matrimonio, y uno de esos cambios es el cansancio de la mujer por cuidar del bebé (si no lo cree, intente cuidarlo durante 24 horas y verá), el cambio en su cuerpo, la falta de dormir lo suficiente. El marido tiene que entender y disminuir sus expectativas respecto a la mujer en ese sentido. La mujer, sin embargo, no debe dejar que eso se convierta en una excusa. Su deseo sexual puede haber disminuido, pero el de él sigue igual… El bebé la necesita, pero también a un padre. No descuide a su marido.

El hombre que pasa por momentos difíciles en el trabajo también acostumbra a disminuir su libido. El fracaso profesional es desmoralizante para el hombre y puede, incluso, causar impotencia. La mujer debe, con sabiduría, apoyar al marido y hacerlo sentir «hombre», con su constante admiración, apoyo y aliento.

Cambios en los horarios de trabajo (dificultando que los dos estén juntos), viajes largos y cuestiones de salud son otros factores que pueden afectar su actividad sexual. El consejo es que estén atentos a las señales y hagan las debidas compensaciones para no permitir que eso les afecte.

¿ESTÁ PERMITIDO?

Pocos asuntos conyugales generan más dudas y preguntas que el sexo. Constantemente se nos pregunta si se puede esto o aquello en el acto sexual. En vez de detallar tales preguntas aquí, quiero plantear un punto importante para las parejas, como una guía general.

Las parejas más fracasadas sexualmente son aquellas que se preocupan demasiado con el asunto. Normalmente son aquellas mujeres que están súper preocupadas en vestir lencerías sensuales (una redundancia, pues, para la mayoría de los hombres, prácticamente cualquier lencería es sensual), visitar el sex shop, queriendo saber lo que esta o aquella revista dice sobre sexo, extremadamente preocupadas con una gordurita extra que apareció y qué es lo que el marido va a pensar. O aquellos hombres que cayeron en el vicio de la pornografía y masturbación, y dejaron de ser amantes de la mujer real que tienen al lado para fantasear con mujeres que ellos nunca tendrán en la realidad.

Querido lector: no se guíe por personas que no son ejemplo ninguno de felicidad conyugal. Las celebridades y los supuestos expertos de en relaciones tan glamourizados por los medios de comunicación son, en su mayoría, personas infelices en el amor. Casados por tercera o cuarta vez, divorciados, traicionan y son traicionados, o nunca encontraron un verdadero amor. Si hay alguien de quien usted *no* quiere recibir consejos para su vida amorosa es de esas personas. Por lo tanto, no deje que la confusión de este mundo complique lo que Dios hizo simple. Siga estas reglas de sentido común: sea amante de su marido o esposa. Descúbranse el uno al otro. No impongan ni exijan nada que al otro no le guste. No hagan nada contrario a la naturaleza (como sexo anal). Enfóquense en el placer de la otra persona y no sean egoístas. El resto, ustedes mismos lo llevarán a la práctica entre los dos.

TAREA

¿Necesito decirla?

CAPÍTULO 20
LAS 27 HERRAMIENTAS

A lo largo de nuestro matrimonio, y también aconsejando a matrimonios con toda clase de problemas conyugales, Cristiane y yo desarrollamos lo que llamamos herramientas para lidiar con las diversas situaciones. Algunas las creamos para nosotros mismos, otras las aprendimos o adquirimos de otras sabias parejas. Seleccionamos las mejores y las hemos puesto aquí para que las tenga a su disposición.

Toda casa necesita una caja de herramientas, pues son útiles para colgar algo en la pared, ajustar un cajón o para destapar alguna cosa. Todo matrimonio necesita también ciertas herramientas de auxilio. Estas 27 herramientas le ayudarán a arreglar y a mantener su matrimonio. No todas se aplican a su situación actual pero esta información le ayudará a armar la cajita de herramientas que le será útil en una situación de emergencia en su matrimonio. Cualquier caja de herramientas es así, no necesita todos los artículos que contiene para llevar a cabo el trabajo pero siempre es bueno tenerlos pues nunca se sabe cuándo serán necesarios.

Muchas de esas herramientas son cosas que usted ya sabe, pero que no practica. Su fuerza está en la práctica conjunta con otras herramientas. Puede ser que ya haya intentado usar solo una de ellas sin resultado. Renueve sus fuerzas para volver a aplicarla de nuevo junto a otras. Puede que no haya tenido resultado antes de leer este libro porque, entonces, no sabía lo que sabe ahora. Siga adelante y abra su caja, ponga las herramientas allí dentro, una a una, y aprenda en qué situación usarlas.

1. No se vaya a dormir con el problema

No se vaya a la cama con un problema no resuelto entre ustedes. Creer que se solucionarán más tarde solo hará que los problemas se agraven. La Biblia aconseja: «*Airaos, pero no pequéis; no se ponga el sol sobre vuestro enojo, ni deis lugar al diablo*».[20] Es decir, no está mal enfadarse y sí dejar que ese enojo siga al día siguiente, hasta el punto de hacer tonterías por su causa. Dicen que el tiempo lo sana todo, pero eso casi nunca es verdad. Una herida abierta solo empeora con el tiempo. Un problema es como un monstruito verde recién nacido: frágil, pequeñito y aparentemente inofensivo que se alimenta del silencio, de la indiferencia y que crece durante el sueño. Si nadie hace nada al respecto, en poco tiempo tendrán un enorme monstruo verde como mascota, que masticará su matrimonio y les hará pedazos a los dos. Cuanto antes lo mate (preferentemente, en el huevo), menor será el estrago que cause. Es muy fácil identificar si mataron o no a tal monstruito. Si se acuestan dándose la espalda el uno al otro, en habitaciones separadas o sin tocarse, significa que el problema aún no se solucionó y que el monstruito está agonizando. Vuelvan a conversar hasta que lleguen a la reconciliación. Esa herramienta fue algo que desarrollé con Cristiane para solucionar el problema del tratamiento del silencio. Nos pusimos de acuerdo: «A partir de ahora, cuando tengamos un problema, vamos a hablar sobre él y no nos vamos a dormir hasta que se quede solucionado». Claro que eso tuvo como resultado que muchas noches fuésemos a dormir a las tres de la madrugada, pero abrazaditos. Nos despertábamos bien al día siguiente, sin arrastrar ninguna carga negativa del día anterior. Cuando empezamos a ser bien rígidos con esa herramienta, el tratamiento del silencio se acabó. Yo aprendí a solucio-

---

[20] Efesios 4:26, 27.

nar el problema al instante. Problema ignorado es problema empeorado. Muchos matrimonios pasan por esa situación. Su compañero quiere solucionar el asunto, pero usted no quiere porque piensa que ya se solucionó, o porque está enfadado. Ignore sus emociones y haga lo que es correcto. Usar los «Diez Pasos para Solucionar los Problemas» explicados en el capítulo 6 le ayudará. La frase «no deis lugar al diablo», del versículo escrito arriba, es reveladora. Cuando la ira queda mal resuelta, está dando lugar al diablo. En cualquier momento de la relación o usted está en la presencia de Dios o en la presencia del diablo. Sea consciente de eso. Debe desarrollar la sensibilidad de discernir cuándo está en la presencia de uno o de otro. Preste atención a las señales. Es fácil saberlo. Cuando Dios está presente, la relación está bien. Cuando el diablo está presente, las cosas se traban; es decir, él encontró una brecha. Así que, sin demora, vaya y cierre esa brecha, ¡ya!

¿Cuándo usar esta regla? Siempre que haya algo mal resuelto, «en el aire», entre ustedes; cuando tiene algo dentro de usted en contra de su pareja; cuando uno está despreciando al otro.

2. El amor nunca hiere

No existe justificación para herir a su cónyuge, ya sea de manera física, verbal o emocional. Estar enojado no es motivo para dañar a la pareja. ¿Cuántas veces nos enfadamos por algo que sucedió en el trabajo? Y ¿qué hacemos cuando eso sucede? ¿Golpeamos al jefe, pateamos la silla? No, aprendemos a administrar esa rabia sin herir al otro. Porque si herimos a nuestro jefe (o a cualquier otra persona en la empresa), probablemente nos quedaremos sin trabajo. Usted aprende a administrar esa rabia para evitar una situación desagradable con los compañeros de trabajo. Lo mismo debe hacer con la persona amada. Nunca actúe con agresividad. No es excusa decir que es nervioso o que tiene poca paciencia, pues el verdadero amor no lastima. Eso también incluye ciertas malas palabras que, a veces, a la hora de la pelea, se dicen el uno al otro. Se insultan y dicen palabrotas como si la otra persona no representase nada. No se trata así a quien forma parte de nuestro propio cuerpo. Mantenga un alto nivel, no insulte, no ataque al carácter.

Las parejas felices adoptan un patrón elevado de tratamiento el uno con el otro. Se rehúsan a aceptar un comportamiento dañino. Cuanto menor es la tolerancia al mal comportamiento en una relación, más feliz será la pareja con el paso del tiempo. Si la mujer insulta al marido, por ejemplo, y él responde, ambos rompieron las reglas del comportamiento civilizado. Si no arreglan aquel hecho, disculpándose y comprometiéndose a no actuar más de aquella manera, ¡listo! Aceptó que se cruzara la línea una vez, la próxima vez será cruzada nuevamente, hasta alcanzar una línea todavía más peligrosa. Atendemos a muchas parejas que, al contarnos la discusión que tuvieron, usan la siguiente frase: «Perdona, pero tengo que ser sincero y decir lo que siento». No siempre lo que se siente tiene que ser dicho. Las emociones nos hacen pensar en disparates. Muchas veces lo que siente no es lo que verdaderamente piensa. Si exterioriza algo llevado por el impulso, causará un daño del cual su cónyuge puede no curarse.

¿Cuándo usar esta regla? Cuando sus emociones fluyan y quiera explotar con la otra persona. Guarde esta frase: «El amor nunca hiere». Actúe civilizadamente. Si la otra persona le está hiriendo, insista –con respeto, sin avivar aún más el fuego– en mantener el alto patrón entre ustedes. Puede ser que tenga que señalar eso más tarde, después de que los ánimos se calmen, pero no lo deje pasar.

3. No generalice
No importa cómo completaría estas frases: «Tú nunca…» o «Tú siempre…». Ambas causarán problemas. No use el pincel de una situación para pintar todo el carácter de su compañero. «*Siempre* haces lo que quieres, *nunca* lo que yo quiero», «*Nunca* me oyes». Esa clase de afirma-

ciones raramente son verdaderas y solo sirven para enojar a su compañero. Lidie con las situaciones de forma individual y resista la tentación de relacionar el problema actual con un problema pasado. Cuidado con las palabras *nunca, siempre, nada, todo* y *siempre que,* pues son palabras absolutas que no dejan opción. Evítelas. La mayoría de las veces, este es un problema femenino. La mujer *siente* determinada actitud del marido *como* si él siempre hiciese aquello, recordando todas las veces que ya pasó por aquella sensación. Ella expresa lo que está *sintiendo* y no propiamente el hecho en sí. El problema es que si la mujer dice: «Nunca sales conmigo», el hombre, automáticamente, se acuerda de que la llevó por ahí una vez, dos meses atrás, y contesta: «¿Nunca? Pero si te llevé a ver aquella película…» y el foco se vuelve hacia ella. Cuando usted generaliza, la persona no lidia con el problema que usted trajo, sino que tiende a acordarse de algo que contraríe lo que usted está diciendo.

Si está oyendo generalizaciones, ¿cómo lidiar? Entienda que ella no está diciendo que «nunca», o que «siempre», sino que está expresando la sensación que tiene ante aquella situación. Oiga: «Siento como si nunca me llevases a pasear», en vez de «Nunca me llevas a pasear». Sea paciente. No se enfade y mantenga el foco de atención en el problema que le está planteando.

¿Cuándo usar esta regla? En toda comunicación entre ustedes. Si se escapara alguna de esas palabras en algún momento, discúlpese y rehaga la frase. Si su pareja generaliza, apunte el error para no repetirlo en el futuro, pero céntrese en lo que él o ella está queriendo decirle realmente y lidie con aquello.

4. Deje de reclamar y comience a orar

Su pareja insiste en hacer algo equivocado, no quiere cambiar, usted ya viene reclamando desde hace años y nada sucede. ¿Se ha dado cuenta de que no sirve de nada reclamárselo a Él? Reclámeselo a Dios. Pídale que toque en el corazón de su pareja y que le dé sabiduría para combatir aquello. Es natural que, si le ataca, él/ella no consiga ver el error que le señala, ya que está empeñado en defenderse. Pero Dios puede hacer que vea el error dentro de sí. La oración tiene mil y una utilidades. Más allá de ser una herramienta capaz de producir el cambio que usted no lograría solo, también le ayuda a lidiar con el estrés, al colocar la ansiedad en Dios. Él aguanta la frustración, la rabia, el mismo asunto, una y otra vez, durante el tiempo que sea. Por su parte, el cónyuge puede reaccionar no muy bien. Piense en eso, así, ¡usted está yendo a quien creó el matrimonio para solucionar su problema, está reclamando directo a la fábrica! Como si llamara al servicio de atención al cliente de una empresa y pudiese hablar directamente con el dueño. Pero sea perseverante. No siempre la respuesta viene a la mañana siguiente. Insista en oración a Dios. Ore por usted también, para no formar parte del problema. Pida sabiduría para lidiar con la situación.

Cristiane:

Cuando me di cuenta de que mi marido no estaba cambiando a través de los constantes reclamos que yo hacía, concluí que no podría lidiar con aquella situación sola y busqué a Dios. Esa herramienta es el cambio de dirección: dejar de actuar por la emoción y pasar a actuar por la fe, a través de la confianza en Dios. Pero no se engañe, Dios no hace magia, no hace todo Él solo. Él actúa cuando usted hace su parte, para sumar con la de Él. Y si usted no sabe cuál es su parte, pídale orientación a Él. Nosotras, las mujeres, somos propensas a reclamar demasiado y nos volvemos molestas, pensamos que lograremos solucionar el problema protestando. Yo empecé a orar a Dios pidiéndole que cambiase mi comportamiento. Quería dejar de llorar y empezar a actuar por la fe y, a través de la oración, lo logré. Solo Dios puede hacer que el marido o que la mujer cambie. Solo Él puede cambiar el interior de una persona. Antes, yo oraba para cambiar a Renato pero después de preguntar a Dios la dirección, que me mostrase lo que debía hacer, empecé a buscar el cambio primero en mí, y fue así como comencé a ver el resultado en él. Dios no solo nos da consuelo y paz, sino que, además, nos da la dirección para saber qué hacer. Funciona en todas las situaciones de nuestra vida.

¿Cuándo usar esta regla? Cuando todo lo demás falle.

5. Muestre aprecio

Muchas personas casadas se sienten tentadas de tener una relación extraconyugal simplemente porque encuentran a alguien que los aprecia más que su cónyuge. Cuando percibe a su pareja distante o usted mismo se siente distante, necesita esforzarse conscientemente para demostrar consideración hacia ella. Por ejemplo, cocine algo que le guste, haga una cena especial, dúchese y perfúmese para esperarlo, esté en casa cuando llegue. Intente saber cómo está, llámela por teléfono durante el día, note su ropa nueva, salgan para hacer algo que a ella guste. Es muy fácil descuidarse después de estar muchos años juntos.

Existen varias situaciones que apartan el objetivo de la pareja haciendo que se olviden el uno del otro con el paso de los años y que entren en la fase de la indiferencia. Después de la llegada de los hijos, estos consumen toda la energía de la pareja, la mujer vive solo para ellos y el marido se siente desplazado. O los dos están luchando para que crezca la empresa, o para pagar las deudas. O los hijos finalmente se casan y la pareja se queda como si fueran dos desconocidos, sin saber cómo relacionarse porque pierden aquello que los conectaba. La herramienta de mostrar el aprecio es muy útil en este momento. Identificar la fase de la indiferencia es fácil. Observe a su pareja. Ya no forman juntos una unidad. Cada uno vive en su mundito. Uno frente a la televisión, el otro pegado a la computadora. Uno se va a acostar antes que el otro. Salen solos, viven vidas independientes, tienen muy pocas cosas en común. La pareja que vive así raramente muestra aprecio, pues para apreciar a alguien necesita darse cuenta de que la otra persona está ahí. Es posible revertir ese cuadro, inclusive después de varios años de indiferencia, basta con querer. ¿Se acuerda de las cositas que hacían durante el noviazgo y al principio del matrimonio? ¿Del cuidado que tenían el uno con el otro? Es eso lo que usted tendrá que rescatar. Le repito la frase que usted ha encontrado muchas veces en este libro (porque no puede ser olvidada): el matrimonio feliz da trabajo. Hasta hoy tengo que invertir en mi matrimonio. Es un trabajo continuo y que compensa enormemente.

Una frase que me gusta que las parejas se graben es: ¿Qué es lo que mi cónyuge necesita de mí ahora? Si no lo sabe, pregúntele o intente descubrirlo. (No siempre se lo dirá. O puede decir «nada» cuando, en realidad, tendría una lista que leer, en orden alfabético). Pregúntese: «¿Qué puedo hacer por él(ellaa)?». *Ella p*uede estar estresada, o deprimida, necesitando de su compañía, de ánimo, de saber que hay alguien fuerte a su lado. A veces basta una palabra, o apoyo silencioso, señalando que todo saldrá bien, que es una fase y que ustedes vencerán. Si está enferma, necesita sentirse cuidada o, por lo menos, saber que usted se preocupa, en el caso de que otra persona haga ese trabajo.

Mujeres, no piensen que esta es una tarea solo para los hombres. A veces, el hombre está pasando por una situación en la que se siente derrotado y necesita una palabra que le demuestre que usted aún lo ve fuerte. Un aviso: la mayoría de los hombres no saben recibir elogios, pero eso no significa que no les guste. Puede que usted ya haya pasado por eso. La mujer elogia la ropa y él levanta los hombros. ¡No se intimide! Créalo, es solo que no quiere perder «la pose»… Eso es muy común e involuntario, casi como un defecto de fábrica. Aunque la persona no sepa recibir elogios, no deje de elogiarla. No se preocupe, causará efecto.

El psicólogo John Gottman, respetado especialista en relaciones, condujo un estudio que lo llevó a concluir lo siguiente: por cada experiencia negativa que la pareja tiene, son necesarias cinco experiencias positivas para compensarla. Digamos que la pareja haya tenido un intercambio de palabras desagradables que dañaron al otro; para nivelar esta situación negativa, tendrá que practicar cinco acciones positivas para poner a cero la ecuación. El índice de Gottman nos lleva a creer que las malas experiencias son cinco veces más poderosas que las buenas. Es por esa razón por lo que si el marido hace algo que lleva a su mujer a perder la confianza, un mes después ella aún se acuerda del hecho. Cuanto más aprecio muestre, más impresiones positivas acumulará en su relación...

¿Cuándo usar esta regla? Siempre, especialmente cuando note cierta distancia e indiferencia entre ustedes.

6. Lo que su cónyuge le pida, va al principio de la lista

Mucho del estrés en la relación se debe al pensamiento de que no se es tan importante para el compañero como otras cosas o personas; entonces, cuando su compañero le pida algo, póngalo al principio de su lista, haga de eso una prioridad para que no necesite pedírselo nuevamente. Es una reglita simple, pero vale oro.

El marido pide: «Amor, cómprame una maquinita de afeitar, la mía ya no afeita bien». La mujer responde con un «Ah, bueno» pero no le estaba prestando atención. Al día siguiente, él busca la maquinita y no está. Él se molesta un poco y lo deja pasar; entonces, la mujer se disculpa y promete comprarlo la próxima vez. Y la historia se repite al día siguiente. ¿Es algo tonto? Sí, las parejas discuten por cosas tontas, pero ¿por qué discuten? Porque aquella cosita tonta está diciendo algo muy grave al oído de la persona, del tipo: «Yo no soy importante para ti», «Si tu madre te pide algo, dejas todo, corres y lo haces al instante, pero, cuando lo pido yo, no lo haces». Ese es el verdadero problema. El problema no es la maquinita de afeitar sino el mensaje oculto tras la actitud. Esta es una regla que debe absorber en su día a día. Él/ella le pidió algo, entonces hágalo rápido y fortalecerá la idea de que ustedes son los primeros en la vida uno del otro. Piénselo bien. Cuando su jefe le pide algo, ya tiene el hábito de hacerlo rápido. Sabe que aquella persona es importante porque tiene influencia sobre usted. ¡Muchísimo más el matrimonio! Su marido/mujer es mucho más importante. Quizá exista algo que su cónyuge le haya pedido hace mucho tiempo y usted no hizo todavía. Desde la cosa más pequeña hasta una conversación seria que necesitan tener. Realícelo ahora mismo, como prioridad, como prueba de consideración.

¿Cuándo usar esta regla? Siempre que él(ella) le pida alguna cosa.

7. Cuide su apariencia

Muchos que se preocupaban por cuidar bien de su apariencia antes, durante el noviazgo, ven el matrimonio como un «permiso para andar feos». En realidad es precisamente después del matrimonio cuando debe cuidarse como nunca. No menosprecie a su compañero creyendo que ya lo conquistó. Procure estar siempre bonito para su cónyuge, controle su peso, fíjese en la manera de vestirse, utilice maquillaje si a él le gusta. La limpieza y el orden de su casa también son muy importantes.

A algunas mujeres no les gusta maquillarse pero a sus maridos les gustaría que se pintasen los labios o los ojos. La mujer cree que tiene que gustarle a su marido al natural: «Es así que yo soy». Claro que no me va a gustar Cristiane por sus aros o maquillaje pero si la mujer sabe lo que le gusta al marido debe esforzarse un poco para agradarlo. Lo mismo sucede con la comida: si a usted algo no le gusta pero a él sí, le hará esa comida para agradarlo.

El matrimonio es eso, vivir para agradar al otro, para hacerlo feliz. Está bien, estoy de acuerdo en que no es justo exigirle a la persona que sea alguien que no es, pero hacer algún esfuerzo en la dirección de aquello que agrada a su cónyuge no es para tanto, es muy válido y con toda seguridad le hará sentirse mejor. En mi trabajo, tengo que ponerme traje, corbata, camisa, pantalón de vestir y zapatos. En mis momentos libres, me gusta ponerme chinelas, pantalón corto y remera, pues casi nunca me pongo ese tipo de ropa. Al principio, cuando íbamos al cine, iba de pantalón deportivo y chinelas, quería estar muy cómodo. Para ella, aquel era un momento especial y salía muy arreglada. ¡Imagine qué pareja! Ella no me decía nada, pero sentía vergüenza de mí. Cuando finalmente me dijo: «Con esa ropa, parece que desististe de la vida», primero me enojé pero, después, lo entendí. Nosotros salimos muy poco, así que, cuando vamos a salir, tengo que honrarla, estar a su altura. Hago un esfuerzo por amor a ella, porque a ella le gusta. ¡Pero por mí iría en chinelas!

Aconsejamos a una pareja cuyo marido estaba insatisfecho sexualmente. Se quejaba de que siempre que buscaba a su mujer era rechazado. Mientras él hablaba nos dimos cuenta de que ella estaba avergonzada. Les pedimos que se retirase uno para hablar con cada uno de ellos con más privacidad. Entonces ella se desahogó: «Él dice que yo nunca quiero que me toque, ¡pero si por lo menos él se bañara todos los días!». La mujer debía de ser una heroína para aguantar momentos íntimos con alguien que no tenía una buena higiene. Él estaba tan acostumbrado a la falta de higiene que ni siquiera imaginaba que ese era el motivo del abismo entre los dos. ¡Algo tan fácil de solucionar! ¡Jabón, agua, toalla y listo! Fin de los problemas de aquella pareja.

Cristiane:

Usted representa a su cónyuge; por eso, después de casarse, su responsabilidad con la apariencia es aún más grande. La apariencia dice mucho respecto a cómo se siente, si es feliz, si está realizada, va a mostrar eso en su exterior. Si ama, respeta y valora a su marido, es natural que muestre eso en su exterior. Puede sentirse mal por dentro y estar bien por fuera pero de ninguna manera conseguirá estar bien por dentro y mal por fuera. Si está bien en su interior, tiene que demostrarlo en su exterior, no solo en la forma de arreglarse sino en su semblante, la sonrisa, la mirada cariñosa… La mujer que recibe al marido en casa malhumorada, ¿está feliz? La mujer que sale con mala cara, desarreglada, ¿está feliz? Si el marido mira a su mujer y ve a una mujer amargada y descuidada, ¿cómo se sentirá? Si usted está irritada debido a aquel período delicado del mes, avísele a su marido, no permita que piense que el problema es él o que usted no es feliz. La apariencia no es todo en mi vida, pero si me amo, ¿por qué no voy a cuidarme? Y más ahora que tengo a alguien a quien representar.

¿Cuándo usar esta regla? Siempre. E intente averiguar lo que le agrada a su cónyuge respecto a la apariencia. También comuníquele sus preferencias, pero no imponga nada.

8. Nunca ridiculice su pareja

Ya sea de forma privada o pública. Tener buen humor no es lo mismo que burlarse. ¡Cuidado con los chistes de mal gusto! No exponga los defectos y las debilidades de su cónyuge ante terceros. «El amor *cubre* todas las transgresiones», dijo el sabio rey Salomón.[21] El amor cubre los defectos de la otra persona. Aunque su pareja esté equivocada, demuéstrele su apoyo, en vez de exponer sus errores. Ridiculizar es faltar al respeto. No haga comentarios que disminuyan a su cónyuge o que expongan algo que él mismo aún no había expuesto para los demás. «Ah, Roberto no sabe ni hacer una suma. ¿Sabías que solo terminó la primaria?». ¿Qué aporta eso a su matrimonio? Sarcasmo, ironía y desprecio son fatales también para la relación. «¿Harás una lista para no olvidarte? Y ¿desde cuándo eres bueno con las listas?». Esas actitudes generalmente demuestran que la persona piensa que es superior a la otra. Acuérdese, el amor no hiere.

¿Cuándo usar esta regla? Siempre. Preste doble atención cuando esté en medio de una discusión acalorada o entre amigos.

---

[21] Proverbios 10:12.

9. Beba del agua santa

Hay una historia de un vecindario donde los desentendimientos conyugales aumentaban desenfrenadamente. Cansada de las peleas con su marido, una mujer fue a pedir consejo al sabio del lugar: «¿Qué debo hacer para acabar con las discusiones con mi marido?», le preguntó. El viejo sabio le dio una botella con agua y le dijo: «Esta agua es santa. Cada vez que su marido empiece a discutir, beba un poco; pero es necesario que la mantenga en la boca durante diez minutos antes de tragarla. Y dígales a todos sus vecinos y amigos que tengan el mismo problema que hagan lo mismo». En poco tiempo, ya nadie discutía en aquel vecindario. Invitaciones para discutir siempre llaman a la puerta del matrimonio. Entienda que no está obligado a aceptarlas todas. Si su cónyuge ha hecho un comentario que le invita a contestarle, tengo una buena noticia: puede decir no y decidir no presentarse a esa pelea. No es que vaya a ignorar el problema pero tendrá dominio propio, principalmente si decide controlar su lengua. Los ánimos se calmarán y habrá evitado una discusión innecesaria que solo serviría para alejarlos a los dos. ¿No es excelente? Ganar una discusión no es tan importante como solucionar el problema. Si percibe que su pareja está alterada, respire hondo y cierre la cremallera de sus labios. Nunca me olvido de un matrimonio de Singapur que acudía a nuestra iglesia en Londres. El día que hicimos una oración especial por sus cincuenta años de casados les preguntamos cuál había sido el secreto de una vida juntos tan duradera y el marido nos contestó: «Cuando yo estaba nervioso, ella se callaba. Cuando ella estaba nerviosa, me callaba yo». Eso realmente funciona.

¿Cuándo usar esta regla? Cuando se sienta con el deseo de devolver palabras duras con otras más duras todavía.

10. Inicie la conversación suavemente

Si sus conversaciones ya empiezan en un tono grosero, inevitablemente terminarán en pelea, aunque haya muchos intentos de calmar los ánimos después. Algunos ejemplos clásicos: Si el marido pregunta: «¿Necesitas dinero?» (Empezó bien). La mujer contesta: «Solo para las cuentas que deberías haber pagado la semana pasada» (Empezó mal). Los cuchillos de la acusación y del sarcasmo empiezan a volar. Cuando la conversación empieza bien, son grandes las probabilidades de terminarla bien. Elija cuidadosamente sus palabras, pruebe la frase mentalmente y vea si suena bien. Si piensa que la persona puede no entenderlo, cambie el orden de la frase, elija otras palabras. La conversación será más tranquila y tendrá tiempo de pensar para no decir ninguna tontería. Si se da cuenta de que empezó a perder la paciencia, respire hondo, pida perdón y empiece de nuevo.

> Cristiane:
>
> Una manera eficaz de comunicación es hablar de cómo le hace sentir su cónyuge, en lugar de tratarlo como si él fuera la personalización del problema. Por ejemplo, si su marido es grosero con usted, no es sabio llamarle grosero, pues así empieza el asunto con el ataque y, con total seguridad, él se defenderá. Pero puede hablar de cómo usted se siente cuando él habla con usted…: «Mi amor, cuando estás ocupado y te pregunto algo, a veces la manera como me respondes me hace sentir mal». ¿Nota la diferencia? No es él quien la hace sentir mal, es la manera en que él le responde la que hace eso. Concéntrese en lo usted piensa y siente al respecto en vez de en lo que usted piensa de la persona en relación al problema.

¿Cuándo usar esta regla? Siempre que vayan a tratar algún asunto delicado entre ustedes.

11. El cajón de los problemas perpetuos

Siento tener que informarle de que ciertas cosas que nos irritan y que consideramos «defectos» en nuestra pareja, para nuestra tristeza, nunca cambiarán. Quizá él sea para siempre. Es posible que siempre esté apegada a su mamá. En fin, hay cosas en cada uno de nosotros que forman parte de nuestra identidad y que no cambiarán. En lugar de frustrarse y quedarse siempre discutiendo con la otra persona sobre ello, tome ese problema y póngalo en el cajón de los problemas perpetuos –un lugarcito de su cerebro reservado para recordarle que es en vano seguir debatiendo sobre aquel tema y que, por eso, lo mejor que puede hacer es aprender a lidiar con él–. Ponga más cestos de ropa en lugares estratégicos de la casa. Recoja sin protestar la ropa que él –aun así– la tirará al suelo. Acepte la amistad de su mujer con su suegra, ¡únase a ellas! Si es un problema tolerable, que le da para gestionarlo, entonces use esa herramienta.

Desista de cambiar a la otra persona, pues eso no es posible. Como ya dijimos al comienzo: usted solo puede cambiarse a sí mismo. Quite su foco de atención de los defectos del otro, de lo que no hizo y que, a su parecer, está mal. Valore las cualidades de su cónyuge y el contenido del cajón tendrá cada vez menos importancia en su relación.

¿Cuándo usar esta regla? Cuando identifique un problema perpetuo.

12. Borre los últimos diez segundos

A veces necesitamos dejar pasar algunas cosas. Una palabra fuera de contexto, un comentario innecesario en un momento de ira… Evalúe la situación y vea si vale la pena enojarse con eso. Algunas veces, su mujer pisará en su callo y va a querer explotar, pero acuérdese: no *necesita* explotar.

Cuando usa una filmadora y no le gusta lo que acaba de grabar, regresa y graba nuevas imágenes encima de las imágenes innecesarias; de la misma manera, use este mecanismo mental de «para, regresa y borra», diciéndole a su cónyuge: «Está todo bien, voy a fingir que no vi ni escuché lo que acaba de suceder. Empezamos con el pie izquierdo, vamos a volver a empezar». Esa herramienta de borrar los últimos diez segundos también es de mi invención. Me di cuenta de que, a veces, Cristiane actuaba por impulso o movida por una frustración, decía lo que no quería decir y vomitaba lo que estaba sintiendo. En lugar de pelear empecé –inclusive de buen humor– a darle señales de que no debería haber dicho aquello. Si ella suelta algo que me da una cuchillada, digo: «Espera, déjame rebobinar la cinta. Ok, toma 2. ¡Acción!». Cuando ella escucha eso, entiende que lo que dijo estuvo mal y tiene la oportunidad de hablar nuevamente. A propósito, si ha fallado en la herramienta de empezar la conversación suavemente, tiene otra oportunidad con esta herramienta para borrar los últimos diez segundos. Use esta herramienta con buen humor y cambie la situación. Ayude a la otra persona, perdone, dele otra oportunidad.

¿Cuándo usar esta regla? Cuando la otra persona pisó la pelota y su voluntad es hacer que él se trague la pelota.

13. No deje que el lenguaje no verbal cancele sus palabras

Los especialistas en comunicación afirman que más del 90 % de la comunicación es no verbal. Fíjese en ese número. ¡Más del 90 %! Cosas como el comportamiento, el tono de la voz, la mirada, las expresiones faciales y el lenguaje corporal son las responsables de casi todo lo que transmitimos. Nuestras palabras aportan menos del 10 % de nuestra comunicación a la otra persona. Preste atención en su día a día y verá cómo esa información es verdadera. Si usted dice: «Vale, yo te perdono», mientras su rostro (y aquel giro en los ojos) dice: «Solo estoy diciendo eso porque lo pediste pero, en el fondo, sé que nunca cambiarás» (sí, usted puede decir todo eso tan solo con una mirada), eso hará que su perdón no parezca sincero. Más allá de la expresión facial y corporal, algo que habla más que sus palabras es su comportamiento reciente. Si dice: «Voy a cambiar», pero su comportamiento dice que ya lo prometió cien veces y nunca lo ha cumplido… sus palabras no tendrán ninguna credibilidad para la otra persona. No sirve de nada reclamar.

Preste atención a las señales que envía sin palabras. Es muy común, durante la conversación, que el marido cruce los brazos y diga: «Muy bien, puedes hablar». En realidad está diciendo: «Yo preferiría estar en cualquier otro lugar y no tener esta conversación pero, después, no podrás culparme por no oírte». Todo eso puede decirse sin abrir la boca. Una expresión corporal más abierta y receptiva es el secreto para una buena comunicación. No quiera tener un buen resultado en una conversación en la que mantiene una postura cerrada y defensiva, un tono de voz sarcástico, suspiros audibles. Mantenga siempre en mente que su pareja no es el enemigo y que su objetivo es terminar la conversación bien. Estar abierto al diálogo es imprescindible para que eso suceda. Procure comunicarse con su cónyuge de forma cariñosa, placentera y pacífica. Lo que quieren es una buena relación ¿no es así? Desee eso con todas sus fuerzas, con todo su cuerpo –literalmente–.

¿Cuándo usar esta regla? En toda la comunicación.

14. Reconstruir la confianza es trabajo de a dos

Si hubo infidelidad o se quebró la confianza en su relación, sea usted el culpable o la víctima, ambos tendrán que trabajar duro –y juntos– para reconstruir la confianza. Un error común es que la persona herida le eche toda la culpa encima a la otra, que le traicionó: «Quien cometió el error fuiste tú, estoy desconfiado porque me diste motivos». Ella cree que el otro, exclusivamente, es el que tiene que trabajar para rescatar la confianza. Siento tener que informarle de que no es así. Los dos tienen que trabajar en eso.

Eso vale para cualquier situación en que haya pérdida de confianza. Por ejemplo, la mujer se gastó el dinero que no debería haber gastado; ahora, el hombre no le confía nada de valor. En el caso de la infidelidad, el dolor y la desconfianza –«¿ocurrirá de nuevo?»– estarán siempre como un fantasma en su cabeza.

El culpable tendrá que actuar de modo diferente para demostrar que hubo, de hecho, un cambio. No pida cuentas, simplemente haga lo que tiene que hacer. Es el precio a pagar por su infidelidad. Elimine el teléfono secreto, no borre los mensajes del celular, permita el acceso a los correos electrónicos y a Facebook. Entre las cosas que ya no pertenecen a su realidad están: salir y no decir a dónde va, tener momentos del día en los que el otro no sabe con quién o dónde está, tener secretos, esconder información. Mantener esas actitudes solo continuará alimentando la desconfianza. Para que la confianza sea rescatada, la persona que traicionó tendrá que grabar en su mente la palabra «transparencia». Cuando se es transparente, no hay nada que esconder y empieza a ser digno de confianza.

Sea transparente en todo y no reclame. No venga con la historia de «¿Y mi privacidad?» o «Ya no hago más eso, tienes que confiar en mí». Usted renunció a su privacidad el día en que se casó. Y si su cónyuge le está otorgando el perdón y una nueva oportunidad, es su transparencia la que le servirá de puente para la reconstrucción de la confianza, no sus promesas. Es como el ciudadano que comete un crimen y es llevado al tribunal. Por ser la primera vez, recibe el beneficio de la fianza. El juez plantea algunas restricciones: no puede viajar, tiene que presentarse mensualmente durante un determinado tiempo –pero no lo envía a la cárcel–. La persona que cometió un crimen y recibe esa clase de sentencia se pone muy feliz. Piensa: «Tendré que comportarme bien, controlarme algunas veces, ¡pero por lo menos no estoy en la cárcel!». Aprecia esa oportunidad. Del mismo modo, el que traicionó tiene que apreciar la nueva oportunidad, y la única manera de hacer eso es siendo transparente.

Si usted fue la víctima, deje de recordar a su cónyuge lo que dejó en el pasado y evite alimentar desconfianzas. No suponga ni saque conclusiones precipitadas. Lidie con los hechos en el presente. Si su pareja no cambia, usted puede advertirle que no habrá una tercera oportunidad, pero, mientras no demuestre lo contrario, no se quede volviendo al pasado innecesariamente. Si se comprometió a cambiar, no se convierta en detective, investigando lo que no existe, ni insinúe que todavía le sigue traicionando. Es muy irritante y frustrante intentar cambiar y ver que el otro nunca cree en el cambio.

Es común para quien fue traicionado empezar a ver cosas que no existen. Se trata del miedo controlándole. Pero sea racional. Las paranoias no sirven. Haga planes y prepárese ante la posibilidad de que el otro no cambie, pero deje el plan «en el cajón» para ponerlo en práctica solamente en caso necesario. Así, ya tiene la respuesta para el miedo, si lo peor sucediese.

Entierre el pasado y pase con el coche por encima veinte veces, para que ni siquiera sea posible saber dónde fue enterrado. No vuelva allí para llevar flores o escupir en la tumba. Olvídese. Auxilie a su pareja en esa reconstrucción, es un trabajo en equipo. ¿Es difícil? Lo es, nadie dijo que fuera fácil, pero solo así comenzarán a reconstruir la confianza perdida.

¿Cuándo usar esta regla? Cuando haya traición, mentiras o cualquier ruptura de confianza en la relación y hayan decidido darse una segunda oportunidad.

15. Duerma antes del problema

No se trata de una contradicción a la herramienta número 1, donde se le aconseja no irse a la cama dejando un problema no solucionado para el día siguiente. Aquella orientación es para ayudarlo a lidiar con problemas que *ya ocurrieron*. Esta enseña a lidiar con el estrés *antes* de que el problema llegue. Muchos de los problemas del matrimonio se originan por situaciones de estrés en uno o ambos. Si está atento para detectar el problema ANTES de que suceda, podrá evitarlo.

Observe el lenguaje corporal, el tono de voz y el nivel de estrés de su cónyuge. Dele espacio suficiente. Las personas encaran de manera diferente el estrés. Como regla general, los hombres necesitan espacio y las mujeres necesitan hablar. Claro, hay excepciones, existen mujeres que también necesitan silencio y hombres que quieren desahogarse. Lo importante es entender que, si uno está en un nivel de alta irritabilidad, no sirve de nada que el otro quiera solucionar el problema en aquel momento.

Incluso, un añadido a la primera regla: si ya ocurrió el problema y ve que la persona está peligrosamente alterada, entonces es mejor dar una pausa y esperar a que los ánimos se calmen. No tendrán una buena conversación si las personas están funcionando en base a la emoción y la irritabilidad. Esa herramienta es semejante a la regla del «time out» en el básquet. Cuando el equipo empieza a perder muchos puntos seguidos, el técnico pide tiempo y reúne a sus jugadores para darles instrucciones. Es estratégico, principalmente porque rompe la ventaja del adversario.

Acuérdese de que, en su matrimonio, también hay un adversario. No le dé brecha al diablo. Si insiste en quedarse provocando a su cónyuge cuando los ánimos están alterados, entonces le está dando ventaja al adversario. Dé una pausa. Decidan hablar más tarde sobre el asunto.

A pesar de que el nombre de la herramienta sea «Duerma antes del problema», eso no significa, necesariamente, que tenga que dormir –a pesar de que una buena noche de sueño es una de las mejores maneras de hacer una higiene mental y emocional–. También puede ser una pausa de veinte minutos o de una hora. La idea es darle tiempo a su pareja para recobrar las fuerzas y el equilibrio emocional.

¿Cuándo usar esta regla? Tenga esta herramienta siempre a mano para detectar las señales de estrés en la pareja, o en sí mismo, y valerse de una pausa, u otra forma de calmarse, antes de que genere problemas.

16. Ensaye para la próxima vez

En el matrimonio raramente se tiene un nuevo problema. No discreparán solo una vez sobre el dinero, ni sobre la educación de los niños. Lo más común es tener que enfrentarse con problemas reciclados, que vuelven de tiempo en tiempo. Cuando se encuentra con un problema recurrente, ¿qué puede hacer? Primero, resuelva el conflicto inmediato, usando aquellos diez pasos que enseñamos en el capítulo 6. Enseguida, pregúntese: «¿Cómo podemos evitar que eso suceda?» o «¿Qué haremos si eso vuelve a ocurrir?» Entonces, así como los guionistas planean lo que pasará en la próxima escena de una película o novela, escriba su propio «guión» para la próxima vez. ¿Qué harán cuando una situación similar suceda? Decida lo que pasará, cuál será el papel de cada uno y pónganse de acuerdo. Cuando la situación surja, ambos sabrán qué hacer, sin exaltar los ánimos.

¿Cómo es eso en la práctica? Por ejemplo, el marido se olvida de la fecha del aniversario de boda. No es bueno recordando fechas y la mujer se irrita mucho con eso. Por la forma de ser de él, existe una gran probabilidad de que se olvide nuevamente el próximo año. Algunas personas no están conectadas con las fechas, es un defecto de fábrica (herramienta 11 aquí, ¿quizás?). La pareja debe solucionar el problema de que la mujer esté enfadada ahora pero, también, deben ponerse de acuerdo en cómo van a encarar eso las próximas veces.

La mujer puede apuntarlo en la agenda del marido a principios de año (simple, ¿no?), avisarle con alguna anticipación, pegar recordatorios por la casa… «¡Pero, así, no tiene gracia!», dice ella. Entienda una cosa muy importante: nuestras altas expectativas pueden llevarnos a querer que nuestra pareja sea como somos nosotros, que lo importante para nosotros sea importante para él (ella), pero no siempre es así. Es necesario que haga un ajuste en sus expectativas para evitar problemas recurrentes. Hay un abismo entre lo real y lo ideal. Cuanto más grande es el abismo, más grande es la frustración y los problemas llegarán.

Olvide lo ideal y lidie con lo real. Aunque lo real no sea suficiente, es eso lo que tiene, es sobre eso sobre lo que tendrá que trabajar para conseguir un resultado mejor.

Esta herramienta se aplica en todas las situaciones. Muchos discuten respecto a la educación de los hijos. Uno es más estricto, el otro más flexible, y los hijos perciben esto y empiezan a hacerlos que se enfrenten el uno con el otro. Entonces, tienen que ensayar eso para la próxima vez. Pónganse de acuerdo, por ejemplo, en que la próxima vez que el marido diga que no al hijo y el niño vaya a la mamá queriendo cambiar lo que él ha decidido, la mujer confirmará lo que el marido dijo, aunque piense que fue muy duro. Ustedes pueden incluso conversar sobre eso después, sin el niño, pero jamás dejen que el hijo se dé cuenta de que uno estaba en desacuerdo con la decisión del otro.

Otra situación clásica es el problema respecto al dinero. Esperaba que su cónyuge le consultase antes de gastar tanto dinero, pero no lo hizo. ¿Y ahora? Algunas parejas se sientan y se ponen de acuerdo: «Hasta tal cantidad, puedes gastarlo, pero desde esa cantidad, hablaremos y lo decidiremos juntos». Eso es hacer el guión. Cuando la situación aparezca, ya sabe cómo solucionarlo, debido al *script* previo.

Nuevamente retomamos la comparación con el mundo corporativo. En la empresa, usted tiene que solucionar problemas y prevenir que vuelvan a ocurrir. Es exactamente el razonamiento a seguir de esta herramienta. Verá una reducción considerable de los problemas.

¿Cuándo usar esta regla? Siempre que identifique un problema resucitando de entre los muertos. Generalmente acompañado del pensamiento: «Ya he visto esa película antes».

17. Proteja sus noches

¡Últimas noticias! La noche es un momento para relajarse. Si generalmente discute los problemas y expone sus tristezas cuando su compañero llega del trabajo, por ejemplo, se arriesga a echar a perder el clima ideal para tener un agradable momento de unión e intimidad –léase «Sexo». Una pareja encaró esa situación llegando al acuerdo de no hablar más sobre los problemas después de las ocho de la noche. A ellos les funcionó y usted debe descubrir lo que les funciona a ustedes. No se olvide de que si se van a acostar peleados no dormirán como si fueran uno. Esa es la hora del día en la que deben invertir más en su relación, al contrario de lo que muchos han hecho. Esperan ansiosos a que llegue su pareja para quejarse por las cuentas que tienen que pagar o por lo que la profesora dijo de los niños.

En el cuadro del «Laboratorio» de *Escuela del amor*, tuvimos una pareja con ese problema. A la hora de la cena, ella demandaba que él tardaba mucho en comer y él le pedía un tiempo para relajarse. En un determinado momento ella le dijo: «¿Para qué te relajas a la hora de la cena? Hay muchas cosas que hacer, lavar los platos, ¿quién tiene tiempo para relajarse?». Debido a las muchas cosas que hay que hacer, las noches de esa pareja están alteradas. ¿Cómo podrán invertir en la intimidad al final del día si no pueden ni ponerse cómodos? Proteger la noche es proteger las horas que anteceden los momentos íntimos entre ustedes. Muchas parejas se quedan días, semanas e incluso meses sin relacionarse sexualmente por descuidar las noches. La persona está pensando que va a tener una noche agradable pero, debido a una palabrita en la cena, los planes se van río abajo. No se olvide de que el sexo empieza en la mente. Cuando no protege los momentos anteriores al de estar con su pareja en la cama, elimina el clima y mata cualquier posibilidad de una noche agradable bajo las sábanas.

¿Cuándo usar esta regla? Todas las noches y en otros momentos que anteceden el acto sexual.

18. Rescate a su compañero(a)

Todos nos sentimos sobrecargados alguna que otra vez. La mujer puede llegar a casa, después de un día terrible en el trabajo, y todavía tener decenas de tareas que hacer antes de, finalmente, poder apagar las luces y dormir. Un marido dedicado debe ser sensible a esta situación y ayudar a aliviar su carga siempre que sea posible. Él viene a socorrerla: «Yo guardo las compras mientras miras las tareas del colegio de los niños…» o «Yo arreglaré la ropa y sacaré la basura mientras preparas la cena». ¡Arreglar sus propias cosas también ayuda! De la misma manera, la mujer debe ser auxiliadora del marido y entrar en escena cuando él estuviere sobrecargado. Amar significa cuidar.

Eso puede venir junto con la herramienta 17. La mujer, estresada, llega a casa y quiere descansar su cabeza, el marido se da cuenta de que ella está muy cansada y pide una pizza para que no tenga que preparar la cena. Ella se siente valorada y cuidada. De la misma manera, si el marido estuviera estresado y la mujer decide dejarlo descansar en su cajita, también estará ayudando. Usted se da cuenta de que su cónyuge no está bien, entonces, si no hace lo que normalmente haría, hágalo usted. No cree una tempestad, esté allí cuando más lo necesita. Es una herramienta para emergencias. Socorrerse el uno al otro cuando uno está soportando más de lo que puede. Acuérdese de la pregunta: ¿Qué es lo que mi cónyuge necesita de mí ahora? ¿Ánimo, cuidados médicos, orientación, ayuda práctica o, simplemente, mi presencia?

Cristiane:

Nunca me gustó imponer los quehaceres de casa a Renato, siempre fui el tipo de mujer chapada a la antigua, reina del hogar, cuyo marido no necesita preocuparse con nada. Sin embargo, un día, ya no aguantaba más, estaba sobrecargada con responsabilidades en casa y fuera. Vivíamos con otros dos matrimonios y, cuando me tocaba preparar la comida, cocinaba para un batallón de personas. Después, tenía que limpiar la cocina y el resto de la casa, y, además, ocuparme de la merienda por la tarde y de la cena… Llegaba el fin del día y ¡yo estaba extremadamente cansada! Fue cuando tuve una gripe terrible, me quedé en cama y nadie me ayudó.

Nunca me olvido de lo que Renato hizo por mí: me vino a socorrer. Siempre me hablaba de contratar a una persona para limpiar la casa dos veces por semana pero, por no conocer a ninguna y tener aquel pensamiento de que iban a hacer mal el trabajo, nunca tomaba la iniciativa. Él llamó por teléfono a la persona, firmó un contrato con ella de dos semanas y lo organizó todo para mí. Recuerdo haberme sentido apreciada y valorada por aquel simple gesto. ¡Él me socorrió cuando yo más lo necesitaba!

El asunto de los quehaceres domésticos merece un comentario especial. La sociedad cambió mucho, pero la mentalidad de algunas aún está allá atrás. Si tiene discusiones constantes sobre la casa, hagan una lista y definan quién será responsable de qué cosas. ¿Quién sacará la basura? ¿Quién va a cortar el césped? ¿Quién limpiará la habitación? ¿Uno de los dos? ¿El hijo? ¿Mejor contratar a alguien? En una empresa, todo el mundo sabe quién hace qué, quién hace el café, quién limpia la sala de reuniones… Todo debe estar bien definido. Si uno piensa que otro lo hará, nadie hace nada. Defina las tareas semanales, diarias y mensuales de la casa y pónganse de acuerdo sobre quién hará y qué hará. Si tienen hijos, ellos pueden ayudar, la familia será un equipo en el cuidado de la propia casa. Pegue la lista en la heladera, para que nadie se olvide. Es una manera práctica de solucionar esos problemas.

¿Cuándo usar esta regla? Siempre que observe a su cónyuge sobrecargado o sin condiciones de ejecutar sus tareas.

19. No haga ataques personales

«Eres un mentiroso…», «Eres grosero…», «Eres una testaruda…». Cuando dice cosas de ese tipo a su cónyuge, es señal de que su relación bajó a los niveles más bajos de la falta de respeto, un viaje del cual es difícil regresar. Los ataques personales muestran que ha perdido de vista a su verdadero enemigo, que es el problema, no su pareja. Cuando insulta a su cónyuge, se está insultando a sí mismo, ¡ya que fue usted quien eligió casarse con él!

No imagine que su pareja le está mintiendo. Dos personas pueden ver la misma escena y atestiguar versiones diferentes. No quiere decir que estén mintiendo, sino tan solo contando su punto de vista. Llamar a su cónyuge mentiroso por no coincidir con su versión de los hechos puede ser una gran injusticia; por eso, mantenga el foco de atención en el problema y no parta hacia acusaciones contra su carácter. No es inteligente.

No puedo vestir a Cristiane con el problema y atacarla como si ella fuera el propio problema. Tengo que saber separar las cosas. Yo odio el problema, pero sigo amando a Cristiane. Lo que debe tener en mente es que son amigos y van a trabajar juntos contra la adversidad a la que están haciendo frente. Fueron víctimas del problema, ambos se volvieron enemigos de él y, ahora, deben descubrir cómo solucionarlo, tomados de la mano.

¿Cuándo usar esta regla? En cualquier conversación, especialmente cuando su pareja le irrita.

20. No proyecte

Si tuvo una mala experiencia en el pasado, ya sea con su padre, madre o en una relación anterior, se vuelve muy fácil proyectar injustamente sus inseguridades del pasado en su pareja actual. Por ejemplo, una mujer que haya sufrido abusos por parte del padre puede tener traumas no solucionados, lo que hace que reaccione mal a cualquier figura de autoridad, incluso al propio marido. O un hombre que tuvo una mala experiencia en la relación anterior y que piensa que, ahora, su mujer le será infiel como lo fue su ex mujer.

Si fui traicionado en el pasado y proyecto mis experiencias traumáticas en mi mujer, cuando haga alguna cosa que me recuerde el comportamiento de la otra, voy a atacarla con celos, con desconfianza y, ella jamás entenderá el porqué. Ella es inocente pero yo la estoy atacando como si hubiera hecho lo mismo que me hizo la otra. Está echando un recuerdo sobre otra persona como si fuera culpable.

El ejemplo que dimos arriba, de la mujer que sufrió abusos y tiene traumas que solucionar, merece un poco más de atención. Puede ser que no esté satisfecha con la relación debido al abuso, que tenga asco del acto sexual. El marido no tiene la culpa, no fue él quien abusó de ella, pero ella no logró solucionar la situación. Este problema tiene dos lados, el del proyector y el de la pantalla que está recibiendo la proyección.

¿Cómo alguien traumatizado consigue lidiar con la situación? Ahí entra el poder de la fe. Psicólogos y psiquiatras, con seguridad, pueden ayudar, pero la sabiduría humana y la medicina tienen límites. Sin embargo, la fe en Dios no tiene límites y puede curar las heridas más profundas. Dios le capacita para perdonar e, inclusive, para –literalmente– olvidarse. Él mismo usa ese poder. Dice en Isaías 43: 25: «*Yo mismo soy el que borro tus transgresiones, por amor de mí y de tus pecados no recuerdo*».

Dios, que tiene la capacidad de lidiar con cualquier hecho, decide voluntariamente no acordarse más de nuestros pecados porque sabe que no es una información útil, ni práctica. Si la persona se arrepintió y quiere cambiar de vida, Él hace el proceso de limpieza mental y no hay necesidad de volver al pasado. Si no logra hacer eso solo, busque la ayuda de Dios. También vale la pena recordar que la otra persona no tiene la culpa de lo que pasó. Entonces, sea justa. Si está luchando con alguien que pasó por esa situación, sea paciente. Sabiendo del equipaje que trae, sabiendo con quién está lidiando, consigue comprender, dar la ayuda necesaria y no reaccionar mal. Use la mente para ayudar a quien todavía está preso de las emociones.

¿Cuándo usar esta regla? Tan pronto identifique un trauma o hecho del pasado como la raíz de algún problema en su relación.

21. Pónganse de acuerdo respecto a cómo educar a los niños

Cuando no hay un frente común edificado sobre la educación de los hijos, crea un alto nivel de estrés en el matrimonio, sin hablar de la confusión y frustración de sus hijos. Y jamás discutan delante de ellos. Si no están de acuerdo en alguna cosa, hablen en privado. Uno puede ser muy duro con los niños debido a su educación, y el otro puede ser mucho más tolerante, también debido a su niñez. Ambos métodos funcionan, dependiendo de la ocasión, dosifique un poco de los dos. No menosprecie a su pareja por educar a los hijos de una manera diferente a la suya, simplemente pónganse de acuerdo previamente respecto a cómo lo harán.

Niño es niño (adolescente es un niño con un cuerpo más desarrollado), no piensa, se guía por las emociones, pues su mente aún no se ha desarrollado por completo. Por desgracia, por el proceso natural, sus hijos no están tan maduros emocionalmente como a usted le gustaría. Llegarán a eso, pero hasta que eso suceda necesitan rutina y disciplina: límites, hora de levantarse, para dormir, de sentarse a la mesa para comer junto con la familia, hora de llegar a casa (en el caso de adolescentes), saber cuándo hablar y cuándo quedarse callado. Los niños siempre intentarán presionar los botones, probar los límites. Claro, hay que dejarles que descubran las cosas, pero no es saludable dejarlos totalmente a su voluntad. Los padres son los responsables de establecer esas reglas, sin violencia, con diálogo. Acuérdense de la herramienta 16 sobre hacer los guiones previamente. Los hijos no pueden recibir indicaciones contradictorias.

En el caso de que uno de ellos empiece a reclamar del padre o de la madre, jamás desvalorice la imagen de su marido o mujer delante de sus hijos. Para entrenar a sus hijos para el mundo, debe ponerles límites, consecuencias y recompensas. Es como conducir un coche, no puede excederse del límite de velocidad, la ley determina consecuencias para ese comportamiento: la multa. Si recibe una multa de tránsito en su casa y tiene que pagar por violar la ley, la próxima vez tendrá más cuidado e intentará no exceder el límite establecido. Muchos padres se olvidan de ponerles consecuencias a los hijos. No estoy hablando de nada muy severo; sea equilibrado, no es miedo lo que quiere generar en el niño. La cuestión no es castigar, sino entrenarlo para que cambie su comportamiento, eso es posible con consecuencias a un comportamiento errado y recompensas cuando hacen las cosas bien. ¿Esta semana no se ha retrasado para ir al colegio? Merece ir al cine el fin de semana. La vida es así. Si trabaja bien, espera que el jefe le reconozca, ¿no es así? Si eso ocurre, se siente más motivado para seguir haciendo bien el trabajo y perfeccionarse aún más.

Si su hijo ya es adulto y todavía vive con usted, no puede vivir una vida de eterno adolescente. Él también debe contribuir, ayudar con las cuentas, arreglar la casa, tener consecuencias. Por desgracia, muchos padres hoy en día están creando marginales por miedo a ser juzgados por la cultura que pone a los hijos en contra de los padres. Acaban creando hijos totalmente sin preparación para vivir en sociedad. Antiguamente, un chico de dieciocho años ya era un hombre, estaba preparado para tener sus propias responsabilidades y dirigir a su familia. Hoy en día, un chico de dieciocho años no sabe nada de la vida porque los padres están dejando que sea la sociedad quien eduque a sus hijos. Tiene que establecer una cultura propia dentro de su casa, de su cultura. Piénselo bien, si incluso entre los delincuentes hay reglas (algunas bastante rígidas), ¿por qué ustedes no van a tener reglas?

¿Cuándo usar esta regla? Desde que toman la decisión de ser padres, diariamente, ajustando su comportamiento al hecho de educar a sus hijos. Acuérdese: esta es una gran responsabilidad, están formando un ser humano.

22. Acuérdese de que ambos están en el mismo equipo

¿Qué es más importante, ser feliz o tener razón? ¿Estar bien en el matrimonio o demostrar que tiene razón? Las personas individualistas son pésimos cónyuges. Las parejas deben aprender a trabajar en equipo, porque son uno. Algunas veces tendrán que estar de acuerdo o en desacuerdo. Discrepar no implica tener que discutir. Únanse en contra de los problemas, jamás dejen que ellos los dividan. Nunca se olvide de que lo importante es que el equipo salga ganando y no tan solo uno de sus jugadores.

¿Cómo trabaja un equipo? Uno de los fundamentos del básquet es lo que se denomina «entendimiento en el equipo» y consiste en pasar la pelota de mano en mano entre los jugadores hasta que llegue a alguien que pueda encestar. Fíjese en que el objetivo *personal* de cada jugador es, naturalmente, encestar mucho y convertirse en el mejor del equipo; sin embargo, cada jugador deja de lado cualquier objetivo personal por el éxito de su equipo. En aquel momento no es importante cuál de los jugadores, individualmente, va a encestar sino que se adopte la mejor estrategia para que el jugador mejor colocado logre acertar el blanco y aumentar la puntuación del equipo. Si el último en recibir la pelota no encesta, no es criticado por los demás. Todos están comprometidos en el esfuerzo conjunto y saben que el trabajo del equipo sigue.

Otro aspecto de un equipo es reconocer los puntos fuertes y débiles de cada jugador. Cada uno hace aquello en lo que es mejor y todos se complementan. Cristiane es mejor organizadora y realizadora que yo y óptima contadora. Ella lidia con las finanzas. Yo soy mejor estratega y planificador, pienso más en los detalles. Ambos combinamos nuestras fuerzas para el bien del matrimonio.

¿Cuándo usar esta regla? Desde el primer día del matrimonio hasta que la muerte los separe. Principalmente en las discusiones en que haya desacuerdos, señales de individualidad y problemas que los dividan.

23. Problemas con dinero son problemas de confianza

Cuentas de banco separadas, retener información sobre ingresos y gastos de su pareja, decisiones de compra sin consultarse el uno al otro, son algunas de las señales de que hay un serio problema de confianza en su relación. Descubra por qué no consigue confiar en su cónyuge o por qué él no confía en usted respecto al dinero y lidie con la situación. Ahí está la raíz. Las cuestiones relacionadas con el dinero son una de las principales causas de divorcio.

No estamos hablando de problemas económicos sino de problemas entre ustedes sobre el dinero. El marido piensa que la mujer gasta demasiado o la mujer reclama que el marido no logra ahorrar. Ustedes van a discutir hasta la vejez si no solucionan la raíz. ¿Cómo puedo ayudar a mi mujer a aprender a gastar con más sabiduría? Quitarle la tarjeta de crédito no solucionará el problema. Si yo le quito la tarjeta, ella sigue con el problema y aún añade otro más: el resentimiento debido a mi actitud. Debo preguntarme: «¿Qué es lo que realmente quiero?». Yo no quiero quitarle la tarjeta, quiero que me ayude a confiar más en ella. ¿Cuáles son las opciones para lidiar con la raíz de ese problema? ¿Tendremos que sentarnos y hacer un presupuesto de la casa juntos? ¿Poner un límite para los pequeños gastos hasta que desarrolle esa habilidad? Yo siendo el cabeza tengo que ayudarla.

Por otro lado, si admite que no logra controlar sus impulsos consumistas o tiene un vicio que consume el dinero y no sabe cómo controlar lo que pasa por sus manos, acepte la ayuda de su cónyuge, por el bien del equipo. Trabajando juntos para solucionar esta situación encontrarán la mejor salida para equilibrar las cuentas y eliminar esa fuente de desgaste de su relación.

¿Cuándo usar esta regla? Si cuestiones relacionadas con el dinero se vuelven una fuente de estrés en su matrimonio, busquen la raíz de la desconfianza.

24. No interrumpa a su compañero

Cuando tengan un desentendimiento, permita que su cónyuge explique su punto de vista antes de empezar a hablar. Resista la tentación de defenderse o contraatacar. Eso mantiene la discusión en un nivel racional en lugar de emocional. Es también importante concentrarse en UN PUNTO cada vez. No salga de un tema hasta que haya sido solucionado; sólo entonces prosiga con el próximo tema.

Es el problema de los dos cerebros nuevamente. El hombre hace eso naturalmente, sacando la cajita que corresponde. La mujer ya ve las conexiones con todo unido a aquel problema. Rápidamente la discusión camina por tópicos paralelos y sube al nivel irracional. «*¿Sobre*

qué estamos discutiendo al final?» Oiga todo primero. No piense que ya entendió antes de que el otro termine de hablar. No se quede pensando en lo que va a contestar antes de terminar de oír. No es una disputa, no tiene que defenderse, ni tiene que ganar en argumentos. Debe entender el problema (no pensar que lo entendió) y, solo después, hablar. Si su interés es solucionar el problema, deje a la persona hablar.

Claro que eso no es una excusa para que usted que habla mucho domine la conversación. He visto muchas parejas en que uno es el orador nato y el otro tiene dificultades para expresarse. Es muy feo ver a esa pareja discutir porque uno domina la conversación y el otro no consigue ni abrir la boca.

Algo muy bueno para no perder el foco es tomar un papel y escribir cuál es el problema que ustedes necesitan solucionar. Por ejemplo: «Nuestra casa se está cayendo a pedazos y ya te lo dije varias veces». Es eso lo que quieren discutir; entonces, no se dispersen hacia la suegra, ni hacia el coche o el perro. Permanezcan en aquel tema, en un solo punto. Soluciónenlo y, solo después, solucionen el siguiente.

¿Cuándo usar esta regla? En cualquier discusión, cuando le entren ganas de interrumpir o de dominar la conversación.

25. Tenga sentido del humor

Estimule el sentido del humor de su compañero. Intenten reírse lo máximo posible. Si no se hacen reír el uno al otro con frecuencia, ¡considere la alternativa! Pienso que una de las cosas que mantienen nuestro matrimonio muy agradable es el buen humor. Es la manera de aliviar la tensión y mantener la cosa interesante entre los dos. Ustedes están casados para una larga jornada: que esta jornada sea estimulante, y no aburrida.

Cristiane y yo tenemos una rutina sin mucha vida social. Incuso así, nunca nos aburrimos cuando estamos juntos, precisamente debido al buen humor. Bromeamos el uno con el otro, comentamos algo gracioso, siempre con ligereza, varias veces al día. Existen parejas a quienes no les gusta estar juntos, les resulta tan aburrido quedarse el uno al lado del otro que se acaban cansando. En nuestro caso, la convivencia es tan ligera y divertida que no conseguimos estar separados.

Tenemos juegos y chistes que nunca vamos a compartir con nadie o de los cuales nadie se reiría porque son chistes privados. A propósito, mujeres, un consejo más: a los hombres, generalmente, les gusta contar chistes. No tienen el mismo tema de conversación que las mujeres, ustedes son normalmente más serias. Cuando se encuentran no hablan del pelo, la ropa, les gusta reír. El marido puede estar muy frustrado porque intenta aportar humor a la relación y la mujer lo ve como un tonto sin gracia (y lo peor: se lo dice a él), después protesta porque se queda viendo la televisión. ¿Dónde está la gracia de conversar con alguien que lo disminuye solo porque usted está a gusto y que lo obliga a mantenerse tenso y serio todo el tiempo? Aunque su humor sea diferente, usted, mujer, tiene que aprender a apreciar el humor de su marido. A tiempo: responsabilidad y madurez nada tienen que ver con la cara seria. Al contrario, una reciente investigación realizada por Accountemps, especializada en reclutamiento en las áreas financiera y contable, mostró que el 79 % de los directores financieros creen que el buen humor es fundamental para que el empleado se adapte a la empresa. Si eso fuera indicativo de irresponsabilidad o falta de seriedad, ¿cree que ejecutivos expertos lo considerarían como algo importante a la hora de contratar el personal?

No olvidando que las ventajas van más allá del trabajo y de la salud de su relación, ya se sabe que el buen humor mejora el funcionamiento del sistema inmunológico, estimula la creatividad, la memoria y, además, ayuda a disminuir la sensación de dolor. ¡Sin contar con el aumento en la autoestima! Es muy bueno cuando tiene a otra persona riéndose de sus chistes. Eso da intimidad. ¡Su cónyuge puede que prefiera quedarse con los amigos porque ellos se ríen de sus chistes! Si usted no suma nada, no es una persona agradable y desprecia lo que le dice, ¿por qué iba a preferir su compañía?

¿Cuándo usar esta regla? Mientras esté respirando. Tenga cuidado para no ofender a su pareja con un humor que él (ella) no aprecia o en momentos inapropiados.

26. Asegúrese de que tiene toda su atención

Esta es una herramienta específicamente para el uso de las mujeres. Mencionamos anteriormente que, debido a las diferencias entre los cerebros femenino y masculino, las mujeres tienden a ser multitareas y los hombres monotareas. Ella consigue hacer muchas cosas al mismo tiempo, él lo hace mejor enfocando toda su atención en una sola cosa cada vez. Por eso, mujer, cuando quiera hablar algo muy importante con su marido, ¡asegúrese de que la esté mirando y libre de cualquier otra tarea! Pero, cuidado, eso, normalmente, quiere decir que usted tendrá que interrumpir su atención en lo que fuera que esté haciendo. Elija bien el momento, hable suavemente y, aun así, esté preparada para, si es realmente crucial, recordárselo nuevamente más tarde.

¿Cuándo usar esta regla? Siempre que necesite que el cerebro opuesto registre algo importante.

27. Mantenga el romance vivo

Un matrimonio no se basa en emoción y sí en mucho esfuerzo y perseverancia; sin embargo, un poco de romance ayuda bastante. Es muy importante que el marido y la mujer hagan siempre cosas especiales el uno para el otro. Si no somos cuidadosos, el trabajo, los hijos, y otras responsabilidades y presiones ocuparán todo nuestro tiempo. Asegúrense de tener momentos a solas. Llevar el trabajo a casa regularmente, pasar horas frente a la televisión, permitir que los hijos tengan todo su tiempo y atención son comportamientos que hacen que las parejas se distancien. Ustedes necesitan tener esos momentos «a solas». Planéelo con anticipación.

Hollywood nos hizo creer que el romance es una cosa complicada, elaborada y costosa, pero no lo es. El romance puede ser definido simplemente como «hacer algo fuera de la rutina, que muestre su amor por la otra persona». No necesita que sea algo grande, la mayoría de las veces el romanticismo está en los detalles. Usted, hombre, puede que no se considere romántico, pero la cosa es muy simple, se trata solo de hacerlo con naturalidad. No necesitará siempre gastar dinero para ser romántico. He aquí algunas ideas: llame por teléfono en medio del día, preguntando a su mujer como está, déjele una notita inesperada, una cartita como las que escribía cuando eran novios (puede ponerla bajo la almohada o junto a los cepillos de dientes, dentro de la maleta cuando vayan a viajar). Regalar flores es muy común y no siempre funciona. Si tienen un gato, por ejemplo, tenga en cuenta su temperamento. Si ataca el ramo y destroza las flores, puede no resultar muy romántico. Si decide arriesgarse, aun así, elija flores que los gatos puedan comer (nunca se sabe, ¿verdad?). Puede apagar los teléfonos, hacer palomitas de maíz, alquilar un DVD que a ella le guste y verlo abrazaditos en el sofá (no se duerma durante la película, eso no es romántico). En fin, sea creativo, haga algo diferente, pero simple, que muestre que piensa en su cónyuge en los momentos más triviales. Para ayudar, su tarea de casa es hacer algo romántico para su pareja este fin de semana. ¿Vamos a empezar a practicar?

¿Cuándo usar esta regla? Como mínimo una o dos veces al mes y siempre que la rutina haga que la relación sea aburrida. Esta es una herramienta de mantenimiento. Sorprenda a su cónyuge.

CAPÍTULO 21
EL AMOR CARO

Un matrimonio cumplía cincuenta años de casados y decidió celebrarlo. Al preguntarle sobre el secreto para permanecer casado durante tanto tiempo y en armonía, el marido respondió:

—¿Conoce el piquito del pan? Es mi parte favorita. Durante cincuenta años, todas las mañanas, le he dado ese piquito a ella.

Respondiendo a la misma pregunta, la mujer dijo:

—Conoce el piquito del pan? ¡Lo odio! Pero durante cincuenta años lo he aceptado sin protestar...

Esta pequeña historia revela el gran secreto de la base del matrimonio, en una palabra: sacrificio. Durante 50 años él renunció a aquello que le gustaba por amor a ella, y ella también renunció a su voluntad por él. Piense en la base de una casa o edificio, es la que sustenta aquella estructura. Así es el sacrificio en el matrimonio. Y lo que nadie consigue ver de la pareja, desde fuera, es su mayor felicidad resultado de los sacrificios que hacen el uno por el otro.

DIECINUEVE AÑOS EN COMA

Desde que supe de este caso, nunca lo he olvidado. Para mí es uno de los mejores ejemplos de lo que es el amor verdadero, el amor-sacrificio. Jan Grzebski era un ferroviario polaco. En 1988 sufrió un fuerte golpe en la cabeza mientras intentaba enganchar dos vagones de tren, y entró en coma. Jan fue desahuciado por los médicos, quienes, posteriormente, encontraron un cáncer en su cerebro. Según ellos, la recuperación era imposible y no sobreviviría. Gertruda Grzebska, mujer de Jan, ignoró aquella palabra derrotista y decidió llevarlo a casa y cuidar de él sola.

Jan no hablaba, no caminaba, no se comunicaba de ninguna manera ni interactuaba. Toda la relación que habían tenido ya no existía, el marido fuerte con quien había convivido durante tantos años era ahora un bebé totalmente dependiente de sus cuidados. Ella terminó de criar sola a sus hijos, mientras se esforzaba por mantener vivo a su marido, que tan solo era capaz de realizar los movimientos más básicos como respirar, tragar, abrir y cerrar los ojos. Aun así, ella se indignaba cuando alguien la sugería la eutanasia (con la excusa de «interrumpir el sufrimiento»), pues creía que lo correcto era darle la oportunidad de recuperarse. Todos los días, Gertruda hablaba con su marido como si él pudiese escucharla, cuidaba de que no se quedase mucho tiempo en la misma posición en la cama girando su cuerpo para evitar las temidas úlceras de contacto, comunes en las personas que están mucho tiempo en la cama, que pueden llevar incluso a la muerte por infección. Los hijos fueron creciendo, se casaron y les dieron nietos. Gertruda llevaba a su marido a todas las fiestas principales de la familia como si él pudiese participar.

La incansable Gertruda tuvo su recompensa en 2007. Después de diecinueve años en coma, Jan finalmente despertó, a los sesenta y cinco años. Los médicos adjudicaron su recuperación a su mujer, que optó por el camino más arduo. Jan estaba todavía más unido a ella, pues se acordaba de que Gertruda estuvo a su lado cuando más lo necesitaba. Ella hizo lo que era más correcto y mejor para él, renunciando a su propia vida para cuidar de su marido, sin cobrar nada por eso. Creyó cuando los médicos no creyeron, esperó, perseveró..., y fue recompensada.

Durante el coma, Gertruda describía a su marido como «un cadáver viviente»; incluso así, permaneció a su lado. No hubo sentimiento en lo que hizo, ni romance, fue puro sacrificio, verdadero amor. Sin embargo, ¿consigue usted pensar en una actitud más romántica? Ninguna historia de amor es más bonita que las que implican el amor sacrificial. Gertruda recibió una merecida medalla de honor al mérito, del presidente polaco, por su dedicación y sacrificio; tremenda es la rareza de ese tipo de amor en los días actuales.

Ante la realidad que Gertruda vivió durante diecinueve años, las preguntas son inevitables: ¿Qué habría hecho usted en el lugar de ella? ¿Qué problemas ha encarado en su matrimonio? ¿Cómo desistir de su cónyuge?

Solamente el amor-sacrificio es capaz de vencer todo. Es el amor caro, genuino.

Cuidado con las imitaciones baratas.

PERDER PARA GANAR

Sacrificio es la manera de poner en práctica todo lo que hemos enseñado hasta aquí. En realidad, toda persona de éxito está bien familiarizada con el concepto de sacrificio. En cualquier área de la vida, si alguien conquistó algo de gran valor, realizó grandes hechos, obtuvo grandes victorias, con seguridad cruzó el puente del sacrificio. Este es el camino más corto para el éxito, pero claro, no es el más fácil.

¿Qué es el sacrificio? Digamos que hace un frío extremo y tengo dos abrigos, y alguien a mi lado está congelado. Le ofrezco uno y yo me quedo con uno solo. Eso no es sacrificar, es dar. Pero si yo tengo un solo abrigo y se lo entrego, estoy sacrificando. Es perder ahora porque tiene la seguridad de que va a ganar algo de mucho más valor más tarde. Y, a veces, ese algo de mucho más valor es su propia consciencia de saber que hizo lo correcto y no lo que sintió ganas de hacer. Es lo que hizo Gertruda.

El amor verdadero es el amor marcado por el sacrificio. Es caro. Como ya dijimos aquí, amor no es sentimiento. Incluye sentimientos, pero no está definido por ellos. El mundo ha asociado al amor con el sentimiento en una receta bastante indigesta: une a la palabra «amor» la voluntad de estar juntos, los celos, la codicia, el deseo sexual…, junta todo y –a través de la cocción con la música, las películas, el arte en general– hace al público creer que eso es amor. No lo es. Es pirata. Lo que define al amor son dos cosas conectadas:

Hacer lo que es mejor para la otra persona. Tengo que ser correcto con la persona que amo. Haré lo adecuado por ella, independientemente de lo que siento o dejo de sentir, de lo que creo o dejo de creer y de cuánto me va a costar.

Sacrificio. Si su amor se reduce a una sensación placentera, no sobrevivirá a las tempestades. El único amor que sobrevive a todo es el que no se basa en sentimientos, sino en sacrificio. Quien dice que «el amor se acabó» es porque no conoce el amor. El verdadero amor jamás se acaba.

El egoísmo de los días actuales impide a muchas parejas poner ese concepto en práctica, creyendo que se perjudicarán al sacrificar; pero quien ha escogido trillar ese camino por amor no se arrepiente.

No quiero que piense que deberá sufrir o que su matrimonio será una cruz a cargar eternamente. El sacrificio no es un fin en sí mismo, es un medio para conquistar algo mayor. Como la persona que tiene como meta ganar un disputadísimo concurso público, para ganar un sueldo tres veces mayor que el actual; si no sacrifica, abandonando el placer por horas de estudio, tal vez un curso preparatorio o días preparándose intensamente, difícilmente conseguirá algún resultado. Empiece a sacrificar por su matrimonio y cosechará una relación maravillosa, llena de paz, comprensión, compañerismo y fidelidad…, que compensa todo el sufrimiento que tuvo que encarar al principio. Por el resultado alcanzado, haría todo de nuevo. Haga la prueba.

Tal vez diga: «¿Pero no hay límites? ¿Y si mi cónyuge no me corresponde? ¿Estoy preso por el resto de mi vida?».

Sin duda hay personas que no quieren el amor de otras. Hay quien rechaza hasta el amor de Dios; por eso, es imposible tener una relación con tales personas. Ni siquiera Dios fuerza a nadie a amarlo o a seguirlo. Él sacrificó por todos, pero no todos aceptaron Su sacrificio ni las condiciones para tener una relación con Él.

El amor es incondicional respecto a la comprensión de las debilidades de la otra persona; pero una relación, un matrimonio, no es, y nunca puede ser, incondicional. Para que dos personas vivan juntas tienen que cumplirse ciertas condiciones. Yo amo a mi mujer, pero si ella me traiciona no veo la forma de continuar mi relación con ella. Sé que ella siente lo mismo con respecto a mí. La fidelidad es una condición para que nuestro matrimonio funcione. ¿Dar una nueva oportunidad ante un arrepentimiento sincero? Tal vez. Cada caso es un caso y cada uno tiene su fe y sus límites, pero una cosa es cierta: una buena relación exige la participación de ambas partes. Si la otra persona no le quiere, entonces, tal vez, su sacrificio esté mejor invertido en otra persona.

CÓMO SE PRACTICA EN EL MATRIMONIO

Pongo aquí una lista con algunos ejemplos (hay muchos más) de sacrificio en el matrimonio para que entienda cómo y cuándo se aplica en la práctica:

Sacrificio en la comunicación. Tuve que aprender a comunicarme más con Cristiane, no era mi forma de ser llegar y conversar, generalmente estaba muy cansado y quería quedarme callado. Me comunicaba con monosílabos. Por amor, sacrifiqué esa forma de actuar respondiendo a sus preguntas. Hasta hoy, me hace preguntas y yo me veo haciendo un esfuerzo porque no quiero hablar sobre aquello, no le encuentro sentido a hablar de ello pero pienso: No importa lo que yo siento, voy a hacer lo que es importante para ella. Si el marido es más callado y la mujer se comunica mucho, es un sacrificio para el hombre ser más comunicativo con su mujer. Por otro lado, la mujer que habla demasiado, exige, reclama, impone… es insoportable. Nadie la aguanta. Se volverá una persona más agradable para su marido si sacrifica disminuyendo el ritmo y eliminando las exigencias.

Si los dos hacen eso, alcanzarán el equilibrio saludable, pero si tan solo lo hace uno, se resolverá la mitad del problema… y la otra mitad acabará siguiendo el modelo y se solucionará también, antes o después.

Sacrificio de humildad. Usted sacrifica cuando se traga el orgullo, da su brazo a torcer y admite que el otro tenía razón. Eso es sacrificio porque duele, pero como usted no quiere alimentar un corazón duro, entonces sacrifica su orgullo y asume el error.

Sacrificio en el ocio. Usted sacrifica si a su mujer le gusta salir y sale con ella para agradarla, o si a uno de los dos no le gusta salir y el otro se queda en casa, sin protestar. Su marido adora el fútbol y usted no entiende cuál es la gracia de ver a un montón de hombres corriendo tras una pelota. Incluso así, se sienta a su lado y se esfuerza por aprender a admirar aquel deporte, viéndolo con los ojos de su marido, porque es importante para él. Es feliz con la felicidad de su cónyuge.

Sacrificio en el sexo. Cuando usted es egoísta y no sacrifica en el sexo, su objetivo es obtener satisfacción y punto final. A partir del momento en el que aprende lo que es el sacrificio, consigue poner el placer del otro en primer lugar. Nunca quedará uno insatisfecho porque su meta será satisfacer a la otra persona y no estará satisfecho mientras ella no lo esté. Solamente a través del sacrificio es posible alcanzar el placer mutuo.

Sacrificio en el temperamento. Tolerar hábitos que le irritan pero que usted va a ignorar conscientemente. Razone: comparado al conjunto de cosas que compone la relación, aquello es insignificante. No va a convertir algo pequeño en un problema.

Sacrificio de las emociones. Este, tal vez, sea uno de los mayores sacrificios, pues se refiere a algo directamente unido al corazón. Impulsividad y sentimientos llevan a las parejas a explotar hasta el punto de dañarse, alimentar la rabia y dormir en habitaciones separadas. Es necesario el sacrificio para controlar los instintos emotivos que los lleva a cometer actos sin pensar. No dejaré que la emoción me haga insultar a mi mujer, tengo que respetarla. No irritaré a mi cónyuge con un sinfín de quejas, que desembocan en una pelea inútil e innecesaria. Cristiane dejó de pedirme cuentas a mí para pedírselas a Dios pidiendo un cambio en mi comportamiento. Sacrificó sus emociones por la dependencia de Dios.

Sacrificio de los objetivos. Muchas veces, cuando su objetivo personal excluye su matrimonio, es necesario sacrificar. Cuando uno pone sus objetivos individuales por encima de la relación, eso daña la relación. Ese es el motivo por el que muchos matrimonios de celebridades terminan en divorcio. Si pone la carrera por encima de la unión, por ejemplo, el compañero se siente mero accesorio. Es difícil soportar esa situación durante mucho tiempo. Tienen que sacrificar sus objetivos personales para encontrar objetivos comunes.

Sacrificio de las amistades. Si alguien ha sido una influencia negativa en su matrimonio, una persona en la que su cónyuge no confía o con cuya amistad se siente incómodo, tendrá que sacrificarlo por su matrimonio. Amistades del sexo contrario que generan celos, a veces incluso algunos parientes, tendrán que mantenerse a distancia.

PERDÓN: EL MAYOR DE TODOS LOS SACRIFICIOS

Si su cónyuge le ha causado mucho dolor y decepción y están intentando seguir adelante, es necesario que apriete el botón de «reiniciar» en su relación. Cuando su computadora se bloquea tiene que reiniciarla para que termine con lo que estaba provocando el problema, ¿verdad? De la misma manera, para que su matrimonio funcione tiene que reiniciarlo a través del perdón.

El perdón no es algo que tenemos *voluntad* de hacer. Su voluntad es la de castigar a la persona. Cree que perdonar hace que la persona no sufra las consecuencias de sus actos, entonces guarda rencor como forma de venganza. Existe un dicho que dice que guardar rencor es como tomar veneno para ratas y esperar que el ratón se muera. Piénselo bien, ¡el ratón no va a morir! Es usted quien se está tomando el veneno, es usted quien se va a morir mientras que el ratón continuará viviendo la vida, corriendo de acá para allá, haciendo sus ratonadas y royendo todo lo que encuentre en su camino. ¿Quién pierde con eso?

El rencor esclaviza, es un peso y por eso no concuerda con la inteligencia. ¿Para qué cargar con un peso que no necesita cargar? La otra persona ya se olvidó y sigue hacia adelante, pero usted está ahí, rumiando el pasado. Perdone, no porque la otra persona lo merezca, sino para no cargar con algo con lo que ni ella está cargando. El rencor es una basura emocional. Cuando alimenta el rencor, está comiendo basura. Ingiere la comida más podrida y tóxica de lo que pueda imaginar, carga en la espalda la bolsa de la basura orgánica en descomposición que le servirá de comida y se agarra a ella cuando alguien le pide que lo deje aquello atrás.

Sé exactamente lo que es eso. Yo tenía rencor de una persona de mi familia que tuvo, en parte, culpa de la separación de mis padres. En la adolescencia me prometí a mí mismo que en el momento adecuado le daría el castigo para que pagara por lo que había hecho. Cuando empecé a concurrir a la iglesia y oí al pastor hablar sobre perdonar a los enemigos, mi primer pensamiento fue: «Usted no conoce a la persona que destruyó a mi familia. Es fácil para usted decir eso porque no sabe lo que yo pasé». Tal vez sea lo que le pasa por su cabeza cuando lee acerca del perdón. Yo tampoco lo entendí al principio, pero con el paso del tiempo me di cuenta de que ella no estaba pagando nada con mi rencor, era yo quien lo estaba pagando. Cuando entendí que debía perdonar para mi bien, me interesé por saber cómo podría hacer eso, ya que no tenía ningún deseo.

ENTONCES, ¿CÓMO PERDONAR?

La primera cosa que debe saber respecto al perdón es que no surge de un deseo, sino de una decisión. Decidir perdonar no fue tan difícil, ya que yo lo había entendido: era lo correcto a hacer. Necesitaba ahora lograr seguir adelante. El segundo paso era empezar a orar por tal criatura, pedir a Dios por ella. Muchos, que continúan cargando su basura emocional, dicen orar por sus enemigos; sin embargo, lo que expresan en sus oraciones no encaja en esa categoría. Por ejemplo, no espere un resultado positivo contra el rencor si usted dice: «Señor, haz que Juan pague por lo que hizo», o «Dios, pon Tu mano sobre María». ¡Eso no es orar por sus enemigos! Eso es arrojar su rencor sobre algo que Dios no va a escuchar. La Biblia nos orienta para bendecir a los que nos persiguen[22] y lo refuerza: «Bendecid, no maldigáis». Ese es el punto.

Al principio, mi oración no era sincera. Empezaba a orar por ella, pedía a Dios que la bendijera, pero deseaba pedirle que mandara un rayo sobre su cabeza. Ignorando mi voluntad de verla partida en millones de pedacitos, continuaba mi oración sin gracia. Con el tiempo, aquella piedra de mi corazón se deshizo y empecé a ver a aquella persona con otros ojos. La oración me ayudó a cambiar la manera de verla. Entonces di el tercer paso: empecé a mirar hacia adelante. Me di cuenta de que tenía que ser práctico, mirar hacia atrás no era inteligente. Lo que ella hizo, ya estaba hecho. Si tenía que pagar alguna cosa, lo pagaría delante de Dios, yo ya no tenía nada más que ver con eso. Me di cuenta de que yo también estaba lleno de fallas; no podía exigirle perfección, pues yo no soy perfecto. Si Dios, que es perfecto, me viese con el mismo rigor con el que yo miraba a la persona, ¡estaría perdido! Pero si recibí Su perdón, ¿cómo no iba yo a perdonar también? *Perdona nuestras deudas así como nosotros perdonamos a nuestros deudores.*[23] Si usted no perdona, ni el Padre Nuestro puede orar, ¿lo había pensado? Es injusto que yo quiera algo que no estoy dispuesto a dar.

Ahí está la diferencia entre el amor verdadero y el amor-sentimiento. Su corazón, el centro de las emociones, estará siempre pidiéndole hacer

---

[22] Romanos 12:14.

[23] Mateo 6:12.

lo que a usted le apetece hacer en vez de hacer lo que es necesario. Usted sabe que lo correcto es ir a hablar con su marido, pero no tiene ganas. Su corazón hace que su mente lo justifique diciendo: «¿Por qué tengo que hablar yo? ¡Es él quien está equivocado!» Pero si utiliza la mente y domina su corazón para no vivir en función de sus emociones, va a hacer lo que es correcto, incluso aunque vaya en contra de su voluntad.

Es una guerra constante. No puedo prever lo que voy a sentir, nadie tiene ese control. El sentimiento viene. Pero yo tengo el control de mi mente, puedo determinar lo que voy a pensar, cómo voy a reaccionar ante aquel sentimiento. Tengo que usar mi inteligencia cuando mi corazón está usando los sentimientos en mi contra.

¿Le parece difícil? Pero ya hace eso todas las mañanas, principalmente los lunes, cuando el sacrificio es naturalmente mayor. No quiere levantarse de la cama. Su voluntad es seguir acostado. Programa el despertador para «cinco minutitos más» y regresa de nuevo al mundo de los sueños; pero, cuando suena de nuevo, su mente dice: «No, no puedes faltar. No puedes llegar tarde de nuevo. Tienes que trabajar». Usted se levanta, se arrastra hasta el baño, luchando contra sí mismo. Si es necesario se mete debajo de la ducha helada tan solo para mostrar a su corazón quién manda. Resignado, él no insiste más y usted consigue tomarse el café e irse al trabajo. Si no hiciese eso, no tendría trabajo, ¿no es verdad? Es así como se vence esa guerra que está dentro de su matrimonio. Es un sacrificio, sí, pero perfectamente ejecutable. Todo lo que es bueno, es caro.

TAREA

¿Qué sacrificios necesita empezar o continuar haciendo por su relación?

f /MatrimonioBlindado

Publique esto:
Yo no quiero un amor
barato; por eso,
sacrifico.

 @matrimonioblind

Tuitee esto:
Yo no quiero un amor
barato; por eso,
sacrifico
#matrimonioblindado
@matrimonioblind

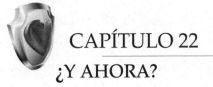

CAPÍTULO 22
¿Y AHORA?

Esperamos que usted haya despertado al hecho de que el matrimonio en el siglo XXI no es el mismo que tradicionalmente fue. Estamos en un mundo nuevo, envueltos en una cultura de relaciones sin compromiso y rodeados por un conjunto de nuevas amenazas que hace apenas unos años no existían. Para quien todavía quiere casarse y permanecer casado, el blindaje de la relación no es un lujo, sino una necesidad.

Y lo que hemos hecho en este libro, hasta aquí, ha sido exactamente lo contrario de lo que el mundo está haciendo. Mientras que las palabras de la moda incluyen progresismo, avanzar, modernidad, disfrutar, relación sin compromiso, «disfrutarse pero no unirse», etc., nosotros volvimos al principio de todo, fuimos allá atrás, al Jardín del Edén, y seguimos los pasos del hombre y de la mujer hasta aquí. Descubrimos, así, lo que es el matrimonio en su esencia, lo que funciona, lo que es el amor marcado por lo que hace y no por lo que siente, cuáles son las maldiciones particulares del hombre y de la mujer, cómo afectan a la relación entre los dos y cómo lidiar con ellas. Entendimos también las diferencias fundamentales entre los sexos y sus conflictos inherentes. Aprendimos a buscar la raíz de los problemas y a resolverlos usando la razón en vez de la emoción. Encontramos decenas de herramientas prácticas que usted puede usar en el día a día de su matrimonio para resolver y prevenir problemas.

Usted conoció un poco más de Cristiane y de mí, y esperamos que nuestras luchas y experiencias hayan contribuido positivamente para su matrimonio. Intentamos transmitirle una idea realista de lo que es el matrimonio, sin rodeos, revelando sus dificultades pero también sus alegrías y su belleza. Matrimonio feliz da trabajo, sí, pero ¡el salario vale la pena!–. Queremos izar la bandera del amor verdadero, desbancar los mitos y la desinformación que maldice las relaciones de hoy en día y mostrar que es posible estar casado y ser muy feliz. Sinceramente, creemos que la felicidad total solamente es conocida por quien está bien casado, pues para eso fuimos creados. Y es posible. No deje que nadie le diga lo contrario.

Cristiane y yo no nos consideramos «suertudos». La felicidad de nuestro matrimonio se debe totalmente a nuestras decisiones, muchas veces en contra de nuestros sentimientos, y a la práctica de la inteligencia espiritual, que es la obediencia a los consejos de Dios. Si no hubiésemos hecho eso, y continuásemos haciéndolo, seríamos una estadística más. Cualquier persona, incluido usted, que quiera practicar esos consejos también puede tener un matrimonio muy feliz. Respecto a eso, no podemos prestar poca atención. Es solamente por la fe práctica que estamos aquí. Nuestra inteligencia hace que nos rehusemos a creer que es posible ser feliz en el amor sin conocer al Verdadero Amor, que es Dios. Todo lo que usted quiera realizar en su vida, no solo en su matrimonio, es posible a través de su fe en Él, inclusive las respuestas que usted puede no haber encontrado en este libro. Por eso, nuestro consejo principal en respuesta a la pregunta «¿Y ahora?» es este:

Busque conocer personalmente al Dios de la Biblia a través del Señor Jesús. Él no quiere que usted se vuelva un religioso, sino que desarrolle una relación con Él.

Además, tenemos la más absoluta certeza de que los principios y enseñanzas prácticas que ha aprendido en este libro funcionan. No son siempre fáciles de practicar, pero son certeros. Difícil no quiere decir imposible y la demora de los resultados no quiere decir que no vayan a llegar nunca. Sea paciente y perseverante. No espere que el cambio total venga en cuestión de días, ni reclame eso de su compañero. Empiece por el primer paso y siga trabajando.

Le sugerimos que se centre en algunos puntos, al principio: uno, dos o tres puntos principales que le marcarán, que sabe que son los que necesitan un cambio más urgente. Trabaje en esos puntos hasta que estén integrados en su vida; después, vuelva a los demás capítulos y trabaje en otras áreas. Es como una reeducación alimenticia. Usted quiere adelgazar pero sabe que no sirve de nada cortar drásticamente las calorías y pasar hambre, eso no funciona; pero si cambia su alimentación poco a poco y realiza más ejercicio el resultado llegará naturalmente y de una manera permanente. Enfóquese en el cambio, realice esfuerzo continuo y alcanzará su objetivo. No desista. Como dice el dicho: «Una caminata de mil kilómetros empieza con un primer paso». A través de la práctica llegarán los resultados.

Cristiane y yo realmente queremos ser un impacto positivo en su vida. Nos gustaría sugerirle algunos pasos que puede seguir a partir de ahora para maximizar los resultados en su relación e, incluso, ayudar a otras personas a su alrededor. Aquí van algunos consejos:

Relea las partes de este libro que llamaron su atención o que le parece que necesita entender mejor. Se sorprenderá con cuánto le ayudará a absorber y guardar los puntos más importantes. Le ayudará a acordarse de lo que aprendió y a saber cómo actuar en situaciones futuras.

Si no cumplió alguna de las tareas, todavía hay tiempo. Vuelva y trabaje en ellas. No subestime el poder de implementarlas. Sintiendo ganas o no ¡hágalo!

Mantenga el contacto con nosotros a través de nuestros sitios y blogs. Nos gustaría mucho recibir su *feedback* y continuar ayudándole. Siga, deje un comentario, vea nuestros videos, cuéntenos sus experiencias:

- Blogs: www.renatocardoso.com y www.cristianecardoso.com
  Facebook: www.facebook.com/MatrimonioBlindado

- Twitter: @*matrimonioblind*
  Email: libro@matrimonioblindado.com
  Conviértase en un alumno de The Love School (La Escuela del Amor).
  Véanos de lunes a viernes, a las 11:00 hs. en www.iurdtv.com y los sábados al mediodía por la Red Record. Los horarios están sujetos a cambios, por lo tanto compruebe siempre en nuestra página de Facebook la última información: www.fb.com/EscoladoAmor.

Hágale un bien a alguien regalándole una copia de este libro. Tal vez conozca a alguien que se va a casar pronto y que necesita aprender temprano para hacer lo correcto en el futuro. Con seguridad conoce a personas casadas que necesitan blindar sus relaciones. Agasájelos con un libro. Se lo van a agradecer de todo corazón y jamás se olvidarán de usted.

De vez en cuando, Cristiane y yo hacemos el «Curso del Matrimonio Blindado» para grupos seleccionados de matrimonios. El curso en directo es divertido y muy práctico. Las enseñanzas del libro salen del papel hacia la vida y tiene acceso a mucha información extra. Considere participar. Los detalles sobre los próximos cursos aparecen en www.matrimonioblindado.com.

Le aconsejamos que guarde su ejemplar de este libro para volver a leerlo dentro de seis meses. Los cambios llevan tiempo y necesitan perseverancia. Por eso, busque en su calendario la fecha para dentro de seis meses desde hoy y márquela: «Releer el libro *Matrimonio Blindado*». Las personas que hagan eso verán muchos más resultados muchos mayores.

Considere ir a la Caminata del Amor con su cónyuge, siempre que pueda, al menos una vez al año. Explicamos más sobre lo que es en este link: www.renatocardoso.com/es/the-love-walk/

¡Feliz matrimonio blindado!
Renato & Cristiane Cardoso

AGRADECIMIENTOS

Antes de nada, al inventor del matrimonio, a Dios. Para los menos entendidos, el hecho de crear al hombre y a la mujer, tan diferentes el uno del otro, y hacer que convivan puede parecer una broma de mal gusto. Pero Él siempre sabe lo que hace. Le agradecemos el habernos brindado a cada uno la vida del otro. Renato no sería Renato sin Cristiane, y a su vez, Cristiane no sería Cristiane sin Renato. Es difícil de explicar.

A los problemas que hemos atravesado durante nuestro matrimonio. Han sido duros, pero también los mejores maestros.

Al obispo Macedo y a la sra. Ester, quizá la pareja más sólida y feliz que hemos conocido y que más nos ha influenciado. Gracias por las enseñanzas, muchas de las cuales están presentes en este libro.

A David y Evelyn Higginbotham, que nos han ayudado a desarrollar este trabajo en Texas, siempre con un excelente *insight*.

A Ágatha Cristina y Raquel Parras, que han investigado, revisado, leído y releído este libro más veces de las que se deberían permitir a cualquier persona.

Y a todo nuestro equipo y alumnos de Matrimonio Blindado y de *The Love School*. Su contribución a esta obra ha sido enorme. ¡Alégrense con nosotros!

Renato y Cristiane Cardoso

REFERENCIAS BIBLIOGRÁFICAS

Capítulo 1

http://www.ionline.pt/mundo/uniao-termo-certo-mexico-quer-casamento-renovavel-dois-dois-anos

http://noticias.r7.com/videos/mexico-cria-casamento-renovavel-para-solucoes-conjugais/idmedia/4e85e84f
3d146409c15fb55a.html

http://www.nytimes.com/2012/02/18/us/for-women-under-30-most-births-occur-outside-marriage.html?_r=1

https://www.hcfr.org/pressroom/journal-news-releases/do-children-need-both-mother-and-father

http://www.theatlantic.com/magazine/archive/2010/07/are-fathers-necessary/8136/

http://www.dailymail.co.uk/femail/article-2080398/Facebook-cited-THIRD-divorces.html

http://www.dailymail.co.uk/news/article-1334482/The-marriage-killer-One-American-divorces-involve-Face-
book.html

http://internet-filter-review.toptenreviews.com/internet-pornography-statistics.html

http://www.safefamilies.org/sfStats.php

ChristiaNet, Inc. "ChristiaNet Poll Finds that Evangelicals are Addicted to Porn." Marketwire, 7 Aug. 2006. Web.7

Dec. 2009. <http://www.marketwire.com/press-release/Christianet-Inc-703951.html>

Pastors.comsurvey.@td.im "Wounded Clergy." Hope and Freedom Counseling Services, Media A-Team, Inc.,
March

2002 Web. 7 Dec. 2009. <http://www.hopeandfreedom.com/hidden-pages/private/wounded-clergy.html>

http://noticias.r7.com/vestibular-e-concursos/noticias/mulheres-sao-maioria-nas-universidades-do-mun-
do-20111022.html

http://www.terra.com.br/istoe-temp/edicoes/2037/artigo116712-1.htm

Capítulo 2

En el libro *The 7 habits of highly effective people*, 1.ª parte [*Los siete hábitos de las personas sumamente eficientes*].

Capítulo 4

http://www.reuters.com/article/2009/07/14/idUSSP483675

http://www.barna.org/barna-update/article/15-familykids/42-new-marriage-and-divorce-statistics-released

Capítulo 6

http://en.wikipedia.org/wiki/5_Whys

Capítulo 7

Peter Ahlwardts, *Reasonable and theological considerations about thunder and lightning* (1745).

http://www.evolvefish.com/freewrite/franklgt.htm

Capítulo 8

http://en.wikipedia.org/wiki/soulmate

Capítulo 11

http://www.lexiophiles.com/portugues/e-a-vaca-foi-para-o-brejo

Capítulo 15

http://www.thirdage.com/love-romance/the-male-vs-the-female-brain?page=1

http://web.sfn.org/index.aspx?pagename=brainfacts

Louann Brizendine, *The female brain*, Three Rivers Press, 2007.

Mark Gungor, *Laugh your way to a better marriage,* Atria Books, 2008.

Capítulo 16

Bell Hooks, *Feminist theory: from margin to center,* Cambridge, South End Press, 2000, p. 26.

Consulte solo la causa de ello en Brasil: «1977: Se aprueba la ley del divorcio (n.º 6.515), una antigua reivindicación del movimiento feminista». http://www.brasil.gov.br/linhadotempo/epocas/1977/lei-do-divorcio

Capítulo 17

Merriam-Webster's Collegiate Dictionary: «Etymology of husband, husbandry: ORIGIN late Old English (in the senses "male head of a household" and "manager, steward"), from Old Norse *húsbóndi,* "master of a house", from *hús,* "house" + *bóndi,* "occupier and tiller of the soil". The original sense of the verb was "till, cultivate"».

Capítulo 20

http://marriagegems.com/tag/five-to-one-ratio/

http://accountemps.rhi.mediaroom.com/funnny-business